● ● ● ● ● ● ● ● ● ● Love and Freedo

爱与自由

外国十大教育家经典教育理念

/ 第二版 /

陈　锋
王慧敏
柯诗梦
　　王　丹
著

北京大学出版社
PEKING UNIVERSITY PRESS

图书在版编目(CIP)数据

爱与自由:外国十大教育家经典教育理念/陈锋等著. —2版. —北京:北京大学出版社,2023.5

ISBN 978-7-301-33974-9

Ⅰ. ①爱… Ⅱ. ①陈… Ⅲ. ①教育思想—世界 Ⅳ. ①G40-091

中国国家版本馆CIP数据核字(2023)第080396号

书　　　名	爱与自由——外国十大教育家经典教育理念(第二版) AI YU ZIYOU——WAIGUO SHI DA JIAOYUJIA JINGDIAN JIAOYU LINIAN(DI-ER BAN)
著作责任者	陈　锋　等著
责 任 编 辑	杨丽明
标 准 书 号	ISBN 978-7-301-33974-9
出 版 发 行	北京大学出版社
地　　　址	北京市海淀区成府路205号　100871
网　　　址	http://www.pup.cn　　新浪微博:@北京大学出版社
电 子 信 箱	sdyy_2005@126.com
电　　　话	邮购部 010-62752015　发行部 010-62750672　编辑部 021-62071998
印 刷 者	天津中印联印务有限公司
经 销 者	新华书店
	730毫米×1020毫米　16开本　16印张　245千字 2014年6月第1版 2023年5月第2版　2023年5月第1次印刷
定　　　价	58.00元

未经许可,不得以任何方式复制或抄袭本书之部分或全部内容。
版权所有,侵权必究
举报电话: 010-62752024　电子信箱: fd@pup.pku.edu.cn
图书如有印装质量问题,请与出版部联系,电话: 010-62756370

前　言

如何看待人性自然？什么是顺其自然？

什么是教育中的自由和自由教育？怎么追求真正的心灵自由？

人的幼年时期会怎样影响其一生？

大学教育承担何种功能？

教育有目的吗？

学校会消亡吗？

这些问题，是历久而弥新的，今天还在不断地刺激着我们的心灵，有时令人迷茫，有时令人兴奋，有时又令人沉思。

今天的中国，广阔的地域、复杂的社会历史文化背景和积淀下来的多重矛盾造成了教育在各方面的不平衡，素质教育与应试教育之争远未平息。大家在日常生活中，经常偶然进出多样化的教育感悟，经常不可避免直面种种教育政策法规条例之网，也经常观察到教育危机或教育不公平现象，甚至和身边的人发生种种教育理念或行为的冲突。一方面，似乎谈教育的门槛很低，谁都可以对教育的热点、难点问题发表意见；另一方面，要对教育改革与发展作出更到位的，各具特色、丰富多彩的解读，并从中挖掘出真实的教育问题与情境，产生真正的教育敏感，则有必要了解古今中外的教育思想与制度。千百年来的教育家们早已对此进行了种种探索，其间既有普遍人性的追思，也有对他们所处时代与地区的特殊境遇的反省。他们的个性与人生遭遇千奇百怪，思考与探索的维度各不相同，汇成了绵延不绝的理念潮流，奔腾着，撞击着，卷起无数浪花，深刻地影响着教育与教育学的命运。

萦绕在广大教师、学生、家长和教育科研工作者耳边的一直是：如此复杂，又如此单纯，什么是真正富有生命力的教育？

中国的教育问题具有中国特色，但又和人类普遍的教育思索与追求密不可分，乃至有着共同际遇。我们始终在呼唤中国土壤中的教育家，而在国际化教育潮流与趋势日益开阔的今天，越来越多的人以各种方式与姿态迎接着教育行为与教育思维的国际化，中国的教育家也必须以国际化的视野来解决中国问题。源远流长的那些经典教育理念，需要我们共同去消化与吸收，从而在中国土壤中生根发芽。

本书在此对外国教育历史中十位教育家流传至今的永恒教育理念作出解读，在经典与现代的撞击中探索其演变路径和现代性。本书第一版自问世以来，受到社会各界广泛好评，第二版与第一版相比，替换了两位人物，同时对一些内容作出修改。

各位作者的分工如下：

苏格拉底、亚里士多德、奥古斯丁、夸美纽斯　王慧敏

卢梭、赫尔巴特、福泽谕吉　陈锋、柯诗梦

纽曼、杜威、尼尔　陈锋、王丹

全书最后由陈锋进行了全面的修订与增补。

感谢北京大学出版社及诸位编辑的支持与认真工作。

无论你从事的是什么工作，什么职业，无论你的专业、知识背景与学历是什么，也无论你身处何方，让我们静下心来，一起重温经典，追忆那些激动人心的伟大理念。

陈锋

2023年2月10日

目 录

苏格拉底　追求确定定义的教育　　　003
——事物"是什么"来自人的内心

教育的中心是个人，所成就的是知识。与智慧或知识相对立的是"疯狂"，具体来说就是强不知以为知，是对自己无知的无知。信仰也好，美德、正义也罢，都要建立在理性的基础之上，每个人都要通过独立的思考来获得真正的知识和信仰，而不是盲从和轻信

亚里士多德　自由教育　　　027
——唯一适合自由人的教育

受过教育的人不同于没有受过教育的人就像活人不同于死人一样。知识的获得是不断证明和推理的结果，任何知识的获得都必须以已知的知识为前提，这是一切教育和学习的基础。自由教育是唯一适合自由人的教育，它的根本目的不是进行职业准备，而是促进人的各种高级能力和理性的发展，使人的精神获得解放

奥古斯丁　彼岸世界的教育　　　049
——宗教道德教育

上帝不但是一切良善之源，还是一切真实之源。人具有自己的自由意志，既可以为善，成为善人，也可以为恶，成为罪人。道德教育，以至于全部教育的根本目的，就在于使人趋善避恶。学生的学习不能被强迫，一份自由的好奇心要比一份威慑力更有利于推动学习者的学习。需要学习的内容必须符合学习者的兴趣和已有的经验

夸美纽斯　人权教育　　　　　　　　　　　　　　　　073
——人人都应受教育

一个人只有在接受教育之后才能成为真正的人。良好的教育是复兴祖国和改良社会的主要手段。家庭是儿童的第一所学校，家庭教育是学校教育的初步阶段，父母是儿童的第一位老师，特别是母亲对孩子的教育负有特殊的责任和义务。他所确立的班级教学制度和相关要求在近代教育学发展史上具有划时代的意义，以至于今天全世界的学校都遵循着这一教学形式

卢梭　自然主义教育　　　　　　　　　　　　　　　　097
——尊重学生的天性和兴趣

教育要适合人的天性，而不是去服从人的地位。没有谁的人生是一个不犯错误的人生，更何况是一个儿童。那么，儿童犯了错怎么办？如何才能让儿童不再犯同样的错误？卢梭给出了他的答案——自然后果法。也就是说，这种方法能让儿童亲身体验自己所犯错误导致的不良后果，从而自己主动改正错误

赫尔巴特　追求内心自由的教育　　　　　　　　　　　125
——培养性格的道德力量

教育的最高目的是以实践哲学为基础，培养人的道德性格，五种道德中最重要的是内心自由。而心理学对于人的观念、兴趣、意志等的研究，是教育必不可少的途径和手段。但如果教育者以现成的心理学结论取代对儿童个性的发现，甚至不进行观察就对他们作出先验的推断和构想，心理学便会成为教育的障碍，因为每个个体与生俱来就具有独特性，理应获得基本的个性化对待

纽曼　大学教育
——传授普遍知识
149

有这样一种知识，尽管不产生任何东西却十分值得向往，因为它自身就是一种财富，就是对多年辛苦的一种充分的报偿。知识能完美人性，不是一种对零碎细节的被动吸取，掌握知识的过程是主动的过程。大学就是教授全面知识的地方。理想的大学是"智慧之府，世界之光，信仰的使者，新生文明之母"

杜威　面向未来的教育
——培养学生"从做中学"
175

培养学生"从做中学"，将儿童从传统的书本背诵中解放出来。现实社会过于复杂，学校必须将其简化；现实社会系统庞杂，学校必须组织而使之条理化；现实社会良莠不齐，学校必须对其进行过滤和优选；现实社会有着很多的矛盾和偏见，学校必须在众多不同中寻求平衡。教育的目的就是经验的重组和改造

尼尔　心灵自由教育
——以爱和自由为宗旨
199

儿童时代让孩子们尽情游戏根本是天经地义的事，成人之所以对游戏视而不见，是因为他们早就没有了游戏的能力，出于对孩子考试成绩的恐惧和担心，他们不断地阻挠和反对儿童的游戏。这样的教育使得孩子们过早被训练成了大人，剥夺儿童的游戏是一种现代文明的罪恶。尼尔一直以双重身份践行着自己的教育理论：为了与儿童建立平等的关系，让他们发自内心相信自己，他必须把自己当成儿童；而同时为了尽一个教育者的责任，他必须是一个心理分析学家，时时刻刻积极教育儿童

福泽谕吉 "经世致用"的实学教育
——造就个人之自由、独立精神

文明包括外在的事物和内在的精神,又分为文明的个人和文明的国家。所谓文明的个人,是指在智和德两方面达到共进的人,既要掌握"经世致用"的本领,也要具备高尚的品德和独立精神。文明的国家也应当具备智和德两大特征,一方面要发展实用科学和工业文明以推进智慧文明,另一方面要注重培养自由平等、民主科学以及独立的精神

苏格拉底

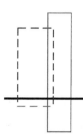

苏格拉底　追求确定定义的教育

——事物"是什么"来自人的内心

公元前420多年的雅典城，人们总是可以看到一个衣衫褴褛的老人在街头巷尾主动地找人辩论各种问题，并且总是让对方要么恍然大悟，要么悻悻而去，也有一些年轻人慕名而来请教问题。他就是当时闻名整个雅典城，后来闻名整个世界的苏格拉底。有一次，一群学生来请教苏格拉底："我们到处寻找快乐，可是得到的却是痛苦和忧愁，请问哪里可以找到快乐？"苏格拉底答道："你们先为我造一条船吧，它可以带你们找到快乐。"于是学生们找来工具很辛苦地造了一条简易的木船，把苏格拉底请上船，一边合力划桨，一边齐声歌唱。苏格拉底问："孩子们，你们快乐吗？"他们齐声回答："快乐极了！"苏格拉底总是这样在不经意间让对方受教。

可是，当很多人聚集在他旁边跟他讨论，向他请教的时候，苏格拉底却自称："我自己一无所知。"一个年轻人问苏格拉底："怎样才能获得知识？"苏格拉底将这个年轻人带到海里，海水淹没了年轻人，他奋力挣扎才将头探出水面。苏格拉底问道："你在水里最大的愿望是什么？""空气，呼吸新鲜空气！""那就对了！学习就是这样一种渴望。"我们回顾西方历史，试图从远去的尘埃中寻找第一个可以被称为伟大的人类教师的教育家的时候，苏格拉底当之无愧。他对古希腊的众多思想家产生过重大的影响，是柏拉图的老师。苏格拉底、柏拉图和亚里士多德师徒三人并称"古希腊三杰"，对整个西方世界产生了深远的影响。

清贫坚忍的一生：从雕刻匠到哲学家

对于苏格拉底（Socrates，约公元前469—前399）来说，教学是神授的一份差事，是他一生所追求的事业，如果没有教学，生命对他来说就没有意义。然而可惜的是，今天我们几乎找不到关于苏格拉底的一份完整确切的人生履历，我们对他的了解多来自柏拉图、亚里士多德、色诺芬、拉尔修等人的记录。苏格拉底出生于大约公元前469年的雅典城阿罗卑克镇的一个平民之家，此时古希腊城邦已经获得了希波战争的决定性胜利，古希腊世界正走向全盛时期。苏格拉底的父亲索佛洛尼斯科斯是一位雕刻匠，母亲费纳瑞特是一位助产士。公元前475年的伯利克里改革扩大了雅典的民主制度，苏格拉底的父亲作为手工业者也获得了政治上的利益，苏格拉底自幼就受到雅典民主制度的熏陶，后来他对雅典城及其民主制度充满着热爱和感激之情。

苏格拉底早年的教育很普通，小时候曾跟父亲学习雕刻手艺，也成了一名雕刻师。据说有一次他父亲正在雕刻一只石狮子，小苏格拉底观察了好一阵子，突然问父亲："怎样才能成为一个好的雕刻师呢？"父亲说："看！以这只石狮子来说吧，我并不是在雕刻这只石狮子，我是在唤醒它！""唤醒？""狮子本来就沉睡在石块中，我只是将他从石头监牢里解救出来而已。"这似乎预示了苏格拉底一生的事业，即利用自己的知识和方法将当时人们的心灵从梦寐中唤醒，从而成为一名人类心灵的雕刻师。苏格拉底的相貌生来就很平凡甚至有点丑陋——扁平的鼻子，肥厚的嘴唇，凸出的眼睛，笨拙而矮小的身体，当时的人们形容他长得像半人半羊的森林之神，古希腊的著名喜剧家阿里斯托芬形容他走路就像一只步履蹒跚的鸭子。然而他却一心向学，无所顾忌，从小就熟读了《荷马史诗》以及其他诗歌作品，并求教过哲学家阿那克萨戈拉和巴门尼德、物理学家阿凯劳斯、智者普罗塔戈拉等人，还受到当时著名的毕达哥拉斯学派的影响。由于当时的雅典城智者云集，苏格拉底不断接受街头巷尾的各种新奇知识和理论。不过他并不是一成不变地接受他人的知识和言论，在被各种新知识吸引的同时，苏格拉底发出自己的质疑并与人展开激烈的辩论，街头的辩论异常激烈，以至于有时候人们对苏格拉底拳脚相向、大打出手。在求知的过程中虽然经常受到鄙视和嘲弄，但他依然默默地承受这一切，当被问及他为何能够如此平静地承受时，苏格拉底回答道："难道我应当遵守驴子的法律吗，假如它踢了我的话？"

在忍受街头冷遇与虐待的同时，苏格拉底还一直过着艰苦的生活。无论严寒酷暑，他都穿着一件普通的单衣，经常赤脚而行，对饮食也非常节制，他常说，他最喜欢最不需要佐料的食物和最少引起他渴望其他饮料的饮料。不过他很注意锻炼身体，一直保持着良好的健康状况。他热爱雅典城，忠于民主制，作为一名城邦公民也很好地履行了职责，曾作为重装步兵参加了在波提狄亚、安菲波利斯和德立昂等地发生的伯罗奔尼撒战争（公元前431—前404年间发生的以雅典为首的提洛同盟与以斯巴达为首的伯罗奔尼撒同盟之间的战争，该战争成为古希腊城邦世界由盛转衰的转折点）。在战争中，他非常勇敢。有一次他的学生阿尔基比阿德斯陷入重围，苏格拉底奋不顾身击退敌人救回了他，他还把自己因勇敢而获得的奖赏让给了阿尔基比阿德斯。还有一次，他的另一个学生色诺芬不幸从马背上摔了下来，身负重伤，也是苏格拉底冒死救回他。在严寒中苏格拉底赤脚行走依然可以比别的士兵走得快，他始终坚守着自己的岗位，即使是在雅典人溃退的时候依然可以做到临危不乱。公元前406年，雅典在阿基诺萨海战中大获全胜，不过在退兵的时候遭遇大风浪，不仅损失了25艘战舰，而且还未救援落水的士兵甚至没有收回他们的尸体。雅典的公民大会便认为统帅雅典军队的"十将军委员会"负有全责并要接受审判，如果有罪的话，他们会被处以死刑。苏格拉底当时正好被选入五百人的公民大会，只有他坚持认为这种集体审判是违反雅典的法律精神和民主制度的，最后，一个人坚决投票宣告十将军无罪。公元前404年，伯罗奔尼撒战争终于以雅典的失败而告终，斯巴达占领了雅典城，推翻了雅典的民主制度，扶植以苏格拉底以前的学生克里底亚为首的"三十僭主"的统治。克里底亚品行恶劣，作恶多端，在雅典城内滥杀无辜，曾经作为老师的苏格拉底不畏强暴，坚决谴责其不义的行为。后来"三十僭主"竟以法律禁止他在雅典城教育青年，而苏格拉底则回应说："我从不由于怕死而违心地服从任何权威，即便以生命为代价也在所不惜。"

作为公民和士兵，苏格拉底坚持其独立而高尚的品格，不过，苏格拉底一生最重要的事业还是教学。公元前449年，希腊城邦与波斯正式签订合约，希波战争以希腊的完全胜利而告终，整个希腊世界尤其是雅典开始沉浸在胜利的欢乐中自满自足。此时，雅典民主制的危机开始暗暗滋长：法治观念淡化、社会道德沦丧、政治腐败、争名求利、智者们无原则的诡辩……大家对此不以为意，而苏格拉底却以哲学家的深思和敏锐的眼光洞察了繁荣表象背后深刻的危机，加之他对真正的雅典民主制的热爱，遂决定放弃雕刻职业而担负起批评社会现实、教育雅典公众和启蒙人们心灵的重任，并为此坚持了差不多40年。

在当时的雅典，承担教育教学工作的主要是智者派，他们多数不是雅典人，也不是一个严格意义上的学术团体，但是拥有一定的信仰体系和哲学理论，并反对雅典旧的理智主义传统，周游希腊各城邦收费授徒。智者派迎合了社会政治发展的需要，发表公共演说，广收门徒，教授文法、修辞学和辩证法，以传授雄辩术为核心。但到了公元前5世纪中期，智者派开始蜕变，玩弄概念游戏、颠倒是非，获得了"诡辩派"的称号。他们收取高额的学费，还以他们的称号以及能够传授知识而自豪。苏格拉底自己和智者派之间也是有着一些共同之处的，如对当时的社会现象持批评的态度，批评民主的泛滥、社会的堕落。用他自己的话来说，他是一只"马虻"，总是以各种方式劝告雅典人放弃堕落而追求智慧和美德："人中最高贵者，雅典人，最雄伟、最伟大、最以智慧著称之城邦的公民，你们专注于尽量积聚钱财、猎取荣誉，而不在意、不想到智慧、真理和性灵的最高修养，你们不觉惭愧吗？"[①]

不过，与智者派玩弄概念相比，苏格拉底的思考从实际经验出发，并且不再思考关于宇宙起源的本质问题，而是更关注人本身。智者们坚持相对主义、个人主义、感觉主义和怀疑主义，主张"人是万物的尺度"，不存在终极绝对的真理，因为真理都是相对而言的，对每个人都是不同的，而这正是苏格拉底所坚决反对的。苏格拉底认为有一种并非建立的、自为自在的东西，即客观的东西，它超越利益和欲望的特殊性，是统治一切事物的力量。他要寻找变化中永恒不变

---

① 〔古希腊〕柏拉图：《游叙弗伦·苏格拉底的申辩·克力同》，严群译，商务印书馆1983年版，第66页。

的东西，主张普遍的知识和真理是存在的，对于每个人而言，不同的只是观点或者只获得了真理的一个方面而已。从这一点上来说，他从智者派那里重新恢复了真理的客观性。与智者派的另一个重大不同之处在于，智者们在教学过程中收取高额学费，以传授知识换取金钱和利益，这在苏格拉底看来是可耻的。他从不收取任何学费，鄙视智者派唯利是图的教学动机和无原则的诡辩教学法，苏格拉底在接受最后审判的时候说道："如果你听别人说起我授课要收费的话，我想告诉你们事实并非如此。因为在我个人看来，如果一个人有能力胜任教学工作，那可是人生的一大美事呀！"他把自己看作神派来的使者，从事教学工作是他的荣耀，从不收取任何酬金，而且还因自己朴素的生活而自豪。

40岁的苏格拉底已经成为雅典城远近闻名的人物了。他整天在街头、市场等公共场合找人谈话，讨论问题，与智者们辩论哲学、道德和政治等问题，如什么是正义？什么是真理？什么是勇气？什么是虔诚？什么是美德？他不像智者们那样讨论概念问题，而是通过不断的提问让对方认识到自己的错误和悖论，然后再引导对方产生正确的认知。苏格拉底在跟众人讨论问题的时候并不是一味地说服或劝阻，而是注意因材施教。数学家泰阿泰德在与苏格拉底讨论了什么是知识之后，心中激起了一种神圣的冲动；当游叙弗伦要控告自己的父亲杀人时，苏格拉底与他讨论了虔敬并使其放弃了原来的目的；当柏拉图的兄弟格劳孔想要从政时，苏格拉底劝阻了他，因为他缺乏从政的经验，而与此同时苏格拉底却积极鼓励卡尔米德从政，因为他有从政的经验和天赋。

苏格拉底一生都深深地热爱着雅典，也一直在为雅典的民主制而奔走呼号，在"三十僭主"统治雅典的时候，他依然冒着生命危险批评僭主统治。可是，当雅典的民主制恢复之后，新的统治者希望尽快稳定城邦社会政治局面和消除战争失败的耻辱感，而苏格拉底却成了城邦中不和谐声音的一个主要来源。于是在雅典的三位政治人物的策划与劝诱下，雅典法庭以不信神和腐蚀雅典青年的思想为名对苏格拉底进行审判。最后，陪审团以360票对140票判处苏格拉底死刑。当他的亲友和弟子们都劝他逃亡国外避难的时候，他认为他必须服从法律的审判，然后当着弟子们的面从容地饮下了毒酒，终年70岁。苏格拉底最终牺牲在他热爱的雅典民主制之下。

教育思想：美德即知识

苏格拉底一生最大的事业就是教学,他认为教育是对人类有最大好处的事业,也自信很精通教学工作。他的教学工作是通过定义一系列的概念来完成的,他追求的知识也是存在于这些概念之中,如正义、善、勇敢、节制,等等。不过不同于智者派的诡辩,他定义概念的方式或者教育青年的方式甚至称不上严格意义上的教学,没有固定的地点,更没有正式的学校,街头、集市、路口都是他的活动场所。他从不收费,并且鄙视智者们的收费教学,也因此一生清贫。他甚至否认自己教过人,说他没有传授任何东西给任何人,所做的不过是引导人们自己去思考,作为一名精神助产士或者心灵雕刻师,他只是帮助别人获得知识而不是直接传授知识。因此,教育对于苏格拉底而言,是用"谈话"的方式引导人去探求知识,这样,教育的中心是个人,所成就的是知识。他只是引导、唤醒,真正的知识的获得还是在于个人的追求。受到苏格拉底教诲的不仅有一般青年,也有政治家、将军、军官,甚至还有外国人,正如苏格拉底自己所说:"我愿同样回答富人和穷人提出的问题,任何人只要愿意听我谈话和回答我的问题,我都乐意奉陪。"在四十年左右的教学生涯中,苏格拉底为西方乃至整个世界留下了宝贵的教育教学遗产,至今仍然值得我们学习和反思。

1. 教育的作用

苏格拉底承认天赋的重要性,也认可法律、习俗等对人的影响,但同时赋予教育至关重要的地位。人生来是有区别的,不是每个人都有同样的天赋,但要得到值得称赞的成就,都必须勤学苦练才行。苏格拉底告诫那些自以为禀赋好的人切不可忽视后天的学习,而且禀赋越好就越需要后天的教育来保证其成为最优秀、最有用的人,否则反而会成为最有害和最无用的人。正如桀骜不驯的良种马,如果在小时候加以驯服就会成为一匹优秀的千里马,若不加以驯服也只能成为一匹始终难以驾驭的驽马。因此,青年人受到好的教育就能成为优良有用的人,如果受的教育不好,他们的意志越坚强,就越容易犯错误,甚至走上犯罪的道路。

对于一些以财富自夸而自以为无需教育的人，苏格拉底劝告他们，只有傻子才会认为，尽管自己一无所知，但由于有财富就会被认为是有德有才的人，或者尽管没有才德也会受到人的尊敬。财富并不能使人拥有快乐、幸福、荣誉或者尊重，甚至反而会成为良好德行的重大障碍，单凭财富也无法明辨是非善恶。因此，教育对每个人的成长来说都是非常重要的。对于一个城邦或者国家的治理者来说，教育就更为必要和重要了。苏格拉底认为，真正的统治者是那些懂得如何进行统治的人，而这个世界上最大的骗子就是那些本来没有资格但用欺骗的方法使人们相信他们具有治国才能的人。苏格拉底觉得，任何技艺的学习都需要勤学苦练，还要请教那些精于此项技艺的人们才行，可是政治人物往往不经过任何准备和学习就直接登上了公共讲台甚至担任治国者，而治国的技艺比其他任何技艺都重要，因为这关乎整个国家的繁荣和人民的幸福。于是，苏格拉底就把教学的最高目的确定为培养治国人才。

2. 教育的目的：培养治国人才

苏格拉底一生中唯一一次参加政治活动就是参与对十将军的审判，他很少从政是因为他认为通过教育来培养更多的治国人才比他一个人从政要重要得多，就像他在与智者安提丰讨论时反问，是一个人独自参与政事还是专心致志培养出尽可能多的人来参与政事，对政治起更大的作用呢？苏格拉底以培养造就有知识的治国人才为己任，他希望可以为雅典造就优秀的治国人才，带领雅典人民走出衰落的境地并恢复他心目中美好的民主制度。苏格拉底是西方历史上最早倡导专家治国论者，他指出任何职业或者社会领域都应该由有专门知识的人来支配，认为治理城邦这样最伟大的工作自然而然就可以做到，是非常荒谬的。当时的雅典盛行用抽签的方法来决定执政官和将军的人选，苏格拉底认为，用抓阄的方法来选举国家的领导人是非常愚蠢的行为，甚至没有人愿意用同样的方法来雇人从事任何其他的职业，管理国务却用上了如此荒唐的办法，其危害比其他行业要严重得多。

做一切事情都离不开知识，管理国家这种大事，就更需要丰富的知识，因此一个好的政治家或者治国者首先就要具备广博而实用的知识,如算术、几何、天文、音乐、税收、土地、军备、粮食,等等。他正是以知识不足为由劝说年轻气盛的格劳孔放弃从政的念头,因为他还完全不具备这些基本知识,会给城邦带来灾难。对于有执政能力的人,苏格拉底则鼓励他们积极参与城邦事务,他劝说不愿从政但有从政天赋的卡尔米德,不要轻忽城邦的事务,只要力所能及,总要尽力对它们加以改善。城邦的将领还必须学习足够的军事知识,战争期间,整个城邦的危急存亡完全寄托于将领。一个优秀的将领不仅仅要英勇顽强,敢于上阵杀敌,还必须足智多谋、坚忍不拔,知道如何排兵布阵,如何进攻和防御。苏格拉底还亲自教育一个刚刚上任的骑兵指挥官如何改善士兵和马匹的情况,如何培养自己的演说能力,如何鼓舞士气,等等。

对于当时处于衰落时期的雅典来说,培养一批受过专业训练的有德行、有知识、有才能的治国人才是非常必要的,如果继续通过抽签的办法让那些未受专业训练或者由智者们训练出来的只会夸夸其谈的人来治理城邦的话,雅典将难免灭亡的命运,苏格拉底的主张适应了当时社会的实际需要。为了雅典的未来,苏格拉底不知疲倦地教给雅典人各种知识,因材施教地针对不同的人提出不同的规劝。他的学生色诺芬回忆说:"凡是一个善良和高尚的人所应该知道的事,只要他自己知道,他总是非常乐意地教导他们;如果他自己不熟悉的话,他就把他们带到那些知道的人那里去。他还教导他们,一个受了良好教育的人对于各门实际学问应该熟悉到什么程度。"①

3. 教育的首要任务:培养美德

以前的古希腊哲学家着重探讨宇宙的本原,而苏格拉底却认为,客观世界的一切都是由神安排好的,真理就在人的心灵中。因此,哲学的目的在于研究人类自身,他以德尔菲神庙墙上所刻的警句"认识你自己"为终生的格言。他在讨论什么是智慧的时候认为,以往那些有智慧的人其实都不是真正的有智慧,人真正的智慧在于"自知其无知",要从认识自己开始,达到认识的最高境

---

① 〔古希腊〕色诺芬:《回忆苏格拉底》,吴永泉译,商务印书馆1984年版,第182—183页。

界——善和智慧。苏格拉底认为,他自己的智慧远远高于别人,就是因为他承认自己一无所知并孜孜不倦地探求着。

因此,人的灵魂是苏格拉底关注的最重要问题之一,明晰善恶本性并且获得善才是真正的幸福。这就需要人们在自我的心灵中仰慕美德,善良的品质取决于"学会所注意的事物的速度""对于所学得事物的记忆能力"以及"对于学习一切有助于管理好家务、庄园、城邦和成功处理人类事务的知识的渴慕程度"①,在此基础上施以教育才会达到自我、他人和城邦的幸福。于是,他在讨论灵魂、美德与知识的时候引出了一个重要的命题——"美德和知识的合一"或"美德即知识"。在他看来,知识包括一切善,美德是一种关于善的知识,道德的行为之所以发生,首先是因为行为的发生者具有关于道德的知识。仰慕美德就需要追求知识,如果没法获得知识,那么无知是无法得到善的。

"美德即知识"是苏格拉底关于教育与道德关系的重要表述。教育的过程就是一个挖掘和发展人的美德和善性的过程,而美德和善是可通过教育、学习各种知识获得的。那么什么是善呢?善就是节制、勇敢、正义等品质。一个人要有道德就必须有道德的知识,一切不道德的行为都是无知的结果。人们应承认自己的无知,从而抓住一切可能的机会去获取知识,成为一个道德高尚的人。在柏拉图所著的《美诺篇》中,比较详细地记述了苏格拉底与美诺讨论美德与教育的问题:

美:我宁可回到我原来的题目上来:在寻求获得美德时,我们究竟应该把美德看作得自教育的东西,还是看作一种天赋的东西,还是看作以某种其他方式来到人这里的东西呢?

苏:如果你也和我自己一样都能听我吩咐,美诺,我就不会去研究美德究竟是得自教育与否,除非我们首先已经肯定了"它是什么"……我们也必须在一个假设之下来问美德是否由教育而来的问题,就像这样:如果美德是属于这样一类心灵的善,它是否能由教育而来?让我们假定第一个假设是美德是知识或不是知识——在这情形之下它是由教育来的或不是由教

---

① 〔古希腊〕色诺芬:《回忆苏格拉底》,吴永泉译,商务印书馆1984年版,第138页。

育来的？或者如我们刚才所说的是"被回忆"的？因为辩论名称是无用的。但美德是否由教育而来呢？或毋宁说，是否每一个人都看到只有知识是由教育而来的呢？

美：我同意。

苏：那么如果美德即知识，美德就可以是由教育而来的了？

美：当然。

苏：那么现在我们对这问题很快就得到结论了，如果美德具有这样一种本性，它就是由教育而来的；如不是，就不是由教育来的？

美：当然。

苏：其次一个问题是，美德究竟是知识还是属于另外一类的？

美：是的，这似乎照次序应该是提出的其次一个问题。

苏：我们不是说美德是一种善吗？——这是一个不能搁在一边的假设。

美：当然。

苏：现在，如果有任何一种的善是和知识有别的，美德就可能是那种的善；但如果知识包括了一切的善，那么我们认为美德即知识将是对的？

美：对的。

苏：美德使我们善吗？

美：是的。

苏：如果我们是善的，那么我们就是有益的，因为一切善的东西都是有益的？

美：是的。

苏：美德是有益的吗？

美：这是唯一的推论。

苏：让我们看看有些什么东西是各自有益于我们的。健康和有力，美和富——这一些，以及类乎此的东西，我们叫做有益的吗？

美：对的。

苏：可是这些东西有时也可能对我们有害，你不这样想吗？

美：是的，我是这样想。

苏：使它们有益或有害的指导原则是什么？岂不是当它们被正当地利用时，它们是有益的，不被正当地利用时就是有害的吗？

美：当然。

苏：其次，让我们考察一下灵魂的善：它们是节制，正义，勇敢，敏悟，强记，豪爽，以及如此等等吗？

美：当然。

苏：像这样一些不是知识而是别一类的东西，是有时有益有时有害的。例如，勇敢而不谨慎，岂不只是一种莽撞？一个人若是没有理性，勇敢对他是有害的，但他若是有理性，这对他岂不就有益了？

美：对的。

苏：对于节制和敏悟也同样可以这样说，不论什么东西，如果有理性地来学来做，就是有益的，但若没有理性地来做，它们就是有害的？

美：很对。

苏：一般地说，灵魂所企图或承受的一切，如果在智慧的指导之下，结局就是幸福；但如果在愚蠢的指导之下，则结局就相反？

美：这似乎是对的。

苏：那么如果美德是灵魂的一种性质，并且被认为是有益的，则它必须是智慧或谨慎，因为灵魂所有的东西，没有一种是本身有益或有害的，它们都是要加上智慧或愚蠢才成为有益或有害的，因此如果美德是有益的，它就必须是一种智慧或谨慎？

美：我十分同意。

苏：而别的那些善，如财富之类，我们刚才说过，它们是有时善有时恶的，它们岂不是也要看灵魂是正确地还是错误地指导和利用它们，而变成有益或有害，正如灵魂本身的东西也是在智慧指导下就有益，而在愚蠢指导下就有害一样吗？

美：对。

苏：智慧的灵魂就正确地指导它们，愚蠢的灵魂就错误地指导它们，是吗?

美:是这么回事。

苏:不是对人的本性普遍地真的吗?一切别的事物都系于灵魂,而灵魂本身的东西,如果要成为善,就都系于智慧;所以推论下来智慧就是使人有益的东西——二者相结合,这样我们就达到了结论:美德整个地或部分地是智慧?

美:当然。

苏:但如果这是对的,那么善也不是由于本性就是善的了?

美:我想不是。

苏:但如果善不是由于本性就是善的,岂不是由于教育而成为善的吗?

美:似乎不可能有别的答案,苏格拉底。假定了美德就是知识,则无可怀疑地,美德是由教育来的。

苏:是的,确是这样,但如果这假定是错的又怎样呢?

美:我此刻确乎想我们是对的。

苏:是的,美诺,但一条原则如果有某种正确性,它不应该只是此刻,而应该永远是站得稳的。①

在与别人的交谈中,苏格拉底总是要通过界定不同概念的定义来引导人进行思考,以期获得智慧,成为明智、幸福的人。在苏格拉底看来,与智慧或知识相对立的是"疯狂",具体来说就是强不知以为知,是对自己无知的无知。苏格拉底本人虽然一生都在追求知识,但是直到最后的法庭答辩,他还是承认自己是无知的。所以说,"认识你自己"既是人需要努力达到的一个目标,同时也是做其他任何事情,尤其是想成为幸福的人和合格的城邦公民的条件。另外,既然美德和知识可以合一,而知识是可教的,那么美德也就可教了。苏格拉底一生所追求的也就是个人的美德的改善,如果美德不可教,那么也就失去教学活动的前提了。也正是这一理念使他坚定地成为雅典青年的教师。在西方教育

---

① 〔古希腊〕柏拉图:《美诺篇》,载《柏拉图全集》(第一卷),王晓朝译,人民出版社2002年版,第518—522页。

史上,苏格拉底最早提出了知识和德行的关系,以及教育在培养德行中的作用。但是,苏格拉底把知识和道德等同起来,有知识的人必然也就具备了美德,这个说法显然是片面的,知识和美德并不能画等号。

4. 德行的实践:自制与守法

苏格拉底相信美德即知识,但是他对道德的主张并没有仅仅停留在知识层面,而是非常注重道德的实践。他认为,自制是一切德行的基础,也是道德的实践之路。既然美德基于正确的认识,那么这就需要人们以正确的知识约束自己的行为和控制自己的欲望,一个不能自制的人最终对人对己都有害。我们且听苏格拉底劝人自制的原话:

> 当我们面临战争必须挑选一个人,借着他的努力使我们自己得到保全并战胜敌人的时候,难道我们会挑选一个我们明明知道他不能抵抗贪食、饮酒、肉欲、疲倦或睡眠的诱惑的人吗?我们怎能以为这样的人会为我们服务或战胜我们的敌人呢?或者,当我们临终的时候,想把我们的儿子托他人照管,把我们未出嫁的女儿托他人照顾,或者托他人保管我们的财产,难道我们会以为一个没有自制能力的人值得我们信任,托他给我们做这些事吗?我们会把我们的羊群、我们的粮食仓库,或者照料我们农事的任务,交托给一个放纵无度的奴仆吗?即使是白白送给我们,难道我们会接受一个这样的奴仆做我们的管家或采购员吗?我想大家都不会把这些事情交付给这样不自制的人。即使我们不愿意有一个不能自制的奴仆,那么,我们自己不做这样的人岂不是更重要了吗?因为一个不能自制的人并不是损害别人而有利于自己,像一个贪得无厌的人,掠夺别人财物来饱足自己的私囊那样,是对人有损,对己更有害。不自制最大的害处就是不仅毁坏了自己的家庭,而且还毁坏了自己的身体和灵魂。就是在社会上,如果明知一个人贪好酒食甚于和朋友交谈,喜爱嫖娼甚于交友,谁又喜欢与这样的人交往呢?每一个人的本分岂不就是把自制看作一切德行的基础,在自己心里树立起一种自制的美德来吗?有哪个不能自制的人能学会任何的

好事,或者把它付诸于实践呢?有哪个做肉欲的奴隶的人不是身体和灵魂双方面都处于同样恶劣的情况呢?一个自由人应当向神明祈祷,使他永远不要遇到这样的奴仆,而一个已经做了肉欲的奴隶的人,就应当求神明使他得到好心肠的主人。因为,只有这样,这一类的人才能获得解救。①

苏格拉底不仅劝人自制,他更是以自己的实际行动作出了良好的表率。他一直保持着朴素的生活方式,他不仅制服了身体私欲,还能忍受各种艰苦的劳动并抵制住了与金钱有关的一切事情的诱惑。因此,自制是走向美德的必经之路,也是一个有德行的人尤其是政治家所必备的品质。

此外,苏格拉底在与人们讨论正义问题的时候认为,行不义之事其实就是无智慧、无道德的表现。那么,什么是正义呢?简单地说,"守法即是正义",其本质在于遵守城邦的法律。在这个问题上,苏格拉底将道德、知识、政治、法律联系起来,因为其最终的目的仍然是为雅典城邦服务的,一个真正有道德、有知识的人必须是一个遵守法律的人。因此,守法也是实践德行的重要途径。苏格拉底虽然激烈地抨击时弊,但一生都谨遵雅典城邦的法律,一直到最后他依然服从不公正的审判,从容地喝下毒酒。从这一点来说,他以生命的代价践行了自己的学说。

5. 教育内容:广博而实用的知识

苏格拉底坚持获得善的知识,以保证一个人的善良和高尚,同时他也要求学习实际学问,包括几何、算术、天文、占卜等。但是对此,苏格拉底坚持一个"程度",即实际的学问仅仅是为了实际的用处,在实用以外是不应该再过分追求的。如学习几何是为了正确地丈量土地,除此之外就不应该为了纯粹的复杂的图形而研究几何;研究天文只为了掌握节令、计算时间,而不应去研究什么天体运行的轨道、周期之类的,他认为这样是在做无意义的劳动,只是在浪费精力和时间而已。占卜也只有在人类智慧不能解决问题的时候才进行,人首先应当尽自己的主观努力去学习,人的智力范围之内的事情不必问神。

---

① 〔古希腊〕色诺芬:《回忆苏格拉底》,吴永泉译,商务印书馆1984年版,第32—33页。

然而,不论是善的追求还是实际学问的学习,身体总是一切事情的基础,是个人成就的保证,人的活动无法离开自己良好的身体状态。许多人由于身体不好,健忘,忧郁易怒,影响他们的神智,以致把已获得的知识全部丧失殆尽,而在战争中,强健的身体更为重要。但是健康不是自发获得的,需要体育锻炼和适当的养生学知识,饮食要清淡简朴,生活要有规律。苏格拉底自己就经常锻炼身体,每天早晨都到广场去进行体育锻炼,培养了忍受饥渴、酷热、严寒和疲劳的惊人能力,准备应付可能遇到的任何考验。

教育方法:苏格拉底方法

在教育教学过程中,苏格拉底认为最有效的教育方法不是直接告诉人们答案,而是向他们提问。他逐渐形成了一种特有的谈话方法,即在与他人的对话过程中,总是一开始承认自己的无知,而后通过不断的提问,使对方认识到自己的错误和不足,进而把问题逐渐向原则性方面深入,一旦取得一致的观点则稳步前进,直至显示出普遍公认的真理。这种通过问答引导人们思考问题,达到教育目的的方法是西方教育史上最早的启发式教学,后人将他的问答法教学形式称为"苏格拉底方法",或称"产婆术"(精神助产术)。

苏格拉底方法基本上分为四个步骤:讥讽、助产、归纳和定义。所谓讥讽就是不断提出问题,使对方陷入矛盾之中,并迫使其承认自己的无知。他在和各种各样人物讨论问题时,总是先装出自己对什么都不懂的样子,总是提出很多问题,如果对方答错了,他也不马上纠正,而是进一步提出补充的问题加以引导,逐渐让对方认识到自己的错误或矛盾之处,从而怀疑自己已有的知识,进而使其明白自己的无知。第二步是助产术。苏格拉底认为,他自己的任务就是充当"智慧的产婆",在启发对方发现自己无知,并否定原有认识的基础上进一步启发、引导对方,使对方通过自己的思考得出结论,逐渐走上正确认识的道路,帮助真理出世,为最后形成概念作准备。在《回忆苏格拉底》一书中,色诺芬记录了苏格拉底与青年尤戴莫斯关于"正义"问题的一段对话,是助产术的一个经典例子。尤戴莫斯想做一名政治家,苏格拉底便向他提出了有关正义的问题。

苏格拉底分别写下正义与非正义希腊文的第一个字母,然后问道:虚伪是人们中间常有的事,是不是?

尤:当然是。

苏:那么,我们把它放在两边的哪一边呢?

尤:显然应放在非正义一边。

苏:人们彼此之间也有欺骗,是不是?

尤:肯定有。

苏:这应该放在两边的哪一边呢?

尤:当然是非正义一边。

苏:是不是也有做坏事的?

尤:也有。

苏:那么奴役人怎么样呢?

尤:也有。

苏:看来这些事都不能放在正义一边了?

尤:如果把它们放在正义一边那可就是怪事了。

苏:那么如果一个被推选为将领的人,率领部队去奴役一个非正义的敌国,能不能说他是非正义的呢?

尤:当然不能。

苏:那么他的行为是正义的了?

尤:是的。

苏:倘若他为了作战而欺骗敌人呢?

尤:也是正义的。

苏:如果他偷窃、抢劫敌人的财物,他的所作所为不也是正义的吗?

尤:不错。不过开始我以为你所问的都是关于我们的朋友的呢。

苏:那么前面我们放在非正义一边的事,也都可以列入正义一边了?

尤:好像是这样。

苏:我们是不是重新给它划个界线:这一类事用在敌人身上是正义的,

用在朋友身上就是非正义的了,对待朋友必须绝对忠诚坦白,你同意吗?

尤:完全同意。

苏:当战争处于失利而又无援的时候,将领发觉士气消沉,就欺骗他们说援军就要来了,从而鼓舞了士气。这种欺骗行为应当放在哪一边呢?

尤:我看应该放在正义一边。

苏:小孩子生病不肯吃药,父亲哄骗他,把药当饭给他吃,孩子因此恢复了健康。这种欺骗行为又该放在哪一边呢?

尤:我想这也是正义行为。

苏:又如,一个人因为朋友意气沮丧,怕他自杀,把他的剑或其他这一类的东西偷去或者拿去,这种行为该放在哪一边呢?

尤:我看这也应该放在正义一边。

苏:你是说,就连对于朋友也不是在无论什么情况下都应该坦率行事的?

尤:看来是我错了。如果您准许的话,我愿意把说过的话收回。[①]

在助产术之后就要从各种具体事物中找到共性和本质,通过对事物的比较和分析寻求"一般",这就是归纳。而定义就是把个别的事物归入一般概念,得到关于事物的普遍概念,获得真知。这就是苏格拉底的施教过程。亚里士多德曾对苏格拉底方法给予很高的评价,认为归纳和定义方法是苏格拉底最大的贡献。苏格拉底认为,他的"助产术"与真实的助产不同之处就在于,他引导的是人的灵魂而不是肉体,他最高明的地方就是通过各种考查,证明一位青年的思想产物是一个虚假的怪胎还是包含生命和真理的直觉。虽然他向别人提问,但却认为由于自己没有智慧而不能作出任何回答,他并不是给予每个人实际生活的指导,甚至也不是在传授知识,而是在引导受教者思考,让其自己从内心发现知识。

苏格拉底的谈话式教学方法不是将系统的具体的知识直接向受教育者传授,也不是将现成结论强加于对方,而是通过问答、交流和争辩的方法来使对方

[①] 〔古希腊〕色诺芬:《回忆苏格拉底》,吴永泉译,商务印书馆1984年版,第145—147页。

认识到自己的错误并获得真正的知识,其显著的特点是引导人们去思索,学会逻辑地思考问题。这种方法有助于人的积极思维,调动受教育者的主动性。问答法要求双方都有独立的思考,从这个意义上说,在苏格拉底的教学活动中,师生之间是一种非常平等的关系,学生和教师共同讨论,互相激发,共同寻求正确答案。但也应该看到,这种问答式的教学方法是在当时没有成熟的教材,也没有成熟的知识体系和正规的课堂教育制度的条件下产生的,也只能适应这样的条件。苏格拉底的教育活动不具有计划性和系统性,他的教学总是因人因时因事而异,别人需要什么他就教什么,别人有什么困惑他就解决什么困惑,没有固定的时间、场所、教材,甚至也没有固定的教育对象,这就不可能形成连贯、完整的知识体系。苏格拉底方法固然有很多优点,但是应用的时候必须考虑:第一,需要受教育者有探求真理和追求知识的愿望和热情,否则问答法达不到预期的效果;第二,受教育者还须已掌握一定的事实和知识,否则问答谈话难以进行。因此,苏格拉底的这种问答法是在具备一定知识和推理能力的成年人中使用,而不适合儿童,对于大多数少年儿童还是应该讲授系统的文化知识,问答的方法则可以作为辅助的教学方法。

苏格拉底之死:犯人中最高尚的人

公元前399年,这注定是人类文明史上悲剧的一年。在雅典的三位政治人物的谋划下,雅典法庭对苏格拉底进行了审判,理由是"不信神"和"煽动青年"。按照雅典当时的规矩,一个人在被控有罪之后,有几种脱罪的办法:其一,可以为自己辩护,以减免自己的罪过。其二,认缴罚款以减免罪罚。其三,在被判罪收监后,通过贿赂的方式逃亡国外。苏格拉底选择了为自己辩护,在广场上,他面对法庭的指控和广大的雅典人民丝毫不畏惧地说:"你们以前选来指挥我的将官派我去浦提戴亚、安非朴里斯和戴里恶斯等地,当时我能一如同列,冒死守职;现在,我相信,我了解,神派我一个职务,要我一生从事爱智之学,检查自己,检查他人,我却因怕死或顾虑其他,而擅离职守;这才荒谬,真正堪得抓我到法庭"。① 苏格拉底告诉每一个人,无论是上阵杀敌还是街头教学,他都是遵循神的旨意而来,都一定会坚守自己的职责。

面对法庭指控他的罪名——不信神和煽动青年,苏格拉底表示,正是在神的授意下,他才到处查访他所认为有智慧的人,无论是本国公民还是外邦人,才在街头主动找人辩论和教学。他甚至无法让不聪明的人或者无法自知其无知的人继续浑浑噩噩地生活下去,这些人才是真正地亵渎神灵,事实上,对神的侍奉使他一贫如洗。他虽然非常热爱雅典、雅典的民主制和雅典人民,但是依然表示他必须首先服从神灵,教育和劝勉雅典人是神派给他的光荣差事,只要一息尚存还有能力,绝不会停止哲学实践。由此,苏格拉底也证明了他在雅典城中教育青年人也是神的旨意,这不是亵渎神灵,也不是蛊惑青年。他坚持认为自己一生中的言行总是一致的,道德上是没有瑕疵的,他从来没有对任何人与正义不符的行为表示过支持,更没有直接参与过不正义的事情。他以对十将军的审判为例,那是他一生唯一一次参与公务,只有他一个人坚持投了反对票。

对他来说,生与死不是最重要的,最重要的是决不能做错事恶事,或者违背神的旨意的事,政府无论如何胡作非为或蛮横无理也不可强迫他去作恶或者承认他从来没有做过的事。苏格拉底知道,他的申辩不是求得饶恕,而是最后一次用自己的言语和行动来教导雅典人。控告方以三十僭主的首领就是苏格拉底教出来的学生为由煽动了民众情绪,他明白自己的申辩已经毫无用处了。他认为,在法庭上,就像在战场上一样,都不应当把自己的智慧用在设法逃避死亡上,虽然他对投票的结果非常惊讶和失望,但他已经决定坦然面对。他告诫每一个人都必须自信地看待死亡,并且要确立这样一种坚定的信念:任何事情都不能伤害一个好人。

第一次投票之后,苏格拉底仍然有机会通过缴纳罚款来赎免自己的罪行,但他表示他的一生从未过过普通人的平静生活,也不关注与金钱相关的任何事情,他没有钱,如果要缴纳罚款的话他只能认罚一米纳,而法庭的罚款底线是三

---

① 〔古希腊〕柏拉图:《游叙弗伦·苏格拉底的申辩·克力同》,严群译,商务印书馆1983年版,第65页。

十米纳。虽然苏格拉底的朋友和学生们愿意支付这笔罚款,但是苏格拉底已经激怒了陪审团和雅典人民,场面无法收拾了,第二次投票中同意判处苏格拉底死刑的比第一次多出了 80 票。审判结束,苏格拉底最后说道:"分手的时候到了,我去死,你们去活,谁的去路好,唯有神知道。"①

根据当时雅典法律规定,处死犯人的方法是赐毒酒一杯,但在处死前还要关押一个月,期间允许犯人的亲友探监。当时便有许多青年人天天去监狱探望苏格拉底,其中有位名叫克力同的青年问苏格拉底有没有什么遗言,苏格拉底表示别无他求,只有他平时说过的那些话,要牢记在心,保持节操。在生命最后的一个月里,苏格拉底依然继续履行作为一名教师的职责,把他全部的时间继续花在讨论和教学上,为后世留下了两篇著名的对话录《斐多篇》和《克力同篇》。苏格拉底的朋友和学生们已经贿赂了狱卒,并劝他逃离雅典,但是他拒绝了,因为苏格拉底认为他一生都在思考和教授哲学知识,而哲学的最终目标就是教人如何认识死亡,如果他像奴隶一样逃跑了,那他的知识又有何价值呢?况且,他一生都在赞美和维护着雅典城邦的法律和民主,既然法律作出了裁决,如果逃亡就违背了城邦的法律,更是与他一生的目标相违背。

在即将被处死的那天晚上,苏格拉底把自己的妻子和女儿打发走,而去同他的学生斐多、西米亚斯、西帕斯、克利同等谈论灵魂永生的问题。不久,行刑的时间到了。狱卒走进来告诉众人,每当他要犯人服毒酒时,犯人们都怨恨诅咒他,但他又不得不执行上级的命令,苏格拉底是这里许多犯人中最高尚的人,所以决不会恨他,而只会去怨恨那些要处死他的人,他现在受命执行任务,愿苏格拉底能够少受些痛苦,说完后就泪流满面地离开牢房去准备毒酒。他的学生们仍然希望可以拖延一点行刑的时间,劝说苏格拉底还可以享受一份丰盛的晚餐,然而苏格拉底却说,推迟服毒酒的时间并不能获得什么,相反,那样吝惜生命而获得一顿美餐的行为应当受到鄙视。一会儿送毒酒的人来了,苏格拉底镇定自若,面不改色,接过酒杯一饮而尽,在场的人无不为将失去这样一位师友而悲泣。苏格拉底接着在室内踱了一会儿,然后就躺了下来,送酒的人走过来摸

---

① 〔古希腊〕柏拉图:《游叙弗伦·苏格拉底的申辩·克力同》,严群译,商务印书馆 1983 年版,第 80 页。

了摸他的身体,觉得已没有热气。突然,苏格拉底又喃喃地说:"克力同,你过来,我们曾向克雷皮乌斯借过一只公鸡,请你不要忘记付钱给他。"说完,这位伟大的哲学家、思想家和教育家合上了眼,安静地离开了人世。

苏格拉底用生命践行了自己的学说和主张,作为教师,最后依然用他的生命为雅典人,乃至所有的后来者上了庄严的一课。苏格拉底推广了他的理性原则,信仰也好,美德、正义也罢,都要建立在理性的基础之上,每个人都要通过独立的思考来获得真正的知识和信仰,而不是盲从和轻信。他也想调和个人和国家之间的不协调,重新恢复城邦的秩序和公共的利益,并以此来挽救衰落的城邦。然而,这并不受雅典人的欢迎,教育被看作蛊惑,并成了他的一大罪状,他被判处了死刑,雅典人亲手谋杀了他们的拯救者。苏格拉底被处死了,但是他却给后世留下了宝贵的精神遗产。他提出了许多永恒的哲学问题,西方哲学史上的任何思考似乎都无法绕开这些问题,他的被审判和死亡更是在后来引发了对民主、法治与暴政的经久不息的讨论。更为重要的是,苏格拉底启发了一大批学生,这些学生对当时以及后世都产生了极为重要的影响,柏拉图就是其中杰出的代表。柏拉图可以说是苏格拉底的嫡传,他将苏格拉底不成体系的知识和思想发展成了一个完整系统的客观唯心主义思想体系,成为后世西方哲学思想的一个源流。还有一些学生发扬了苏格拉底思想中的某一方面,创建了一些独立的学派,如麦加拉人欧几里得发展了苏格拉底美德即至善的理论,创立了麦加拉学派,又被称为小苏格拉底学派;犬儒学派的创始人安提西尼发展了苏格拉底关于自制的理论,反对享受和纵欲,成为斯多葛学派的先驱;亚里斯提卜则从感觉主义立场发展了美德就是知识的理论,创立了昔勒尼学派,又称享乐主义学派。

苏格拉底虽然死了,但是他的知识和精神却获得了永恒,纵然是他的死也成了信仰和理性的凯歌,他的法庭申辩仍然在历史中回响。苏格拉底不仅承担并践行了唤醒同胞并引导他们思考和向善的使命,同时也为后世留下了丰厚的知识与道德遗产,他的教养、魅力和机智,以及至死不渝的理念,使他攀上了人类教师的神坛。

参考文献

〔古希腊〕柏拉图:《游叙弗伦·苏格拉底的申辩·克力同》,严群译,商务印书馆 1983 年版。

〔古希腊〕色诺芬:《回忆苏格拉底》,吴永泉译,商务印书馆 1984 年版。

〔古希腊〕柏拉图:《柏拉图全集》(第一卷),王晓朝译,人民出版社 2002 年版。

亚里士多德

亚里士多德　自由教育

—— 唯一适合自由人的教育

公元前330多年的雅典城郊外,人们常常可以看到一位五十多岁的老人,身边跟随着十多位青年,他们或是在树林中逍遥自在地漫步交谈,或是坐在山谷溪旁的大石块上,热烈地讨论着。"老师,您再讲讲'三段论'的大前提、小前提和结论吧。"老人捋了捋胡须,缓缓地说道:"我们希腊人有个很有趣的谚语:如果你的钱包在你的口袋里,而你的钱又在你的钱包里,那么,你的钱肯定在你的口袋里,这不正是一个非常完整的'三段论'吗?"雅典人都知道,那是亚里士多德正在给他吕克昂学园高级班的学生上课呢。学园中优雅的环境、灵活的教学方式使得他们获得了"逍遥学派"的称号,他们在浩瀚的知识海洋中遨游。而与此同时,亚里士多德的学生,20岁出头的马其顿王国国王亚历山大正在指挥他的金戈铁马征服世界,一个地跨欧亚非、将地中海变成内海的庞大帝国正在形成中。这对伟大的师徒,一个在知识的海洋里乘风破浪,一个在千军万马中所向披靡,都对迄今为止的整个世界产生了不可低估的影响,都为后世称颂和赞叹。

16世纪文艺复兴时期,意大利伟大的画家拉斐尔作了一幅巨大的壁画《雅典学院》,古典时代追求着人类的智慧和真理的伟大人物都汇聚于画中。壁画的中心是另外一对师徒——柏拉图和亚里士多德,这师徒二人一个把手指向上,一个把手掌朝下,说明了他们二人在基本的思想原则上的分歧,柏拉图追求理念世界的"理想国",然而并没有成功,而亚里士多德则是把眼光朝向了现实的世界,纠正了前人的失误,实践了"理想国"的使命,走上了一条与老师不同的道路。

伟大辉煌的一生：吾爱吾师，但吾更爱真理

亚里士多德（Aristotle，公元前384—前322年）是一个马其顿王宫御医的儿子。他并不是雅典人，而是出生于马其顿的斯塔吉拉，因此后来还被称为斯塔吉拉人。他的父亲尼各马科斯是马其顿国王腓力二世的御医，二人同时也是很好的私人朋友，母亲菲斯蒂斯则来自优卑亚岛的卡尔基斯，因此亚里士多德的家境比较优裕。据说亚里士多德的腿很细，眼睛也很小，穿着和发式比较显眼，而且他说话的时候有点口齿不清。亚里士多德的父亲在他很小的时候就去世了，他主要是由姐姐阿里木奈丝苔和姐夫普洛克赛诺斯抚养长大的。由于殷实的家境和父亲的影响，亚里士多德从小便受到良好系统的教育，并且接受了父亲的医学教育，这让他从小就有着经验研究的倾向，并开始对生物学和解剖学产生极大的兴趣。早期的天赋和启蒙教育为他后来的学习奠定了良好的基础。

由于雅典是当时古希腊世界的文化中心，公元前367年，年仅17岁的亚里士多德来到雅典并进入柏拉图开办的学园学习，从此跟随柏拉图学习长达20载，这段时期的学习和生活对他的一生产生了决定性的影响。亚里士多德是一个热衷于思考的人，思维快捷而敏锐，备受师生们的重视，被柏拉图视为"学园的精英"。亚里士多德是一个敢于独立思考和挑战权威的人，纵然在老师柏拉图面前也依然不是一味地接受，他主动探索、刻苦钻研，搜集各种图书资料，甚至为自己建立了一个图书室。渐渐地，亚里士多德开始与老师产生了分歧，他曾表示"吾爱吾师，但吾更爱真理"，柏拉图也曾讽刺他只是一个书呆子。到柏拉图老年的时候，师徒二人经常发生激烈的辩论和争吵。不过正如亚里士多德所说的那样，尽管学术意见不同，但他仍然尊重作为老师的柏拉图。直到公元前347年柏拉图去世的时候，他才因为与学园的继承者意见不合而离开学园，最后干脆离开了雅典去各地游历。随后，亚里士多德应赫然米亚斯的邀请来到爱琴海沿岸的北部亚细亚地区的阿尔纽斯城，在这里娶妻生子，而且还开办了

一个学园的分部,继续研究和教学的事业,这里很快就变成了一个新的学习中心。

执教三年之后,公元前342年,亚里士多德接受了马其顿国王菲利普二世的邀请去教导菲利普当时仅13岁的儿子亚历山大。这当然与他卓越的学识与显赫的名声有关,另一方面也是由于他的家庭与马其顿王室有密切的关系。从此以后,一直到亚历山大远征亚细亚,亚里士多德都陪伴在亚历山大左右,成为一位名副其实的帝师。从苏格拉底开始,希腊人就非常看重教育事业,并且认为教育与培养统治者之间有着密切的关系。柏拉图继承和发扬了苏格拉底的主张,在他的《理想国》中提出了"哲学王"梦想。可惜的是,苏格拉底和柏拉图都只是停留在理论层面,从来没有真正实践过,而亚里士多德却幸运地做到了。正是在亚里士多德的教导和影响之下,亚历山大终于成为古代世界一位伟大的帝王,建立了庞大的亚历山大帝国,并且在征服世界的同时还十分地重视知识和科学事业,用剑和矛把古希腊的文化成就传播开来。从这一点来看,亚里士多德对后来希腊化时代的教育文化事业发展有着至关重要的影响。

尽管自己的学生已经贵为国王并取得了惊人的成就,亚里士多德也没有一直留在国王身边,他并不贪恋显贵的物质生活,毅然决定回归自己原先的教学和研究事业,建立自己的学校,教授知识和传播真理。公元前335年,亚里士多德离开马其顿重新回到阔别12载的雅典城,此时的希腊世界已经被他的学生征服,纳入亚历山大帝国的版图了。虽然亚里士多德受柏拉图学园的影响很大,并且在柏拉图的继任者斯彪西波去世的时候他还被公举为学园的继承人,但是由于亚里士多德的理念与柏拉图有着根本的分歧,所以他终究还是没有回到柏拉图的学园,而是在阿波罗神殿附近创办了一所自己的学校吕克昂。从此以后直至他生命结束的13年间,他都在此授课和写作。与柏拉图学园不同的是,亚里士多德反对刻板的教学方式,他经常和学生在学园里一边散步,一边讨论哲理,因此后人把亚里士多德学派称作"逍遥学派",把他的哲学称为"逍遥哲学"。在吕克昂学园,亚里士多德专心致志于教育和写作事业,很多著作直接就是他的讲稿的汇编,因此也有人将亚里士多德看作西方第一位教科书的作者。这是他一生中最有成就的时期,他的主要著作《政治学》《物理学》《工具论》《诗学》等都是在此时完成的。最重要的是,在此期间,亚里士多德对希腊半岛的158个城邦逐一进行了实地考察与研究,对各个城邦的历史与现状进行了探讨,但如今只留存下来一部残篇《雅典政制》。而他的《政治学》也正是在这些考察与著述的基础之上完成的,其教育理论也大多体现在《政治学》中。

公元前338年,马其顿征服希腊世界之后,各城邦都没有停止对马其顿人的反抗,亚里士多德返回雅典城也肩负说服雅典人的政治使命。因此,亚里士多德在回到雅典后受到了很多优待,除了政治上的崇高地位以外,他的办学教学活动还得到了亚历山大大帝和各级帝国官僚大量的金钱、物资和土地资助。

公元前323年,当亚历山大去世的消息传到希腊半岛时,那里立刻掀起了反对马其顿的狂潮。由于亚里士多德与马其顿王室长久以来的密切关系以及他作为亚历山大老师的身份,加之他在雅典所获得的很多政治、经济优待,很自然地成为雅典人重点攻击的目标,被判不敬神罪。而当年的苏格拉底就是因不敬神罪被判处死刑的,亚里士多德说,他不希望让雅典人再犯下第二次毁灭哲学的罪孽,于是他逃出了雅典,把他的吕克昂学园交给泰奥弗拉斯托斯管理,自己则前往母亲的家乡优卑亚岛的卡尔基斯城避难,第二年去世,享年63岁。

亚里士多德一生涉猎广泛,钻研了政治学、诗学、物理学、心理学、数学、修辞学、生物学、伦理学、天文学、逻辑学等多种学科,成为古代希腊哲学与自然科学的集大成者,更是西方文化史上一位百科全书式的伟大学者。马克思称之为古代最伟大的思想家,恩格斯认为他是古希腊哲学家中最博学的人物。在教育方面,亚里士多德也是古希腊教育思想与教育方法的集大成者。他曾经说过,受过教育的人不同于没有受过教育的人就像活人不同于死人一样,因此教育在他的整个思想体系中占有非常重要的地位。

教育思想的理论基础——追求灵魂之善

亚里士多德著作浩繁,在所研究的任何一个学科中都提出了非常重要的论述和观点,他的思想是一个非常庞大的体系,教育思想只是其中的一部分,而这个部分是建立在其哲学、伦理学、政治学等知识的基础之上的。要了解其教育思想,必先从理论基础入手。

亚里士多德的形而上学即哲学所探讨的是世界的终极本原或根本原因之所在,这是他心目中世界的最高目的和至善,其实也是所有哲学的根本问题。他的形而上学围绕着一些基本的概念和范畴展开,如形式、物质、个别、特殊、主动、被动等,不过他和他的老师柏拉图的观点是有着根本区别的。就像《雅典学院》所指出的那样,柏拉图认为理念才是万物的根本,世间所有事物不过是理念的摹本而已。亚里士多德则认为世界乃是由各种形式与内容和谐一致的事物所组成的,内容即是指事物组成的材料,而形式则是每一件事物的个别特征,没有无内容的形式,也没有无形式的内容,二者是不可分割的。每一个具体事物的存在都是"内容"与"形式"的统一体,他认为柏拉图所谓的理念不过是神化了的自然事物而已,其根本还是具体的事物。个体与现实的世界在亚里士多德这里获得了柏拉图所没有赋予的重要性,现实的经验世界不再是不可靠的了,形式和内容都获得了前所未有的重要性,这是一种与柏拉图的唯心主义不同的唯物主义。

不过,亚里士多德的唯物主义观点并不彻底,他虽然走上了与柏拉图不同的道路,但是仍然主张理念的主导性地位,在"形式"与"内容"的关系中,"形式"被看作积极主动的,"内容"则是消极被动的。同时,在事物发展的动力问题上,亚里士多德又认为神是一切运动的源泉,是世界的第一推动力,因此从这方面说他又滑向了唯心主义一边。

在此基础上,亚里士多德在他的《逻辑学》中进一步探讨了知识是如何获得的,他所谓的获取知识的方法就是三段论。知识的获得是不断证明和推理的结果,任何知识的获得都必须以已知的知识为前提,这是一切教育和学习的基础,因此三段论假设了"前提"。无论是演绎还是归纳——一个从普遍出发,一个从个别出发——都以严密的论证保证了过程的完满和结果即知识的确实可靠。进而,亚里士多德提出了逻辑思维的三大规律:同一律、排中律和矛盾律,指导着人们如何在感觉基础之上正确地使用自己的思维得出正确的结论。从哲学到认识论到逻辑学,亚里士多德为人们提供了一个系统的认知体系,这也是任何一个人经过学习和教育获得知识和真理的逻辑过程,为他的教育思想奠定了坚实的基础。

此外,在亚里士多德的理论体系中,"灵魂"这一话题与他的形而上学、逻辑学等都有着密不可分的关系,这直接关系到他对于认识论、知识、智力等的基本看法,因而这些也就成为其教育思想的另一个理论基础。他认为,灵魂既不是德谟克利特所说的原子,也不是毕达哥拉斯学派的数目和谐,更不是柏拉图的永恒不朽的理念,而是事物自身内部的形式或本质。他把灵魂分为三种:理性灵魂、非理性灵魂和植物灵魂。植物灵魂主要体现在有机体生长、营养、发育、繁殖等生理方面,是灵魂的植物部分;非理性灵魂主要表现在本能、感觉、情感、欲望等方面,是灵魂的动物部分,又称为动物灵魂;理性灵魂主要表现在思维、理解、判断等方面,是灵魂的理智部分,又称为理智灵魂,是最高级的灵魂。动物灵魂是中级的,植物灵魂是最低级的。低级的灵魂含有的内容多,形式少;高级的灵魂含有的内容少,形式多。动物灵魂区别于植物灵魂之处就在于拥有感觉能力,在此基础上,想象能力、理智或心灵能力则被提高到更高的理性灵魂,这三种灵魂形成了一种逐步完善、不断上升的过程,这也就决定了亚里士多德对于个体的发展阶段的规定,为后面他所提出的德智体发展奠定了理论基础。

最后一个与亚里士多德教育思想紧密相关的是其伦理学和政治学理论。亚里士多德的伦理学著作流传至今的有三部:《尼各马可伦理学》《优台谟伦理学》《大伦理学》。其中,《尼各马可伦理学》最为成熟和系统。"适度"或者"中庸"是亚里士多德伦理学的一个基调,他与柏拉图的根本区别在于,柏拉图的伦理追求超越于现实,存在于他的理念世界当中,善的实现依赖于灵魂的上升。而亚里士多德则更加注重实际的生活,善可以在一切情况下、在具体的事物中实现,实现善是依赖于具体的实际情况的。"在适当的时间、适当的场合、对于适当的人、出于适当的原因、以适当的方式"获得就是适度的获得,也是善和幸福实现的条件。人的一切活动都是以善为目的的,最高的善即是幸福,幸福存在于人的每一种活动之中,也是可以被人们所广泛拥有的,并不是一个遥不可及的乌托邦。但是,善也有身体的善和灵魂的善的区分,而真正最高、最真实的善是灵魂之善,这种灵魂之善是完满和自足的,不依赖于外在的原因。

他的政治学与这种伦理学不可分割,政治学的目的是最高的善。它致力于使公民成为有德行的人、能作出高尚行为的人。城邦体现了人的社会性本性,由单个的男人和女人结合成为家庭,家庭联合成为村坊,若干村坊再结合成为城邦。通过对希腊各城邦历史演化的考察,亚里士多德认为一个自足的城邦必然会达到至善的目标,而个人的幸福也存在于城邦的幸福之中。但同时,与他的伦理学一样,具体、个别和现实的事物是受重视的,城邦本质上就是个体的集合,良善的个人是城邦幸福的基础,个人的教育和成长也就变得尤为重要了。

因此,与苏格拉底和柏拉图一样,在亚里士多德这里,政治和教育依然是两项不可分割的事业。城邦应该是许多个体的集合,唯有教育才能使它成为团体而达成统一,城邦的人都是政治的动物,每个人都必须对政治负责。因此,也只有每个人都实现了善,城邦才可以达到至善,优良的城邦即意味着每个人的善的达成。国家的重要职能就是教育它的年轻人具有善德,因此,在《政治学》中,亚里士多德在论述理想的城邦及其政体之后便着重于公民的教育和青年的训练,这部重要的政治学著作也就成了亚里士多德系统表达其教育思想的平台。

自由教育思想:三种灵魂与德智体美和谐发展

1. 城邦与教育

亚里士多德在论述其政治思想的时候已经从政治的角度阐明了教育与一个自足完善的城邦之间的密切关系。他的教育构想首先假设希腊的城邦会长久存在下去,他是按照当时的城邦模式来设计教育的。城邦是个体的集合,个体的幸福要以城邦的至善为基础,但同时,任何人都生于城邦、长于城邦和死于城邦,城邦也需要为个体公民的生活、成长提供各种条件,唯有教育才能使这些单个的人成为团体而达成统一。"邦国如果忽视教育,其政制必将毁损。一个城邦应常常教导公民们使其能适应本邦的政治体系及生活方式。"①"一个城邦,一定要参与政事的公民具有善德,才能成为善邦。在我们这个城邦中,全体公

---

① 〔古希腊〕亚里士多德:《政治学》,吴寿彭译,商务印书馆1965年版,第406页。

民对政治人人有责,那么我们就得认真考虑每一位公民怎样才能成为善人。"①亚里士多德在研究了希腊各城邦之后,认为政治的优劣有赖于城邦是否具有美德,城邦的美德又有赖于城邦公民的美德,这又取决于教育。因此,亚里士多德大力赞扬斯巴达的教育经验,因为斯巴达人从孩子出生开始就重视对儿童的教育,并使教育成为国家的事业,由国家来操办和监督,以此保证每一个公民都可以养成城邦所需要的善。他希望任何一个城邦都像斯巴达那样把教育看作国家政权建设的一个重要方面。每一位城邦的立法者都应该重视对儿童的教育,国家应该掌握教育事业以维护城邦的长治久安。

亚里士多德还通过广泛考察,对比了希腊人与非希腊人之间秉性的区别:"寒冷地区的人民一般精神充足,富于热忱,欧罗巴各组尤甚,但大都拙于技巧而缺乏理解。他们因此能长久保持自由而从未培养好治理他人的才德,所以政治方面的工业总是无足称道。亚细亚的人民多擅长技巧,深于理解,但精神卑弱,热忱不足,因此,他们常常屈从于人而为臣民,甚至沦为奴隶。唯独希腊各种姓,在地理位置上既处于两大陆之间,其秉性也兼有了两者的品质。他们既具热忱,也有理智;精神健旺,所以能永保自由,政治也得到高度的发展。"②所以,对于一个既有理智又有精神的民族,让立法者或者统治者来教会他们美德和才能也不是一件困难的事情。

因此,创办和管理教育就是希腊世界各个城邦不可推卸的重要职责,立法者必须将善德灌输于公民的思想中,在这个问题上,亚里士多德与他的老师柏拉图的意见是一致的。由于亚里士多德崇尚让公民轮流治理国家的理念,因此所有公民都要接受两种不同的教育:一种学习如何治理国家从而成为优秀的统治者,一种学习如何成为合格的公民即被统治者。教育在亚里士多德这里首先被赋予浓厚的政治意味。同时,他还认为,城邦的统治者由于对城邦负有全部责任,其主要任务就是必须保证被统治者和未来的统治者都是合格的公民。所以在亚里士多德看来,教育是一项公共事业,是要服务于城邦治理的目的的,教

---

① 〔古希腊〕亚里士多德:《政治学》,吴寿彭译,商务印书馆1965年版,第384页。
② 同上书,第362页。

育应该是公共的而不是私人的,不能像现在这样,每人只分别地照顾自己的儿童,给予自以为是最适合于他们的教育。抚养和教育年轻人的责任不是由父母来承担而是城邦的职责,"没有一个人是真正属于他自己的",他反对私人教育,主张让城邦成为公民唯一的教师。亚里士多德还认为,城邦的公民还应该采取一致的教育方案,城邦对每一个年轻人必须一视同仁。

同时,法律理论是亚里士多德政治学说不可分割的一部分,亚里士多德强调,在他的政治学说中一定要包括法的理论并提倡法治。在他看来,他所赞成的共和政体是奴隶主阶级的多数人统治,没有法律是不行的。他认为,为政最重要的一个规律就是一切政体都应订立法律并安排它的政治和经济体系,使执政者和各级官僚都不能假借公职营求私利,并认为统治者也要遵守法律,依法办事。亚里士多德的这种提倡法治反对人治的主张也被用于教育方面,"必须用法律来订立有效的教育,人欲没有止境,除了教育,别无节制的办法"①。他认为,教育应当成为宣传法治和对公民进行法治教育的工具,既然城邦是依法治理的,那么就必须让公民了解法律的精神,同时还要让公民养成遵守法律的习惯,而这是需要经过长期培养的。教育的一个重要任务就是养成公民这种守法的习惯。一个城邦也应该承担起教导公民的责任,使他们了解和适应本邦的政治体系和法律习惯,这是城邦稳定的必要条件。由此,亚里士多德还提出了把教育纳入国家法治轨道的主张,即依法治教。城邦的一切事务包括教育在内,如果按照法律的规定进行就有助于城邦的治理。

2. 教育作用论

亚里士多德认为,有三种东西能使人善良而有德行,即天性、习惯和理性。一个人生来就是人,而不是其他动物,并且其身心必定有某种特性。但在初生时有些品质虽具有而无用,因为它们可以为习惯所改变,还有些禀赋天然地有待于习惯使之变好或变坏。动物过着自然的生活,部分为习惯所影响,只有人类除天性与习惯外,尚有理性。由于天性、习惯和理性不能经常统一,要使它们

---

① 〔古希腊〕亚里士多德:《政治学》,吴寿彭译,商务印书馆1965年版,第70页。

互相协调并服从于理性,除了通过立法者的力量之外,就寄托于教育。这三个要素之间要平衡和谐而不可偏废,但同时也要有主次之分,理性是最优的,天赋和习惯要服从于理性,行为也要以理性为原则才会合德性。对于天赋和自然,他认为,"教育……就在效法自然,并对自然的任何缺漏加以殷勤的补缀"[①]。这里,理性固然是最终的目标,但毕竟不是超脱的,而是根植于现实的基础,天赋和自然则是教育的一个最为重要的现实基础。习惯是养成美德的途径,美德与快乐和痛苦相关,对于快乐和痛苦不可躲避,而应该通过活动养成对该快乐的事快乐、对该痛苦的事痛苦的感情,这便是习惯的养成,德行也同时得到实现。重视人的天性,在良好的环境和正当的行为中养成良好的习惯,并通过教育发展人的理性,使天性和习惯受理性的领导,人就能成为有良好德行的人。

但是,亚里士多德在高度评价教育作用的同时,并不认为教育的力量是万能的。教育并不能使那些天性卑劣而又在不良环境中养成了坏习惯的人服从理性的领导,对拒不服从理性领导的不可救药的人,强制和惩罚是必要的。这就跟前面的法治教育的主张联系起来了,他认为必须因此建立良好的法律制度和进行法律知识的教育,用法律的方式来帮助教育作用的实现,如果一个青年人不是在正确的法律下成长的话,光凭教育手段很难把他养成一个道德高尚的人。因为节制、艰苦的生活是不为大多数人所喜欢的,特别是青年人,所以要在法律的约束下对其进行哺育,在变成习惯以后,就不再痛苦了;对于拒不接受教育的人,痛苦就应该作为最使人迷恋的快乐的抵消物而出现。因此亚里士多德说,教育的根基虽然是苦的,但果实却是甜的。除了法律以外,一个良好的社会环境也是必要的。亚里士多德要求家长、教师以及负责管理教育工作的督导们为青少年创造一个良好的成长环境,不要让他们受不良环境的影响。尤其要注意不要让孩童接触奴隶,以免沾染下流的习气。这就是说,只有当法治、良好的环境影响和教育形成合力时,人才能成为道德高尚的人。

亚里士多德关于形成人的三要素的理论,是后世关于遗传、环境和教育的理论的最初雏形,也是后来卢梭划分自然教育、事物教育和人为教育的基础。

[①] 〔古希腊〕亚里士多德:《政治学》,吴寿彭译,商务印书馆1965年版,第411页。

不过不同的是,卢梭认为事物教育和人为教育服从自然教育(人的天性),亚里士多德则坚持天性、习惯服从理性的指导。

3. 教育的白板说

亚里士多德在说明自己的唯物主义认识论时指出,没有什么东西不是先存在于感觉之中的。但同时他认为感觉只是采纳被感觉的东西的形式而不是它的质料,在感觉里面只有形式而没有质料,他用一个形象的比喻说明感觉与感觉对象的关系,正如蜡块只把带印的金戒指的印记接纳到自己身上,不取黄金本身,而只取其形式。因此,人的灵魂也正如一本什么也没有写的书,或一张什么也没有写的白纸,一块白板。这种观点确认知识是从外面经过感觉进入意识的,与柏拉图知识即回忆的理论相对立,这是古希腊在认识论上的另一个重要的成就。但是,我们也要看到,亚里士多德这个比喻的合理性是有限的,因为人的灵魂与蜡块不能完全等同。当感觉印象进入灵魂时,要经过人的思维的加工,人的灵魂毋宁说就是各种感觉印象综合加工的产物。在蜡块的比喻中,蜡块接受印记时,仍然是原来的蜡块,它的性质没有发生改变,它接受的印记只是外在附加于其上的形式。但是亚里士多德的白板说却为教育提供了普遍的可能性,也为通过教育来塑造和培养完善的人提供了极大的自信。这在西方教育史上还是第一次,也为后来17世纪英国启蒙思想家约翰·洛克的白板说和经验主义哲学提供了坚实的理论基础。

4. 三种灵魂与三种教育

如前所述,亚里士多德在其关于灵魂的理论中把人的灵魂分为三种:植物灵魂、非理性灵魂(动物灵魂)和理性灵魂,三者之间呈现出一种逐次递进的关系。人人都具备这三种灵魂,在人的生命发展过程中这三种灵魂也是依次发生的,先是身体,然后是情欲,最后是理性。即儿童出生前后主要是身体的发育、生长,到了稍大一点时就表现出他的本能需求及情感需要,到了成人时才有思维、理解、判断等能力。在教育上,亚里士多德根据他的三个阶段的灵魂论相应地也把人的教育划分为三个组成部分:体育、德育、智育,以对应这三种灵魂。

其中体育是基础,智育是最终的目的。他认为,要使人的灵魂得到健康完善的发展,必须给予人的不同阶段十分恰当的教育和训练。最后需要达到的目的是"操修理性"与"运用思想",这也是每个人人生的最高目的所在。这三种教育也就为亚里士多德关于教育阶段的划分、不同阶段的教育任务以及和谐教育的理念奠定了基础。

5. 论教育的年龄分期

亚里士多德十分重视对人的生理的研究,提出应根据人的生理发展划分出不同的年龄阶段,依据年龄阶段制定不同的教育任务。不过在此之前,亚里士多德强调了婚姻制度的重要性,因为婚姻乃是拥有健康的婴儿的前提,他认为婚姻应该考虑配偶双方的年龄和他们的品质,务必使得夫妇双方都在各自最佳的生育年龄结婚生子。同时,还要注意子女与父母之间的年龄差距,差距太大或者太小都不利于父母对子女的教育以及他们之间的和睦相处。所以亚里士多德规定了男女结婚的年龄以及生育的季节,而且孕妇的锻炼与饮食也至关重要,这些对于一个国家的教育来说乃是"本初"的问题。

从灵魂论出发,亚里士多德认为,人包括躯体和灵魂两部分,而灵魂又包含非理性灵魂与理性灵魂。人在婴儿时就开始显露出情感和欲望,婴儿的嬉笑与啼哭、高兴与愤怒,就是他们非理性灵魂开始发展的标志;而人的理性灵魂,则要到以后的岁月,经过教育,才能逐渐得到发展和完善。合理的教育,应遵循人的自然行程,先是体格教育,使其有健康的体魄;然后以情欲的训练为主,养成良好的习惯;最后才发展他们的理智,使其能过好闲暇的生活,从事于沉思,专心于学问。在西方教育史上,亚里士多德首次提出了教育应遵循自然的原则,而且把人的生理发展特征作为实施教育的依据之一,这成为后来夸美纽斯、卢梭等人教育遵循自然原则的先声,由于这一原理的提出及运用,亚里士多德把教育思想的发展向前推进了重要的一步。具体说来,亚里士多德把年轻人的教育按照每七年一个阶段划分为三个主要的时期,并对各年龄阶段教育的要求、组织、内容和方法等具体措施提出具体意见,要求成人应根据儿童的年龄特征对其进行教育。

第一个阶段是从出生到7岁,这是学前教育阶段。在这个时期,幼儿主要在家庭中接受教育，主要任务是身体的养成和体育锻炼，保证身体的正常发育和成长，以养成植物灵魂。亚里士多德对幼儿的重视是从孕妇开始的，他认为子女的天性多遗传自自己的母亲，就如同植物生长的好坏依赖于土壤的营养。孕妇应该适当活动，多吃富有营养的食物以保证胎儿的健康发育，她们的心理还要尽量保持安宁和愉悦，以保证胎儿的心理健康。婴儿出生后，亚里士多德认为抚育的方式对幼儿的体力发展有很大影响，所以他非常重视幼儿的营养问题，要求母亲尽量亲自哺乳以满足幼儿的营养需求，并让幼儿吃含乳分多的食物。根据幼儿好动的特点，应该循序渐进地组织其进行锻炼，5岁之前不教授任何课业，5岁以后，可以开始课业学习，但不宜过重，也不强迫从事任何劳作，以免妨碍幼儿身心的发育。他还主张通过游戏以及忍受寒冷的锻炼来促进幼儿的身体活动，其目的是使他们坚强和有足够的忍耐力，适于以后的兵役。亚里士多德重视儿童的早期教育，认为凡是在儿童身上能够培养的习惯，都应该及早开始，然后逐步加强和完善，但是幼儿的训练一定要注意适度，活动量要适中，锻炼也要循序渐进，防止过度疲劳以至于适得其反，他极力强调应该避免青年贵族的过度教育问题。幼儿身体锻炼的目标不是养成运动员所需要的特殊技能，而是养成公民的身体健康以及抚育后代所需要的身体素质。

第二个阶段是少年期，从7岁到14岁。亚里士多德认为这个时期的教育应该考虑三个方面的问题："第一，应否给儿童（少年）教育订立若干课程；第二，儿童（少年）教育究竟应该由城邦负责，还是依照现今大多数国家通行的习俗，由私家各自料理；第三，这些教育规程应该有怎样的性质和内容。"[①]他认为，立法者最应该关心的就是少年的教育，这个时期是让儿童进入正规的集体教育的阶段，也就是从之前的家庭教育开始进入学校教育。孩子应到国家办的学校里接受专门的系统的教育，城邦也应该为公民建立统一的教育体系。

集体教育或者学校教育的主要任务在于，使儿童或少年掌握读、写、算的基本知识与技能，并进行体操训练和音乐教育，这个时期主要培养孩子的道德情感，以情感道德教育为主，养成非理性的灵魂。青少年时期通常学习的科目有

---

① 〔古希腊〕亚里士多德：《政治学》，吴寿彭译，商务印书馆1965年版，第405页。

四种：阅读、书写；体育锻炼；音乐；绘画。学习的科目必须是适合自由人学习的，任何影响一个自由人的身体、灵魂或者心理，使之降格为无善德的人的科目，都是鄙陋的，不应学习，因为全部生活的目的是操持闲暇，而不是沦为技工。所以，此时必须有一些课程专门教授如何操持闲暇，把音乐列入教育科目，不是因为音乐为生活所必需，而是在于音乐有助于操持闲暇，其实这也是亚里士多德自由教育之根本所在。早期的体育锻炼也不可过于剧烈，过度的锻炼和饮食限制会极大地损耗儿童和少年的身体。

第三个阶段是从14岁到21岁。这一时期的教育在于发展学生的理性灵魂，以智力教育为主。可惜的是，我们未能看到《政治学》的全貌以及其中关于此时期教育的具体规划，只能靠推测。这一时期的学校应该设有算术、几何、天文、音乐理论、文法、文学、诗歌、修辞学、伦理学以及宇宙学和哲学等科目，而且对思辨科学和哲学尤为注重，因为此时要养成理性的灵魂。同时，这一时期还可以进行更为严格的体育训练。

在这三个阶段的教育中，需要注意的一个共同问题是家长和教师应该慎重地为儿童和青少年选择故事、教材和伙伴，在这一点上亚里士多德与他的老师柏拉图是一致的。在儿童期所讲述的故事和传奇能够影响儿童心理的健康成长，需谨慎选择，要保证儿童所听到的故事是为了他们将来能够以有教养的公民身份来从事城邦事业。亚里士多德禁止儿童接触低级的绘画和没有启发性的故事。作为年轻的一代，他们必须到了一定的年龄阶段才可以观看喜剧片、阅读诗歌、出席宴会或者饮酒，因为他们只有成长到一定的成熟阶段才会凭借教育的力量抵制来自外界的不良影响。

儿童的玩伴也非常重要，他们的品质不应受到来自同伴的不良言语和行为的影响。亚里士多德为那些因言谈举止而腐蚀儿童心灵的人制定了严格的惩罚制度。如果是年轻人腐蚀了儿童的心灵，就要按照羞辱和笞刑的标准受罚，如果是年长者腐蚀了儿童的心灵，惩罚更为严厉，将使他们失去自由之身，成为奴隶一样受到各种限制的人。在《政治学》中，他力主立法者负责在全城邦杜绝一切污秽的言语，甚至要动用国家力量对各类文艺作品中的思想道德倾向加以审查，"立法者务必尽力在全邦杜绝一切污言秽语，把它当作一件事来办。因为哪怕是轻微的丑话也会很快产生淫秽行为。特别是年轻人,绝不能说或者旁听这类秽语……既然我们禁止这类言行,显然也应该禁止人们观看淫秽的图画和戏剧表演。要委任行政官员监察一切临摹或图画以免它们摹仿淫秽的行为"[1]。

6. 德智体美的和谐发展

根据灵魂的理论和教育阶段的划分,并结合希腊城邦民主政治和经济发展的需要以及实际的教育经验,亚里士多德从培养全面发展的人的理想目标出发,在《政治学》中论述了对儿童施行德智体美和谐发展教育的具体内容和方法,提出了一套和谐发展的教育思想体系。

(1) 体育

亚里士多德强调,儿童进行体育锻炼,变得体魄强健,有着非常重要的军事意义,一个合格的公民必须具有作战的能力,承担起"城邦保卫者"的责任。而培养勇敢的品格也是体育的一项重要目的,要用体操训练培养人的勇敢精神。在《政治学》中亚里士多德谈到斯巴达的军事教育时,虽然反对这种不太人道的、过度的军事体育教育,但是他肯定了斯巴达教育的军事意义,因为在斯巴达境内几乎所有的公民教育都注重军事的目的,着力于培养一种军人的战斗品德,借此斯巴达才能在战争中取得胜利,树立霸权。这种观点在当今时代是不适用的,但是在当时的条件下,一个城邦的生死存亡的确在很大程度上取决于其军事力量的大小,亚里士多德也是总结了历史经验。

为了儿童的健康和体育锻炼的正常进行,还应该注意儿童的饮食,保证营养的摄入,但是饮食一定要适量,不可饥饿,也不可暴饮暴食。此外,训练的方法也很重要,老师要根据儿童的体质因材施教,针对每一个人选择最合理的方法。

(2) 德育

培养一定的道德品质,是亚里士多德和谐发展教育内容的一个重要组成部分。根据他的伦理学,城邦的目的在于至善,公民的目的与城邦的目的是一致

---

[1] 〔古希腊〕亚里士多德:《政治学》,吴寿彭译,商务印书馆1965年版,第269页。

的,所谓有良好德行的人就是能够作出合乎德行的行为的人,即在活动中求取适度,因而需要对于灵魂中的情欲部分加以训导和节制。同时,亚里士多德还在《政治学》中明确指出:人的道德"存乎人心""成于习惯""见于行动",从而确定了道德教育的三个来源。因此,优良的道德品质的形成,必须利用天性,经过反复行动,形成习惯,使天性得到适当发展,最终使美德日趋完善,达到理性的高度。道德教育的目的就在于通过实际活动和反复练习,逐步养成"中庸""适度""公正""节制"和"勇敢"的美好德行。

亚里士多德还认为,对善行的模仿是形成儿童良好品德最有效的方法,为此,他要求成年人要注意修身,用自己的善行去影响青年,据此可以理解他为何为腐蚀儿童的人制定了严格的惩罚措施。亚里士多德还十分重视道德实践的作用,认为儿童在日常生活中的实际锻炼对品德的形成至关重要,正如他所说的,我们是由于实行了公正才会变成公正的人,由于实行了节制和勇敢才会变成节制和勇敢的人。由此可以看出,亚里士多德坚持道德教育中的知行合一,这是对"美德即知识"这一观点的修正。

(3) 智育

智育内容包括掌握真理、发展思维力,通过对事物的直观感知进行深入的分析思考,以掌握事物的内在本质,获得理性知识。亚里士多德在《政治学》中论述了儿童智力教育的问题,主张五岁之前是不进行任何智力教育的,五岁之后适当地开始智力教育并逐步扩展和深入,他认为对儿童进行智力教育源于人类求知的本性。亚里士多德关于智育的详细论述已经失传,但从他的《物理学》中可以看出,他非常重视算术、几何、天文学、生物学等。在吕克昂的教学实践中,更是搜集了各种地图、标本以供教学之用,自然科学的研究和传授成为其学园的重要特色之一。

(4) 美育

城邦最高的目的是至善,而亚里士多德认为文艺和美德是相辅相成的,他认为美之所以引起快感,正因为它善。他还肯定了艺术在公民政治中的积极作用,认为艺术是一种真挚感情的表达,一个好的政治家也应该学会在公众面前演讲时融会诗歌的技艺,为大家带来鼓舞心态的效果。因此在对青少年进行教育时除了让学生掌握读、写、算等实用知识和技能外,还要开设音乐、文法等文雅艺术课程,以便让学生的身心得到协调与发展,为将来过好理性生活、获得理智的闲暇享受作好准备。概言之,亚里士多德强调美育和德育的互相配合与统一,强调道德教育的伦理性和艺术性的有机结合,同时还主张通过国家立法手段加强对文艺的审查,不允许让低劣的艺术腐蚀青少年的心灵。

在现存《政治学》的最后,亚里士多德着重讨论音乐的教育价值,推崇音乐的育人作用,这是其美育的重要组成部分。"音乐的价值就在于操持闲暇的理性活动",这也是自由人的教育所必须达到的目标。早在亚里士多德之前,音乐已经纳入古希腊的教育体系,柏拉图也认为应"用体育锻炼身体,用音乐陶冶灵魂",而且对于音乐来说,"无论年龄差别多大,性格差别多远,人们的确都能对音乐自然地感受到怡悦,也许在这种共同的怡悦上,还另外有所感受"①。亚里士多德认为音乐是文雅类知识的典型代表。道德品行的培育应当在对美的欣赏、体验与感悟中,在洋溢着快乐的美与德的互动中进行。

在亚里士多德看来,音乐的具体作用有三个:一是陶冶性情,二是培养善德,三是操修心灵。音乐的目的也可以分为三个,即教育、净化和精神享受。其中,为了教育的目的,尤其要强调歌词和乐调的选择,应选取适于青少年年龄特点的伦理性曲调,其标准为"中庸"。除此以外,他还提出了实际具体的问题,如是否该登台演奏、乐器如何选择、采取何种训练方式等。同时,音乐课程也必须遵守一定的规则:"其一,不要教学生们学习在职业性竞赛中所演奏的那些节目;其二,更不要教学生尝试近世竞赛中以怪异相炫耀的种种表演。"②他认为人在各年龄阶段都需要受音乐的教育,发展理智灵魂,更好地实现教育的最终目的。音乐教育是亚里士多德和谐教育思想的核心部分,音乐不仅是进行美育最有效的手段,而且还担负着智育的一部分职能,又是实施道德教育不可缺少的内容。

亚里士多德教育思想的核心精神是自由教育,前面所述的教育思想和主张都是在这个总的精神和原则下进行的。一个人仅仅把理性用来控制情感是不够的,还应当追求更高级的东西,即自由思考的生活,这种教育就是自由教育。

---

① 〔古希腊〕亚里士多德:《政治学》,吴寿彭译,商务印书馆1965年版,第420页。
② 同上书,第426页。

人之所以为人就是因为人有理性，人只有运用和发展理性才能实现真正的自我，因此教育的终极目的在于发展人的理性。所以，自由教育的对象就是人的理性灵魂，而人的理性灵魂的功能是沉思。要想实施这种自由教育，并达到沉思的效果，亚里士多德认为，需要具备两个基本条件：(1) 闲暇；(2) 自由学科。

因此，亚里士多德教育的对象是"休闲阶层"，他一开始就希望杰出人物成为城邦的统治者，而这必须从休闲阶层中进行培养和选拔，他的整个教育体系都是为了这个阶层而设计的，不是为了所有人。当人们为了生计而奔波操劳的时候就会损害心灵，无法充分地发展和运用理性。正如他在《政治学》中所说的，我们的勤劳是以闲暇为目的的，就好比战争以和平为目的，闲暇是生活的最高目的，也是区分自由人与奴隶的主要标志。

亚里士多德重视游戏在教育过程中的作用，教育者应该在适当的情况下运用游戏，但是要注意游戏并不是休闲。游戏只是一种休息的方式，教育过程不是一种娱乐活动，休闲是要将时间花在文明或者文化事业上。闲暇并非无所事事，闲暇与沉思相联系。沉思活动本身就是一种有为的活动，本身即有较高的严肃的价值。

自由学科是自由教育实施的另一个必备条件。亚里士多德认为，只有不具有任何功利目的的自由学科，才是自由人应当学习的知识。所有那些实用的、为获取钱财的，或为某种实际功利的知识和技能都不适合自由人学习，都不是所谓的自由学科。自由学科应该包括读、写、算、体操、哲学、音乐、绘画等，当然，其中的某些学科也具有一定的实用性，尽管如此，自由价值仍然是主要的。例如，读、写、算虽有实际功用，但是很多自由的知识也要通过读、写、算来获得和提升，学习绘画更高的目的在于养成审美的能力，事事必达实用是不合豁达的胸襟和自由的精神的。

总之，亚里士多德自由教育思想的核心是：自由教育是唯一适合自由人的教育，它的根本目的不是进行职业准备，而是促进人的各种高级能力和理性的发展，使人的精神获得解放。自由教育以自由学科为基本内容，并且应避免机械的、专业化的训练。

历史影响:"文雅教育"思想支配欧美两千年

亚里士多德一生接受了良好的教育,他自己也极为重视教育,"教育是幸运的装饰品,是不幸的避难所",认为对个人而言,教师要比父母更加重要,因为父母只是带来了肉体,而教师则保证了良善幸福的生活。他在《政治学》中详细地讨论了他的教育理念,只可惜,我们今天无法看到这本书的全貌,关于青年人的教育没有留下资料,智育理论也遗失了。对亚里士多德来说,知识并不能保证美德的获得,纯粹理念的世界变得缥缈而不可靠,善是根植于现实世界的,每个人根据自己的情况都可以获得各自的善,真正的教育是为己的而不是为了外在的任何其他事物。操持闲暇而不必求实用——他明确提出了自由教育的精神所在,教育之所以重要并不是因为实用,而是在于它本身的自由和高贵,正如他所宣称的那样——所有知识都是美好而有价值的。他广博的知识更是他对真理无限向往和追求的明证,由此也确立了整个西方世界的科学知识基础。

在亚里士多德这里,个体自由获得保障,个人的幸福生活也受到重视,甚至国家也要为之服务,国家和个人的失序进一步被调和,每个个体都不可能与国家分离。正如他自己所说,希望只是一个醒着的梦,梦终究还是破灭了,雅典和希腊被自己的学生征服了,甚至连他自己最后的命运也随之改变。在生命的最后两年里,随着亚历山大的突然暴亡,庞大的帝国迅速瓦解,雅典人起而反抗,亚里士多德郁郁而终,只是他的思想和学园继续影响着世界。

在西方教育史上,亚里士多德对后世欧洲的影响仅次于柏拉图。亚里士多德的教育思想,既师承苏格拉底和柏拉图,又有自己的独创性发展。在《政治学》一书中,他和他的老师一样,把教育视为城邦政权建设的一个重要方面,强调教育的政治意义,要求由国家创办并管理学校教育。他还把心理学引进教育学的讨论中,首次提出教育须依靠并适应自然,发展儿童天性中的潜在能力的思想,开启了后来教育遵循自然原则之先河。他最早依据儿童身心发展顺序作了划分教育年龄阶段的尝试,并从理论上论证了和谐发展教育的可能性与必要性。他把课程分为有用和文雅两类的"文雅教育"思想也支配欧美中等和高等教育达两千年之久。他还影响了后来阿拉伯的文化教育,并通过阿拉伯人促进了欧洲中世纪教会教育的发展,同时也对文艺复兴以来资本主义意识形态的产生及发展起了相当大的启示作用。

参考文献

〔古希腊〕亚里士多德:《政治学》,吴寿彭译,商务印书馆1965年版。

奥古斯丁

奥古斯丁　彼岸世界的教育

——宗教道德教育

公元386年8月的一天,在意大利米兰城的一座花园里,一个生活放荡、沉溺情欲的青年人,脸上带着难掩的忧伤和痛苦,默默地走到一棵无花果树下,躺了下来。他的内心在痛苦地挣扎,愤怒发狂,抓扯自己的头发,用拳头捶打额头,十指紧扣并抱住自己的膝盖。他的哭声,在空旷的花园里回荡,而他的朋友,就坐在不远的长椅上,默默地注视着这一切。忽然,从邻近一间屋子里传来一个孩子的歌声,反复唱着:"拿起,读吧!拿起,读吧!"他的狂怒已经让他分不清这是男孩还是女孩的声音。他抑制住眼泪的奔涌,站起来,冲到房间里,拿起那里的《圣经》,翻到"保罗书信",屏息读着。首先映入眼帘的一段话是:"不可荒宴醉酒,不可好色邪荡,不可争竞嫉妒,总要披戴主耶稣基督,不要为肉体安排,去放纵私欲。"在读完这段经文的一瞬间,确信的光芒充满他的内心,所有的怀疑和黑暗都一扫而空,似乎有一束恬静的光照在他的脸上。

除了陪侍在上帝左右,他已经感觉不到安全和宁静了,几天后,他就放弃了待遇优厚的修辞学教席,离开了他年轻的未婚妻,决心走上基督教的道路,跟随上帝。第二年,他接受了米兰主教安布罗斯的洗礼,成为一名基督徒。这位青年,就是奥古斯丁。人们为了表示尊敬,在他的名字前面加上了一个字,称他为圣奥古斯丁。花园里的这一天,是一个重要的转折点,影响了他的整个一生。从此以后,奥古斯丁就成了一位虔诚的基督教徒,一位谦卑睿智的主教和神学家,他不仅自己一生追求着上帝的真理,还与异教徒和基督教的其他教派论战以捍卫正统的基督教。更重要的是,他还思考着如何教育更多的民众和基督徒向往上帝的荣耀与慈爱,教育事业也成了他一生的神圣使命。

以浪荡始以虔诚终的一生:脱离摩尼教,皈依基督教

奥古斯丁(Augustine of Hippo,354—430)出生于北非小城塔加斯特,这座盛产橄榄油的小城位于离突尼斯不远的高地平原上,这里在其出生300多年以前就已经成为罗马帝国的领地。奥古斯丁的父亲就在城里任职,收入并不丰厚,但家境算是殷实。父亲心地善良,只不过是个异教徒,而且脾气也不太好,当小奥古斯丁出生的时候,他还没有皈依基督教,直到临死时才受洗入教;而母亲莫尼卡则是个虔诚的基督徒,被后世表为基督徒妇女的典范,她温柔贤良,即使在丈夫无端发火时,也总是言容温婉,以理相劝,她"以忠贞事夫,以孝顺事亲,以诚笃治理家政,有贤德之称",奥古斯丁从小受母亲的影响甚大。奥古斯丁出生的时候,母亲就迫切地为他日夜祷告,盼望他长大后也能信仰基督教;父亲则望子成龙,希望他能完成自己未曾达到的理想,在仕途上一帆风顺。因此,奥古斯丁从小的教育就颇受父母重视。

当时的罗马教育实行三级制,与今天的初、中、高等教育基本一一对应:7—12岁,入启蒙小学,学识字和算术;12—16岁,入文法学校,学文法、诗歌和历史等;16—20岁,入雄辩术学校,学修辞学和哲学等。奥古斯丁基本上按照父亲的意图,逐步完成了这三个阶段的学习:幼年开始在塔加斯特城上小学,学识字、算术、拉丁文和希腊文。此时的他活泼好动,不爱读书,但天资聪颖,开始表现出很好的学习天分。12岁时,到马都拉城上文法学校,该城位于塔加斯特以南不远的地方,是当时北非的一个文化重镇,奥古斯丁在那里学习古典文学和修辞学等整整4年。奥古斯丁不喜欢非母语的希腊语,但是对拉丁文却情有独钟,他广泛阅读拉丁文学,尤其崇拜拉丁诗人维吉尔,非常喜欢维吉尔的长诗《埃涅阿斯纪》。他在学校的成绩也非常优异,在那里,奥古斯丁奠定了他扎实的拉丁文根基。16岁时,奥古斯丁从文法学校毕业,但因家庭经济困难,不得不休学一年。

但是就在那一年,他的生理发展日渐成熟,随着青春期的萌动,奥古斯丁开

始感觉到身体内部肉欲的力量主宰着他的心灵,后来这种欲望又与寻求真理的心志成为两股相争不已的力量,这样的争战在他的内心一直延续了很多年。在肉欲的驱使下,奥古斯丁开始了放荡的青年时代,"情欲的荆棘长得高出头顶,没有一人来拔掉它",并且感到周围全是浓雾,使他看不见真理的晴天,他的罪恶也恰从他的肉体中生长了起来。奥古斯丁在罪恶的泥潭里越陷越深以至于不能自拔,还伙同他的朋友一起偷窃,并且以此为乐。在《忏悔录》中,奥古斯丁详细地记载了这一经历:"在我家葡萄园的附近有一株梨树,树上结的果实,形色香味并不可人。我们这一批年轻坏蛋习惯在街上游戏,直至深夜。一次深夜,我们把树上的果子都摇下来,带着走了。我们带走了大批赃物,不是为了大嚼,而是拿去喂猪。虽则我们也尝了几只,但我们所以如此做,是因为这勾当是不许可的。我也并不想享受所偷的东西,不过为了欣赏偷窃与罪恶。"①青春的浪荡生活在奥古斯丁的心灵上刻下很深的印痕,当他后来回忆的时候还为自己的"知法犯法"而后悔不已,痛斥这种"离奇的生活"简直就是"死亡的深渊"。

在家乡游荡了一年之后,17岁的奥古斯丁被父亲送到迦太基城的雄辩术学校学习修辞学和雄辩术等。迦太基城位于今日突尼斯市郊的马尔萨,自腓尼基人创立市镇以来,已经有一千两百多年的历史,是当时地中海沿岸一个著名的港口城市,在罗马帝国中,人口也仅次于罗马城。这里也沾染了罗马帝国的不良风气,生活奢靡腐败,纸醉金迷。正值青春期的奥古斯丁一来就感觉到了这里放纵的气氛和糜烂的生活,并深陷其中不能自拔。在这里他很快结识了一位迦太基的女子,次年生了一个孩子,名叫阿德奥达特,此后又与她同居至少有14年之久。虽然罗马帝国正在走向衰败,迦太基城也陷于腐朽的生活之中,但是这里的学术气氛非常浓厚,是北非乃至整个帝国著名的学术中心,斯多葛主义、学园派、新柏拉图主义等哲学流派颇为流行。当时罗马的年轻人更热衷于雄辩术和修辞学,因为经过学习和训练,就能获得一副出众的口才,这是进入政治界和从事政治活动必备的素质,由此可以出人头地并实现人生的抱负。奥古斯丁也是怀着这样的雄心,开始认真地研读雄辩术的书籍并且取得优异的成绩。

---

① 〔古罗马〕奥古斯丁:《忏悔录》,周士良译,商务印书馆1963年版,第30页。

奥古斯丁虽然放纵于情欲与腐朽的生活,但由于天资聪慧和刻苦学习,追求知识和真理的觉悟也很高。19岁的奥古斯丁读了西塞罗的作品《荷尔顿西乌斯》,这本书辞藻华美,因而被学校列为学生必读书目。其中有一篇劝人读哲学的文章深深地吸引了奥古斯丁,从而使他产生人生的第一次思想转变,他突然明白过去虚空的希望和放纵的肉欲真是微不足道,便怀着一种不可思议的热情,开始向往不朽的永恒智慧。他钻研这本书,不再着眼于华丽的辞藻,而是研究其中所蕴涵的思想,奥古斯丁追求智慧之心被唤醒,并对哲学产生了浓厚的兴趣。于是,他开始思考善恶问题并阅读和研究《圣经》,但是却感到十分失望,《圣经》无法解答他心中的困惑,并且他认为《圣经》的文字过于单纯而缺乏哲学性,与西塞罗的作品无法媲美,因而对他没有价值。

奥古斯丁深深地为善恶问题而苦恼,"从我粪土般的肉欲中,从我勃发的青春中,吹起阵阵浓雾,笼罩并蒙蔽了我的心,以致分不清什么是晴朗的爱,什么是阴沉的情欲。二者混杂地燃烧着,把我软弱的青年时代拖到私欲的悬崖,推进罪恶的深渊"[①]。他不停地问自己:自己的罪恶从哪里来?而基督教无法给予一个满意的回答。他的思想开始转向二元主义,而此时在非洲有着很大影响的摩尼教也持有一种二元论的世界观,认为善与恶是两个对立的永恒原则,善来自光明之神,而恶来自黑暗之神,两者不断争战。人的灵魂来自善,肉体则来自恶,犯罪来自恶的原则,因此人不需要负道德责任。这样的回答使奥古斯丁非常满意,使生活放纵的奥古斯丁得以从自我谴责中解脱出来,对于自己的浪荡生活不再有罪恶感。从此,奥古斯丁就皈依了摩尼教,此后的9年他一直都是摩尼教的初级会友,并曾热心传教。他的母亲莫尼卡在听说儿子信奉了摩尼教后非常痛心,甚至执意要赶他出门,但她得到一位主教的劝慰,说她不可能失去孩子,并且让她耐心等候,她的孩子必然会与她一起获得救赎。

374年,奥古斯丁终于完成了学业,返回故乡塔加斯特,开始了他的教师生涯,在一所学校教授文法。376年,奥古斯丁再一次前往迦太基,不过这一次不再作为学生,而是被聘为讲授修辞学的教师,他的兴趣也转向了学术而不是从

---

① 〔古罗马〕奥古斯丁:《忏悔录》,周士良译,商务印书馆1963年版,第25页。

政。22岁的奥古斯丁依然被这座城市的学术氛围吸引着,他的学术前途也一直被看好。他开始阅读亚里士多德的逻辑学著作《范畴论》,对这本别人看来深奥难懂的书,奥古斯丁却无师自通,不但能理解,而且还能举一反三,深入浅出。在26岁的时候,奥古斯丁完成了他的处女作,一本美学论著《论美与适宜》,书中阐述了早期的美学思想,认为"美就是适宜"。后来,他还在一次诗剧竞赛中拔得头筹,总督亲自为其颁奖,从此奥古斯丁在迦太基名声大噪。

不过,对于奥古斯丁来说,在迦太基的这些年更重要的还是思想的转变。他虽然未脱离摩尼教,但摩尼教的学说并未使他真正内心平安,他也从未停止过思考和反省。他逐渐发现,摩尼教学说并非原先想象的那么理想和完美。他开始痴迷于星相术,经常向那些出名的星相术家请教,想了解其中的奥秘。奥古斯丁仔细考量了哲学、占星术和摩尼教教义,原本便已摇摆不定的信仰变得更加不安定。381年,奥古斯丁29岁,这是非常重要的一年,摩尼教的主教福斯图斯来到了迦太基城,这个风趣而善于言辞的主教的演说轰动了全城,奥古斯丁寻得一个机会与他进行了一番私下的交流,并请教了一些困惑已久的问题。福斯图斯的回答让奥古斯丁大失所望,并且福斯图斯对他所提到的哲学几乎一无所知,当被问及天体运行等问题的时候,更是直接坦承自己也不明白。从此,奥古斯丁对摩尼教的兴趣荡然无存。此时,迦太基学风日下,一个朋友帮他在罗马谋到了一个教席,383年,奥古斯丁便渡海来到罗马,次年又到帝国大都会米兰任雄辩术教授。

奥古斯丁一到米兰,就去拜访当时闻名于世的米兰主教安布罗斯,这次会面没有让他失望。安布罗斯谈吐典雅,学识渊博,为人谦逊,这些都远在摩尼教主教福斯图斯之上,深为奥古斯丁所敬佩,同时也使他对基督教产生好感,他开始去教堂听安布罗斯讲道。在安布罗斯的引导下,奥古斯丁逐渐认识到他当年所没有认识到的《圣经》真义,现在他才知道上帝不但是一切良善之源,还是一切真实之源。他开始悔恨自己一直为情欲所困而不能自拔,在圣洁高尚的修道士面前自叹弗如:"请看我的心,我的天主啊,请看我的心,它跌在深渊的底里,你却怜悯它,让我的心现在告诉你,当我作恶毫无目的,为作恶而作恶的时候,究竟在想什么。罪恶是丑陋的,我却爱它,我爱堕落,我爱我的缺点,不是爱缺点的根源,而是爱缺点本身。我这个丑恶的灵魂,挣脱你的扶持而自取灭亡,不是在耻辱中追求什么,而是追求耻辱本身。"①在这样深刻忏悔的同时,奥古斯丁深受基督教的鼓舞,决定脱离摩尼教,转而寻求上帝的引领。

386年秋,奥古斯丁离开了情妇,辞去了教职,退居一处山庄,与友人共同研究和讨论哲学,在这里他也开始了著述生涯。奥古斯丁在阅读和思考中逐渐认识到学问的有限性,认为知识也许能带来荣耀和掌声,但并不能带来幸福和平安,更不能带来生命的意义,他需要追求更加终极的答案。从新柏拉图派哲学的著作中奥古斯丁认识到真理原来存在于物质世界之外,不像摩尼教所说的要在物质中去寻找。他开始以"迫不及待的心情"仔细研读《圣经》,发现《圣经》是一个和谐的整体,而自己之前的阅读和理解都是不正确的,上帝是应当追求的永恒不变的真理。至于恶,无非是世界万物并非十全十美而有所缺陷的表现,即恶是善的缺乏。作为世界万物中的人,务必弃恶从善,信奉上帝,追求真善美。奥古斯丁逐渐厌倦了以前放荡的生活,对名利也不再有向往之心,希望以后可以按照上帝的指示生活。387年的复活节,奥古斯丁与儿子阿德奥达特、朋友阿利比乌斯在米兰受洗,正式皈依基督教。几天之后,他的母亲在回乡路上染病去世,不过她在去世前看到儿子皈依了上帝,还是感到非常欣慰。

接下来3年左右的时间,奥古斯丁都在家乡塔加斯特隐居,以祈祷、读经、分享、著述度日,并写了很多著作来反驳摩尼教。直到391年,他前往北非希波城,成为一名神父,4年之后,又继任希波城主教一职,从此开始与摩尼教和基督教内部各教派展开了激烈的论战以捍卫正统的基督教信仰。为此,他写下了大量的哲学和神学著作,成为当时基督教学术界的中心人物。奥古斯丁担任希波城主教达35年之久,他的大部分著述都是在这一时期完成的。希波这个非洲小城,也因奥古斯丁的名字而为世人所知。在主教任内,奥古斯丁还发展了一种将修道士和教士生活结合的修道院,并为教会训练了很多人才。在北非各地,他的学生也纷纷仿效建立了许多修道院,后来发展到欧洲成为奥古斯丁修会,至今依然存在。

---

① 〔古罗马〕奥古斯丁:《忏悔录》,周士良译,商务印书馆1963年版,第30页。

在主教任内,奥古斯丁的著作非常丰富,约有 90 多种,此外还有大量的书札和布道言论。其中几本重要的著作都是在他主教任内完成的:《忏悔录》(397—401),《论三位一体》(400—416),《上帝之城》(413—426)。《忏悔录》更是他心灵的自传,系统阐述了他对哲学、神学等问题的基本见解,而且集中反映了其主要教育思想,被列入文学经典成为西方忏悔文学的源头。奥古斯丁也因此成为西方早期基督教会最伟大、影响最深远的思想家,他在哲学、神学、伦理学等方面都卓有贡献,其思想也颇有教育意义。他的教育学说对西欧中世纪教育,特别是教会教育,产生了非常广泛和深刻的影响,是中世纪基督教会制定教育政策的重要理论基础。430 年,汪达尔人入侵北非,并包围了希波城,也正是在这一年的 8 月 28 日,奥古斯丁因病去世。他没有留下遗嘱,除了将他的图书赠给教会外没有任何财产,但他留给后世的精神财富却是无价之宝。

教育思想的神学基础:原罪与救赎

奥古斯丁的教育思想是与他的宗教哲学同时建立起来的,而他关于宗教、上帝的理论为教育思想奠定了基础,在此基础上他阐述了教育的目的、知识论、儿童和青年的教育等,构成一个完整的思想体系。因此,在了解其教育思想之前有必要了解其宗教哲学的基本观点。奥古斯丁从神学到教育学的一整套理论基本上比较完整地体现在他的精神自传《忏悔录》中,全书共 13 卷,每卷又包括若干节。从内容上看,全书可分为两部分:第一部分(第 1—9 卷),记述奥古斯丁从出生到 23 岁母亲病逝时的生活经历。第 1 卷记述从他初生到 15 岁的事迹;第 2—3 卷记述他青年时代和在迦太基求学时的生活;第 4—5 卷记述他赴米兰前的教学生涯;第 6—7 卷记述他的思想转变过程;第 8—9 卷记述他皈依基督教前后及母亲病逝时的思想和活动。第二部分(第 10—13 卷),反映奥古斯丁写作本书时的情形。第 10 卷分析他著书时的思想情况;第 11—13 卷诠释《旧约·创世纪》的第 1 章,瞻仰天主六日创世的工程,最后以对上帝的赞颂结束全书。整个回忆录都充满了对上帝的崇敬之情,奥古斯丁在对自己年轻时期的一切进行反省和忏悔的过程中,讨论了关于教育的观点。

1. 神学世界观

在奥古斯丁看来,上帝是永恒的、超验的,"一切来自你,一切通过你,一切在你之中",世间存在的万事万物,都是由上帝从无到有一手创造出来的,"我的天主,假如你不在我身,我便不存在,绝对不存在"①,世界上的一切及其变化,也都出自上帝的安排,世界无论何时何地都由上帝的意志统治着,这是必然的、永恒的规律。因此,上帝是"至高、至美、至能、无所不能,至仁、至义、至隐、无往而不在,至美、至坚、至定,但又无从执持,不变而变化一切,无新无故而更新一切……负荷一切,维护一切,创造一切,养育一切,改进一切"②,有着至高无上的绝对性,上帝是一切的创造者,甚至也是时间和空间的创造者。而人类认识上帝的方式主要有两种:其一是通过上帝创造的有形物,即通过客观存在的事物来认识作为万物本源的上帝;其二是内省,这是内心对外在事物的省思,以达到更深层次的认知,本质上就是信仰,奥古斯丁选择了后者。

因此从本质上说,奥古斯丁跟柏拉图一样,相信在不断变化的世界万物背后有一个永恒不变的存在,只不过柏拉图认为这个存在是一种理念,而奥古斯丁认为是上帝,它虽然存在于非物质世界当中,但是人类仍然可以理解,其途径就是通过理性的沉思使内心得以升华。有两个世界同时存在着:一个是物质的世界,一个是非物质的精神世界,而精神世界才是人类的终极目标,这是柏拉图和奥古斯丁的共同观点。对物质世界中各种欲望的追求影响了对终极真理的认知,而真理是透过心灵的眼睛使得自己的灵魂靠近上帝而获得的。由此出发,奥古斯丁也有了对上帝之城和地上之城的划分,他把对理性的追求与对上帝的信仰完美地结合了起来。

由此,奥古斯丁的观点似乎有点极端,他把一切都归于上帝。他认为出生后养育自己的不是父母而是上帝,"从此有人乳养着我,我的母亲,我的乳母,并不能自己充实她们的乳房,是你,主,是你按照你的安排,把你布置在事物深处所蕴藏的,通过她们,给我孩提时的养料。……她们本着天赋的感情,肯把自你

---

① 〔古罗马〕奥古斯丁:《忏悔录》,周士良译,商务印书馆1963年版,第4页。
② 同上书,第5页。

处大量得来的东西给我。我从她们那里获得滋养,这对她们也有好处;更应说这滋养并不是来自她们,而是通过她们,因为一切美好来自你天主,我的一切救援来自我的天主"①。于是,父母的养育之情也不过是上帝眷顾人类的一种渠道和途径而已。

2. 原罪与救赎

奥古斯丁接受了《圣经》中关于"原罪"的说法,并加以系统的论证和阐释。他指出,上帝在创造人类时,并没有给人种下恶的种子,上帝创造的人类原本是不朽的,如果亚当和夏娃自己坚定地生活在圣洁中,就不可能犯罪,也不可能经历死亡的痛苦。但是,由于亚当、夏娃违背了上帝的禁令,听信了蛇的教唆吃了"智慧之果",因而对上帝犯了罪。亚当最后的堕落是自取的,是自我选择的结果,由于全人类都是由亚当和夏娃所生下来,都是他们的后代,因此也就承继了他们堕落的本性和罪恶,每个人都是带着"原罪"降临人世的,也因此,每个人都要受到上帝的惩罚。"在你面前没有一人是纯洁无罪的,即使是出世一天的婴孩也是如此",奥古斯丁不仅这么看世人,也这么看自己,他在反思自己的时候就说:"我是在罪业中生成的,我在胚胎中就有了罪。"他还问上帝:"我的天主啊,何时何地你的仆人曾是无罪的?"②

上帝是全善的,那么上帝的创造物也应该都是善的,所谓的"恶"是由于"善"的匮乏。犯罪是人的责任,而与上帝无关,"每个作恶的人,就是自己恶行的原因"③,犯了罪就应该接受指责、惩罚,然后必须改正。上帝是仁慈的,他赋予人类赎罪的权利。只有通过不断赎罪,才能得到上帝的赦免和恩赐,最终才能得救,而且也只有上帝才能恢复人的自由意志,使其自由地向往上帝。当人愿意将自己的生命和意志放在上帝的手中,甘愿被上帝操纵时,人的灵魂就转变为道德的和圣洁的。因此,上帝的恩惠成为人内心善的根源。接受神的恩惠、抛弃自己的罪恶、由地上之城走向上帝之城就是救赎的过程。

---

① 〔古罗马〕奥古斯丁:《忏悔录》,周士良译,商务印书馆1963年版,第8页。
② 同上书,第10—11页。
③ 〔古罗马〕奥古斯丁:《恩典与自由》,奥古斯丁著作翻译小组译,江西人民出版社2008年版,第3页。

原罪与救赎构成了奥古斯丁人性论最核心的问题。上帝本没有创造恶，罪恶是源于人类对上帝所赋予的自由意志的滥用，就像亚当和夏娃一样。由此，奥古斯丁提出了教育，特别是道德教育所应遵循的基本原理，这对他的儿童观乃至整个中世纪的儿童教育理念都有着决定性的影响。

3. 禁欲

为了获得上帝的拯救，人类必须不断地忏悔，其中一个重要的途径就是必须禁欲，克服自己各种邪恶的世俗欲望。奥古斯丁认为，人人都愿追求幸福和快乐，但真正的幸福和快乐，并不在于各种世俗欲望的满足，而在于信仰上帝。人对各种具体的、有形的事物的追求、向往，沉溺于感官的快乐，只能导致道德的堕落，从而走向自我毁灭。奥古斯丁在《忏悔录》中回忆自己小时候不爱读书学习，说自己年龄虽小，但是已经罪大恶极，应该接受惩罚。他还具体阐述了禁欲的内容和方法，甚至还身体力行，每天采取斋戒和鞭打自己身体的办法，达到禁欲的目的。这种用鞭打强行克制并进而扑灭人的任何情欲的办法，以后在中世纪的修道院学校和大教堂学校中颇为盛行，由此，奥古斯丁也奠定了西方"性恶论"的基础。可是，不论这种压抑、克制、惩罚的观点有多么坚实的理论基础，都是对肉体和精神的残酷折磨，无怪乎后世会将千年的中世纪视为黑暗的年代！

4. 权威与理性

奥古斯丁认为，在追求信仰和自我救赎的过程中，有两种探索真理和接近上帝的途径，即权威和理性。他虽然相信基督教的权威信条，但从未放弃过自己的理性探索和思考，追求理性依然是非常重要的一个方面。人们不仅要通过信仰来获得真理，还要通过理性来理解和掌握真理，二者是相辅相成、缺一不可的。但是，根本的原则是权威先于理性，信仰先于理解。只有首先服从于基督教和上帝的权威，才能获得自己的自由意志，才可以拥有真正的理性思考；只有先有了上帝的信仰，才能在此基础上进一步理解和思考上帝的信仰。另一方面也因为人的理性并不是完善的，是有缺陷和局限的，仅仅依靠理性也不能达到认识的最高目标。人类认识的最高目标就是上帝,要达到只能依靠信仰,只有通过信仰才能体验到上帝的"启示"。奥古斯丁认为只有等你相信了,你才会理解它,只有相信了一件事物,然后才会有兴趣对其进行全面的调查研究。但是权威先于理性的观点并不意味着贬低理性的重要性,理性源于上帝,也正是理性让人与其他动物区别开来。

奥古斯丁认为,儿童一开始对世界的看法都来自他们的父母和老师,他们会不加思考地相信这些观念并按这些观念待人接物。但是随着年龄的增长和思维能力的成熟,他们开始对这些观点和原则进行思考,不再盲目地服从。在经过成熟的思考之后,他们依然会在日常生活中遵守、服从和践行它们。人们信仰某种观念,要么是因为没有足够的时间或者没有足够的思维能力来探索其中的关系与奥秘,要么是因为对这些观念已经作出了深入的思考和合理的解释。不管是因为信仰还是理性,都得到了相同的结果,两种途径在人的一生当中都是必不可少的。

崇敬上帝的教育思想:道德教育必须居于首位

教育对奥古斯丁来说就是崇敬上帝的过程。让每个人充分发挥个人的潜质,认识到自己的"原罪",然后为赎罪而努力,全面认识自己的内心,真正地过一种精神的、理性的生活,最终从地上之城上升到上帝之城,接近上帝获得救赎。对奥古斯丁来说,教育思想完全是服从于他的神学思想的,包括教育在内的一切事业只有服务于上帝才有实质的意义。

1. 教育的目的与任务

奥古斯丁是一位虔诚的基督徒,他对自己的罪恶进行了深刻的反省和检讨,为的就是信仰上帝,获得救赎。教育的目的也应该是为上帝、神学和教会服务,具体来说就是培养对上帝充满信仰的、虔诚的基督教徒,为教会培养优秀的教士和牧师。他在《忏悔录》中也虔诚地向上帝祷告:"我童年所学到的一切有用的知识都将为你服务,不管我说、写、读或数的是什么,都让它们为你服务。"

这在一个神学理论框架中也是逻辑的必然，对于一位基督徒来说是情理之中的事情。随着基督教势力的扩大以及罗马世俗学校的衰落，教会对帝国的文化教育渐成垄断之势，这种带有浓厚宗教色彩的教育目的也主导了整个社会的教育事业，甚至为后来中世纪的教育理论奠定了基础。

为了实现这样的教育目的，道德教育必须居于首要地位，这与以往的教育理论以及当时一般的世俗教育有着很大的不同。苏格拉底和柏拉图都将美德与知识画等号，道德教育和知识教育居于同一地位，而亚里士多德则将道德与知识分开并使它们居于同等地位，两者都是德智体美和谐发展理论体系的一个重要组成部分。而在奥古斯丁这里，教育的目的是养成信仰，道德教育不是目的而只是途径，是为了使人能够运用理智节制欲望，使情感服从理性，专注于内心的修养，并去除恶的成分造成一种为善的倾向。奥古斯丁认为，人具有自己的自由意志，既可以为善，成为善人，也可以为恶，成为罪人。道德教育，以至于全部教育的根本目的，就在于使人趋善避恶，因为只有这样，才能培养对上帝的信仰，才能得到上帝所赋予的神性，从而获得拯救。只有通过严格的道德教育，学生才能养成《圣经·马太福音》中所列的"真福八端"，即虚心、哀恸、温柔、饥渴慕义、怜悯、清心、和睦、为义，由此学生要养成宽容、谦虚、热爱真理、正义、爱人、严谨、服从的品质，这是一名合格的基督徒所必备的基本素质。

奥古斯丁的道德教育论是与他的原罪论、赎罪论和禁欲论紧密联系在一起的，性恶论是道德教育的基石。人性本恶，只有改恶从善、抑制欲望、信仰上帝才能获得解脱和获得神性。因此，过一种神性的生活与过一种道德的生活本质上是一致的，从某种程度上说，奥古斯丁的教育思想本质上就是一种宗教道德教育，这是整个西欧中世纪教育的基调。

2. 灵魂论与知识论

由宗教世界观出发，奥古斯丁阐释了关于知识的基本观点。上帝既然是万物的原因，也必然是知识的源泉，所有其他学科，诸如逻辑、形而上学和伦理学，只在关于上帝的知识方面有其价值。知识乃"因信所得"，知识是信仰的结果，是神的恩赐，客观永恒的真理只有依靠上帝的启示才可以获得。奥古斯丁认为,"知道肉身将来要复活,并且要永活,这可比科学家通过仔细的实验所能发现的任何东西都美好得多……知道在基督里得了重生和更新的灵魂要永远享福,这比通过记忆力、理解力、意志力发现我们所不知道的一切事更为美好"①。奥古斯丁还区分了智慧和知识的不同。虽然智慧也可以被称为知识,但它是"凝思的知识",是高级理性"对永恒之物的凝思",而知识只是指"实践的知识",是低级理性关于尘世之物的认知以及"善用尘世之物的行为",二者之间,智慧是首要的选择,而上帝则是两者具备。对于"智慧",奥古斯丁还有进一步的区分,上帝本身即是最高的智慧,是"真的智慧",而人的智慧则是指崇拜上帝,世界的智慧在神看来是愚拙,要想获得真正的"智慧"和永恒之幸福,就必须信仰上帝。

这一关于"知识"的概念,又与心灵、教育联系在一起。从上帝的三位一体出发,奥古斯丁进行了大量的三一类比,其中心灵也被分为三个部分:记忆、理解和意志,这三者正是判断儿童天赋、考察个人学问以及实践能力的标准,而且也说明了获得知识的过程。同样从三位一体出发,奥古斯丁认为对人的培养要从三个方面来考虑——本性、教育和实践,但在这一划分中,上帝创造了一切,是一切的源泉,那么知识的获得也应该是上帝的恩赐而无需任何外在的学习。总之,崇敬上帝才是获得知识的正确途径。但是在这一点上,奥古斯丁的观点又不是绝对的,世俗知识的学习也是必要的,他为此提供了新的理论基础。

奥古斯丁认为人的灵魂是一种精神实体,也是上帝的创造物。由于灵魂不占据任何的实体空间,因此人的灵魂是不会发生任何变化的,于是就产生了"灵魂不灭说"。虽然灵魂不灭,但是灵魂是可以堕落或者升华的。一方面,只有真正信仰上帝的人,死后灵魂才能进入天堂过着神性的生活;另一方面,如果能做更多的事情、获得更多的知识的话,灵魂也可以随着理解力的提高而获得升华。因此,奥古斯丁关于灵魂的观点与知识的学习不可避免地联系起来了,虽然只有道德教育才是信仰上帝的根本,但根据他关于信仰和理性的观点,知识的学

---

① 〔古罗马〕奥古斯丁:《论灵魂及其起源》,石敏敏译,中国社会科学出版社2004年版,第288页。

习、理解力的提升也是提高灵魂境界的重要途径。

奥古斯丁认为,人的灵魂具有三种功能:知、情、意,这三种功能具有相同的本质,构成同一种精神。人的认知活动也包括三种功能:一是感觉,二是灵魂,三是思想。世俗知识可以促进人的认知活动和训练人的灵魂,因而世俗知识与基督教信仰之间并不是截然对立的,二者是相联系的,信仰是获得知识的目的,获得知识是信仰的手段。既然对万物的认识可以导向对上帝的认识,那么,世俗知识对于基督徒的信仰不仅不是有害的,反而是有利的。因此,世俗知识的传授不但是可行的,而且也是必要的和重要的。在这个问题上,奥古斯丁的见解与当时许多基督教神学家的观点完全不同,具有明显的进步意义,因为早期基督教甚至将古希腊、罗马文化视为异教。另一方面,由于信仰高于知识和理性,因此,知识的传授应服从信仰,并为信仰服务。

于是,只要经过精心的选择与安排,世俗知识最终都将有助于信仰的培养。在世俗知识中,奥古斯丁更注重的是古希腊、罗马学校的"自由学科",认为通过学习文法、修辞、辩证法、几何、音乐、数学、天文等学科,既可以使学习者进行比较、判断,学习其中所包含的真理和"正确的论点",更主要的是,有助于认识永恒的存在,认识上帝的至真、至善、至美。因此,认知活动的任务不是去认识外界的事物,而是通过学习所获得的概念、语言等,引发对心灵中已有知识和真理的重新认识,这也是教育和教学的一个基本职能。

3. 教育内容

在知识教育的内容中,奥古斯丁最为重视的是《圣经》,"由于我们的能力薄弱,不能单靠理智来寻获真理,便需要圣经的权力"[①]。他认为,《圣经》是基督教的经典,是上帝的语言,也是一切知识的源泉,因此,学习《圣经》对于每一个基督徒来说都是最为重要的。由于《圣经》是最高的权威,因而,在学习《圣经》时,必须绝对服从《圣经》的教诲,即使其中有难解之处,也不能允许有丝毫的怀疑和独立的判断,只能绝对地、无条件地接受。在此奥古斯丁把知识学习与宗教

---

① 〔古罗马〕奥古斯丁:《忏悔录》,周士良译,商务印书馆1963年版,第97页。

信仰的学习紧密地结合起来了,这既是在学习一门知识,也是在信仰上帝,他甚至认为只有在《圣经》中才有自由的、真正的文学。

为了学习《圣经》,语言文字的学习是必不可少的,因为这是阅读和书写的前提。尤其是拉丁语的学习,更是非常重要。在语言教学方法上,奥古斯丁提出了值得注意的见解。他主张,语言学习应当引起学生的兴趣和好奇心,从而使学习变得愉快和自由。他还特别强调,语言尤其是外国语的学习,应当与日常生活相联系,注重实践,避免教学的枯燥和乏味。

在各门自由学科中,除了文法的学习外,奥古斯丁还尤为强调学习修辞学和雄辩术。修辞学和雄辩术其实是罗马帝国世俗教育的传统学科,是参与政治活动的必备素质,西塞罗、昆体良等人都对此有过详细的论述。在此,奥古斯丁把这种罗马的教育传统应用到宗教教育中,并从宗教的角度强调修辞学和雄辩术的重要性。他认为,掌握修辞与雄辩的艺术,有助于人们去驳斥各种异端邪说,宣传基督教的信仰,捍卫基督教的正统,说服对基督教心存疑虑的人们,从而有助于基督教徒更好地坚持真理。由此,奥古斯丁就把罗马帝国的传统学科应用到了宗教领域,或者说把修辞学和雄辩术宗教化了,将政治领域中论辩的艺术用来为宗教服务。对于奥古斯丁自己来说,他一生从学习修辞学到教授雄辩术,最后是运用雄辩术为上帝服务。

奥古斯丁反对学习史诗和戏剧作品(尤其是古希腊、罗马的悲剧和喜剧作品),他认为诸如《荷马史诗》、罗马作家维吉尔的《埃涅阿斯》等史诗都是荒诞不经和虚浮的,阅读这些作品甚至应当受到上帝的惩罚。奥古斯丁在童年时代读过这些作品,但他认为这些是荒诞不经的文字,是造物中最不堪的东西,"我童年时爱这种荒诞不经的文字过于有用的知识,真是罪过","荷马编造这些故事,把神写成无恶不作的人,使罪恶不成为罪恶,使人犯罪作恶,不以为仿效坏人,而自以为取法于天上神灵","甜蜜的希腊神话故事上面好像撒了一层苦胆"[①],这种想法使他对此类作品特别反感。

不过根本原因还是在于他的宗教信仰,他认为这些作品亵渎了神灵。因为

---

① 〔古罗马〕奥古斯丁:《忏悔录》,周士良译,商务印书馆1963年版,第18—19页。

古希腊、罗马信奉的是多神教,每个神都有自己的职能,也有自己的缺点,而基督教是一神教,上帝是唯一的至高无上的全智全能、没有任何缺点的令人敬畏的神。《荷马史诗》描写了众多的神,这是不允许的,因为这是对唯一的神——上帝的亵渎。同时,很多戏剧宣扬七情六欲,腐蚀人的灵魂,对道德具有败坏作用,而基督教宣扬禁欲主义,认为欲望是万恶之源。奥古斯丁还认为史诗和戏剧都是一些虚假的叙述,这些虚构故事,是把凡人的种种恶劣品性移到神的身上,而不是把神的高尚品性移到凡人身上,这根本上是违反道德的。因此,他坚决反对把这些作品当作学校的教材,认为让儿童学习这些作品,无疑是把他们"投入地狱的河流"。

奥古斯丁虽然主张把音乐作为教学内容,但又认为应当有所节制。这是因为,再好的音乐也仍然是感性的东西,不会超越理性,即使是那些配上神圣歌词的曲调,虽然能燃起对上帝忠诚的火焰,但由此产生的快感也应节制,不应为之神魂颠倒。

4. 儿童教育

奥古斯丁认为人的本性是恶的,是带有"原罪"的,这种"原罪"从人一出生就有,邪恶的观念本能地存在着,儿童的邪恶在他吮吸母乳时就表现出来了。因此每个人的"赎罪"也一定要从小开始。这也是来自他对自己童年的反思:"在你眼中还有什么人比我更恶劣呢?由于我耽于嬉游,欢喜看戏,看了又急于依样葫芦去模仿,撒了无数的谎,欺骗伴读的家人,欺骗教师与父母,甚至连那些称道我的人也讨厌我。我还从父母的伙食间中,从餐桌上偷东西吃,以满足我的口腹之欲,或以此收买其他儿童从事彼此都喜爱的游戏。但假如我发现别人用此伎俩,那我绝不容忍,便疾言厉色地重重责备,相反,我若被人发觉而向我交涉时,却宁愿饱以老拳,不肯退让。"[①] 奥古斯丁肯定地说这不是儿童的天真,而是一种与生俱来的罪恶!

于是,学校有三件东西是必不可少的:戒尺、皮鞭、棍棒,惩罚是进行儿童教

[①] 〔古罗马〕奥古斯丁:《忏悔录》,周士良译,商务印书馆1963年版,第23页。

育必不可少的手段。儿童应该从逆耳和凌辱的语言中接受教训,以消除沾染的恶习,"朋友们投其所好,往往足以害人,而敌人的凌辱常常能发人深省"。不过他也承认自己在童年不喜欢读书且憎恨别人强迫他读书,而是热爱游戏,无法按照父母师长的要求去学习,"我是非常怕打的,切求你使我避免责打,但我写字、读书、温课,依旧不达到要求,依旧犯罪"①。伟大的奥古斯丁啊,你不能把自己儿童时候的顽劣当作所有儿童的本性呀!你自己都做不到的事情为何要让所有的孩子都经受这样的折磨呢!

除了接受惩罚和凌辱以外,儿童还应该学习对上帝的信仰,奥古斯丁坚信神的信仰可以使充满"原罪"的儿童皈依神的灵光。因此,一方面他要求《圣经》的学习要从儿童开始,尽管孩子在刚开始阅读时会感到困难,也无法理解其文法,但是随着年龄的增长,会逐渐理解《圣经》的深意,越来越能够理解信仰的意义;另一方面则反对读无信仰的书,诸如他所反对的《荷马史诗》等诗歌作品以及一些戏剧都是无信仰的,阅读它们是一种有罪的行为,甚至是对神的亵渎。

奥古斯丁一方面强调儿童的天赋秉性是恶的,是应该受到净化的,但是另一方面他又认为任何一个儿童都有这种自然属性,人必须要经历这一过程。更重要的是,他注意到了儿童的心智发展特点,承认儿童是血肉之躯,在教育儿童的时候仍然需要考虑到儿童本身的身心发展特点。儿童在他幼小的时候,对上帝的信仰尚未形成,学习应由他们所具备的心理特点而定,教育应顺应自然,教给儿童喜闻乐见的东西。他更是从自己的识字经验中体会到:"识字出于自由的好奇心,比之因被迫而勉强遵行的更有效果"②。因此,奥古斯丁也有限度地肯定了尊重儿童以及儿童本性在教育上的能动作用,这也是一种进步。

5. 青年教育

修辞学和雄辩术的学习主要是在青年阶段进行,是在有了一定的文字语法基础之后。奥古斯丁本人也曾担任过多年的雄辩术老师,他以一个教师的口吻告诫青年要学习必要的辞令和辩论的本领,学习和训练的内容主要有:文法、修

---

① 〔古罗马〕奥古斯丁:《忏悔录》,周士良译,商务印书馆 1963 年版,第 13 页。
② 同上书,第 18 页。

辞、雄辩术、评论文学道德的能力等,其最终目的是为上帝服务。除了强调雄辩术的学习外,奥古斯丁还进一步要求加强和提高语法的训练,遵守语法的规则有助于遵守上帝的律法,他要求青年耐心和严格地遵守字母、音节和语法规则,严厉批评言语表达中的各种语法错误和不纯正的言辞。增强语言表达能力也是此时的重要学习任务,奥古斯丁主张青年在练习表达能力的时候,选择符合教会要求的内容进行读写背诵等。

奥古斯丁认为,对青年的道德教育要以追求精神快乐为至上的目标。他要求青年不可荒淫醉酒,不可竞争嫉妒,应当敬爱上帝,不要放纵自己的欲望。在《忏悔录》中他还反对贪玩、说谎、偷窃、言辞粗野等,更重要的是,奥古斯丁以自己的实际经验和教训告诫青年人。他分析了16岁时偷梨的经历,告诫青年人不要与品行不端的人交往,否则就容易受到坏的影响,容易走向堕落和犯罪的道路。

6. 关于学习和教导《圣经》的建议

395年,奥古斯丁任希波城主教,开始负责教会中的宣讲和教导工作,这就需要他自己对《圣经》进行解释,并传授给广大的教徒,同时还要训练牧师,让他们更好地履行传教和教导民众的职责。秉承这样的目的和需要,他分别于395—396年和426—427年两个时间段完成了《论基督教教义》的撰写,成为当时以及后来的《圣经》解释和宗教教导的重要文献。

《论基督教教义》开篇就把教导分为两部分:一是事物;二是符号,事物又有使用的和享受的之分,并由此展开论述。敬爱上帝是最终的目的,而教会则是上帝的身体,教会掌握着悔罪救赎之门的钥匙,所以有罪之人想达到对上帝的爱就必须先投入教会的怀抱。同时,《圣经》的目的就是爱,因此阅读《圣经》和以增进爱为目的的正确释经也是理所当然的。

那么,如何阅读《圣经》呢?第一,奥古斯丁引用《新约》说明阅读《圣经》要具备三心:"清洁的心""无亏的良心"和"无伪的信心"。第二,在阅读过程中,具体可分为七个步骤:敬畏,虔诚,知识,决心,商讨,心的洁净,智慧。"敬畏"是智慧的开端,"智慧"是最后的统一,而神圣的智慧即是基督,最终全部归于对神的爱。第三,不管是否能够真正领会,阅读过程中记忆的作用都举足轻重,精确的记忆是进一步理解的前提,因此他强调从小就要开始阅读《圣经》,而不管是否能够理解。第四,掌握语言工具——希伯来语、希腊语,尽量阅读原文,因为众多的拉丁译本参差不齐,如果实在无法阅读希伯来原文,则必须首选七十子希腊文译本。第五,为了更好地理解《圣经》中提到的各种事物,需要提前了解有关动物、植物、矿物、数字、音乐等方面的知识,由此也就需要学习世俗知识。第六,通过联系上下文、比较各种译本、参考原文来排除由标点、发音、语词等原因导致的歧义。第七,奥古斯丁阐述了由多纳图派提科钮提出的七条规则,提醒阅读《圣经》者要注意这些规则。

《论基督教教义》中另一个重要的部分就是基督教教士或者牧师应该具备怎样的素质,这关乎到如何教导青年和民众学习《圣经》。第一,基督教教士的职责要明确:"解释教导《圣经》、捍卫真道反驳错谬……要把原来敌对的人争取过来,使原来粗心大意的人小心谨慎,让无知的人知道现在正在发生的事和将来可能发生的事。"[①]在宣讲的过程中,教士要阐明讨论的问题,澄清听众对于信仰的疑惑,激发听众对于上帝崇敬的情感。第二,智慧和口才要相互结合,在具备智慧的基础上,也要培养演说和辩论的能力和技巧,应该让听众心情愉快地接受基督教真理的传授。第三,《圣经》文本有其模糊性,但是基督教教士必须表达清晰、精确,以传达的真理能为听众理解为目标。第四,宣讲的目的有三个:教导人使听众获得知识,愉悦人以保持听众的注意力,感动人以影响听众的心灵并使其信服,与此相对应的就有三种演说风格:低沉、平和、威严,基督教教士必须以这种雄辩家的标准来要求自己,并且在不同的场合、面对不同的对象时要运用不同的演说风格以及各种风格的综合,奥古斯丁还对不同的风格都作出了详细的指示。第五,教士的道德品质对学生的性格形成有着决定性的影响,因此基督教教士一定要言行一致,为人师表,只有这样才能让听者信服,才能使更多的人受益,也才能更好地宣扬基督的爱,否则只能取得相反的效果。

奥古斯丁还计划编写关于各种知识的纲要汇编,以便年轻教师学习和提

---

① 〔古罗马〕奥古斯丁:《论灵魂及其起源》,石敏敏译,中国社会科学出版社2004年版,第134页。

高,虽然他没有成功,但是到公元 5 世纪,乌尔提亚努斯·卡佩拉编写了一部知识汇编文集,实现了奥古斯丁的这一愿望。

7. 教师与学生

《论教师》是奥古斯丁早期的一部专门讨论教学的对话形式的作品,约创作于公元 389 年,也许是为他的儿子所作的,不幸的是他的儿子在 17 岁的时候就永远离开了他。奥古斯丁在《论教师》中确立的基本观点也是服从他的信仰的:除了上帝以外,没有任何教师能够教给人知识,正如福音所言:"只有一位是你们的老师,就是基督。"

奥古斯丁首先讨论了"符号"的问题,即我们是否可以用符号来"教诲"。他认为,教师通过语言的媒介向学生传播知识的观点是错误的,因为语言并不能直接传播知识。语言、词语只是对某一事物的固定说法而已,只是一个"符号",不是事物本身,跟实际要表达的事物完全是两码事。所以,如果我们没有提前了解某个事物,仅凭语言、词汇是无法达到认知的目的的,要想了解语词的真正意义就必须了解语言、词汇背后所代表的物质实体。因此,在语言、词汇的学习中,必须要与具体事物相结合,知识是从语言的经验中学习的,而不是发音或者词汇本身。真正的教学乃是将知识与个人的实际经验相结合,教师所能做的也就是激发对新事物的探索、唤起学生已有的个体经验,并在新事物与旧经验之间建立联系,或者提供实践的机会以增加某种必要的经验。因此,真正意义上的教师不是在教室中占据一定实体空间的外在个体,而是存在于学生内心中的神圣之师,对每个人来说最根本、最终极的教师就是上帝。

从某种程度上说,在奥古斯丁这里,教师的地位和作用大大降低,教学活动对于学生获得知识而言仅仅是辅助性的,他甚至极端地认为人类不存在真正的教师,任何人都不配教师的称号。当然,这种绝对的说法未必就表明奥古斯丁完全排斥教师的作用,他只是表明教学与学习并不是两种完全对立的活动,而是同一件事情的两个方面,师生是同一个过程的共同参与者,在这个过程中他们互相促进、互相学习、互相提高,而学生在教学活动中具有主导和优先地位。

奥古斯丁还认为,学生的学习不能被强迫,一份自由的好奇心要比一份威慑力更有利于推动学习者的学习。需要学习的内容必须符合学习者的兴趣和已有的经验,教师也必须了解学生的心理和知识基础,要从学生熟知的经验开始教学,按照学生的知识水平来进行。儿童可能会因为感化或者信仰而学习,但是绝对不可被强迫。教师必须根据学生具体的个人情况因材施教,而且还要注意到学生之间的相互影响。

历史影响:宗教道德教育是整个西欧中世纪教育的基调

　　奥古斯丁是罗马帝国后期在思想文化和教育方面有很大影响的人物,他顺应了当时基督教发展壮大的要求,为基督教建立了一个完整的宗教思想体系,成为最早的基督教权威理论家,对当时以及后来漫长的中世纪都产生了深刻的影响。

　　奥古斯丁自己是一位虔诚的基督教徒,从小接受了完整的教育,担任过教师,皈依上帝后他在系统的宗教理论基础上提出了为基督教服务的宗教教育体系,大大推动了基督教的教育事业发展。他是连接古典传统和基督教的重要纽带,从宗教角度对传统的自由教育提出了新的观点。他虽然强调文法、修辞和雄辩的重要性,但是相对于古希腊、罗马的教育传统来说,他降低了言语学习的重要性,因为那只不过是"符号"而已,真正的教育应该指向事物本身,教学与学习其实是同一个过程,学生中心应该取代教师中心。学生的学习不应该仅仅是记住那些"符号"或死记硬背书面知识,也不应该仅仅是事实的积累过程,而是应该把知识与实物和自己的实际经验结合起来,把客观事实与自己的理解结合起来,从而真正把握事物的内在本质。这些可贵的教育思想,虽然是在宗教理论框架中提出来的,但确实发现了教育教学活动中的某些本质规律,为后世的教育家不断地阐释和实践。

　　更为重要的是,从宗教理论出发,奥古斯丁更为重视道德教育,甚至认为基督教教育的过程本质上就是道德教育的过程,他所提出的道德规范、伦理标准等都成为后来西方社会道德教育的典范。奥古斯丁这种以上帝为目的,以赎罪和禁欲为道德核心,以圣经为主要学习内容,以宗教化的世俗学科为课程,以服从、体罚、机械训练为主要教学方法的教育思想成为后来的教会学校乃至整个中世纪教育的指导思想。中世纪教会对学校教育的垄断，教育成为教会的工具、成为基督教信仰传播的手段，都与奥古斯丁的思想具有一定的关联。

参考文献

〔古罗马〕奥古斯丁：《忏悔录》，周士良译，商务印书馆1963年版。

〔古罗马〕奥古斯丁：《恩典与自由》，奥古斯丁著作翻译小组译，江西人民出版社2008年版。

〔古罗马〕奥古斯丁：《论灵魂及其起源》，石敏敏译，中国社会科学出版社2004年版。

夸美纽斯

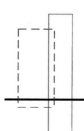

夸美纽斯 人权教育

——人人都应受教育

17世纪20年代,欧洲中部波西米亚的密林中传出一阵阵稚嫩的读书声,一位30岁左右的年轻人正在简陋的教室里为孩子们讲授自然、社会、国家和上帝的故事。他拿着自己编写的教科书,用图画和实物的形式让孩子们获得对这个世界最初的认识,用自己编写的语法书为孩子们教授本民族的语言,以期保持民族的延续性,等待复国的那一天,他更是以对上帝的崇敬之心让孩子们明白上帝仍然眷顾他们。这个人就是西方教育史上划时代的教育家夸美纽斯。

欧洲经历了宗教改革之后,传统的天主教与新教教派之间的矛盾日益尖锐,并逐渐加剧了国家和民族的矛盾。1618年的西欧世界剑拔弩张,宗教、政治、军事形势十分紧张,战云密布。就在这一年,捷克爆发了反对哈布斯堡王朝的起义。原因在于神圣罗马帝国想趁此机会在新教教派势力强大的捷克恢复天主教,以打击宗教改革势力,禁止新教徒的活动,拆毁新教徒的教堂,结果激起了民众强烈的不满,武装民众冲进王宫,把皇帝的钦差从窗口抛入壕沟,由此成为"三十年战争"的导火索。1620年11月8日,神圣罗马帝国的三万精锐在布拉格附近击溃了捷克新教军队,国王仓皇出逃。一个主要的新教教派"兄弟会"成为民族独立运动的主力军,在深山密林中坚持抗争以期恢复祖国的尊严,而年仅28岁的夸美纽斯就是兄弟会中一个重要而杰出的领导人。他在为民族独立运动奔波的同时,一直从事于教育理论与实践的探索,他认为,一个人只有在接受教育之后才能成为真正的人。而我们今天全世界所有的学校中,关于春季学期、秋季学期、统一入学、入学考试、毕业考试、教学计划、教学大纲、教科书、班级授课、作业等这些内容,正是出自这位没有祖国的教育理论家和实践家的笔下,夸美纽斯在国破家亡、四处奔波的艰难情况下,以顽强的毅力和敏锐的思想在丛林中、在避难所为全人类的教育事业规划了新的蓝图。

以坎坷的一生铸就辉煌的事业:呼吁人类普遍和平

夸美纽斯(Johann Amos Comenius,1592—1670)是17世纪捷克伟大的爱国者、著名的教育改革家和教育理论家,是西方教育史上里程碑式的人物。他于1592年3月28日生于摩拉维亚,其父亲是一位小磨坊主,是捷克兄弟会的成员,家境虽不算富裕但总还过得去,他的父亲在兄弟会中也颇受尊敬。由于夸美纽斯的整个一生都与兄弟会有着密切的关系,所以在此有必要对这个组织及其理念作简单的介绍。

兄弟会是在欧洲宗教改革的背景下产生的。1412年,罗马教皇派人到捷克出售赎罪券疯狂敛财,捷克著名的宗教改革家扬·胡斯严厉批评了这种欺骗行为并否认了罗马教皇在教会中的领导地位,教会于是采取种种措施迫害胡斯,直至1415年将其烧死在火刑架上。但是不久,声势浩大的胡斯宗教改革运动在捷克拉开了序幕,教皇先后五次派十字军进行镇压。直至1434年,由于胡斯革命军内部的分裂导致了这场运动的失败,不过胡斯宗教改革运动削弱了天主教会在捷克的势力,对整个欧洲的宗教改革运动都产生了深远影响。捷克的宗教界也趁此机会出现了很多新教派,其中兄弟会于1457年产生于东捷克,在宗教和政治方面是胡斯的直接继承者,其教徒极其虔诚,渴望过一种与《新约》一致的生活,他们拒绝经商,尊重体力劳动,且非常重视学习《圣经》。

兄弟会坚决反对世俗社会中不同阶级的划分,因为这从根本上是违背基督教的教义的,整个世界就应该是一个统一的单一体,在上帝面前人与人是平等的,没有等级的划分。他们尤其反对世俗领主们的荒淫残暴、暴虐无耻、饮酒作乐,也反对天主教教士们对此不闻不问,甚至为了自己的发财享乐与世俗统治者同流合污,把宗教的仪式等都当成买卖进行交易。兄弟会主张彻底改变当前基督教教会的生活状态,完全恢复到基督教初期耶稣和使徒们的生活,人与人之间完全平等、互助互爱，宁愿过着艰苦的劳动生活。政治上主张实行民主制，一切问题需按重要程度在各级会议中进行商讨，教会的行政管理人员由选举产生。更重要的是，在兄弟会的公社里，第一次开始实行普及的初等教育。夸美纽斯的家庭就是兄弟会的一部分，他受兄弟会的抚养，也把一生都献给了兄弟会。

1604年，12岁的夸美纽斯失去了父母，他的两位姐姐也相继夭折，他沦为孤儿，被寄养在姨妈家里。在这之前他刚刚进入一所兄弟会的学校，养成了对祖国语言的爱好以及对兄弟会的信仰，不过他不幸的命运中断了他的学习生活整整3年之久。1608年，由于受到兄弟会的资助，16岁的夸美纽斯进入普列罗夫拉丁文法学校学习，在校3年期间，他刻苦自励，发愤学习，成绩优秀，开始表现出卓越的才能。1611年毕业后，夸美纽斯继续受到兄弟会资助并于同年3月30日被选送到德国的赫尔伯恩大学学习哲学和神学。兄弟会选中该校，是因为这所大学盛行加尔文派思潮，其宗教观点与兄弟会最相近。大学期间，夸美纽斯在阿尔斯泰德、皮斯卡托尔等进步教授的影响下，系统地学习了古代思想家的著作，研究了人文主义者的思想，接触了新兴的自然科学知识，并了解了宗教改革以来各国的教育发展动向，他个人的哲学和教育思想也日渐成熟。大学期间，他还坚持写日记，后来这些日记以"哲学论争问题"为标题被保存了下来。比如，对"一切认识是否起源于感觉"这个问题，他自己的结论是"头脑里的一切没有不起源于感觉的"。这些学习、思考和研究都为他后来从事教育活动打下了良好的根基，而且从那时起，夸美纽斯就开始收集各种资料，准备为祖国同胞编写一本捷克语词典和捷克文百科全书，他的教育事业已经悄悄起步。

夸美纽斯于1613年在西欧作了短期旅行，访问了当时的文化名城阿姆斯特丹，并在海德堡大学注册听课。这次旅行使他领略了自然的风光，体察了欧洲普通民众的艰苦生活，拓展了视野。在海德堡大学学习期间，他还阅读了哥白尼的《天体运行论》。不过由于身体状况不佳，一场大病让夸美纽斯中断了在海德堡大学的学业，他从海德堡步行回到布拉格，再从布拉格回到家乡摩拉维亚。

1614年，夸美纽斯回到家乡后，被兄弟会委任为他的母校——普列罗夫拉丁文法学校的校长。年仅22岁的夸美纽斯开始以极大的热诚献身于教育事业,研究教育改革发展的问题,一生矢志不渝。1616年,他在教育革新上作了第一次尝试,编写了一本小型的语法指南《简易语法规则》,为捷克民族语言的教学做出了重要的贡献。同年,夸美纽斯被选为兄弟会的牧师。1618年,他被调到波西米亚一个繁荣的城市富尔涅克,除担任牧师外,还兼任兄弟会学校的校长。他非常热爱学生,尊敬学生,为了培养学生认识自然和热爱自然的情感,常带他们出城远足。

在此期间,作为牧师的夸美纽斯热衷于教会的慈善事业,关心会友的生活,引导他们开展养蜂业,使其自给自足。除了教会事务以外,夸美纽斯几乎用全部时间阅读哲学和教育著作,潜心研究人文主义者的著作,并撰写有关教育、哲学、神学等方面的论文。他还学习了绘画艺术,特别是在地图学方面有较深的造诣,为他的家乡绘制了一份《精制摩拉维亚新地图》,于1627年出版发行,后多次再版,被广泛采用。这是夸美纽斯一生中最后的宝贵的平静时光,他的宗教、教育和学术事业也刚刚起步。但就在这个时候,三十年战争(1618—1648年)爆发了,整个欧洲都卷入了战火,而新教教派最多的捷克最先受到战争的摧残。在这场以宗教名义发动的战争中,天主教希望重新挽回在之前的宗教改革运动中失去的权威、财产和土地,各个新教教派则成为他们最大的敌人。

1620年的一次战役中,"天主同盟军"彻底击败了捷克军队,捷克完全丧失了独立,随后整个捷克都遭到了极为残酷的压迫。尤其是新教徒遭到屠杀、驱逐、流放,财产被没收,兄弟会也备受迫害。1621年,西班牙雇佣军攻占富尔涅克,并纵火烧城。夸美纽斯的家产、藏书和所有的论文手稿皆化为灰烬,他带着一家三口逃出了富尔涅克,在城市附近的亲戚家避难。而在1622年初,战争又带来了瘟疫,他的妻子和两个孩子(其中一个还是新生的婴儿)都染疫丧生,他再次遭到了沉重的打击。战争夺去了祖国的尊严和妻儿的生命,也夺去了他研究教育的美好时光。

夸美纽斯在这国破家亡的黑暗时代里,经历了战争带来的苦难,伤痛于祖国的沉沦,愤恨于国际弱肉强食的掠夺战争,渴望和平、安宁、光明世界的到来。此时,他发表了一部文学作品《世界迷宫与心的天堂》,尖锐地讽刺了整个社会制度,揭露了统治阶级的罪恶和腐败。而早在1618年,他就曾发表《致天国书》,以"被压迫的贫民对上天的控诉"自称,深刻揭露了当时的种种不平等现象。

1624年,德皇斐迪南二世颁布了一项法令,命令把所有新教徒从捷克驱逐出境。夸美纽斯同其他兄弟会成员被迫隐居在波希米亚的密林中,继续从事救国活动,并教导会员的子弟,他们深信良好的教育是复兴祖国和改良社会的主要手段。1625年3月,兄弟会在杜布拉维查村举行元老会,会议决定马上跟波兰取得联系,要求避难,夸美纽斯和另外两位牧师被推选为谈判代表,他们冒着被捕的危险,终于与波兰政府达成了避难协议。在这艰难的生活中,夸美纽斯依然没有停止教育实践,他经常与一个伯爵的家庭教师探讨教育问题,并一起阅读了一些教育学著作。夸美纽斯开始立志写一本教育学著作,并拟定了日后《大教学论》的计划,完成了其中部分章节。

此时在捷克的新教徒所受的迫害有增无减,1627年7月31日,德皇宣称宁愿统治沙漠,也不愿统治异教徒,于是再次下令,以天主教为捷克唯一合法的宗教,所有贵族和市民必须在6个月内公开信奉天主教,否则要被流放国外。因此,1628年2月,夸美纽斯同3万多户兄弟会家庭告别祖国,迁往波兰的黎撒城避难。

来到异乡后,夸美纽斯的主要工作仍然是教学,同时也开始了对教育理论的系统思考。此时的欧洲军事局面对捷克也呈逐渐好转之势,1630年瑞典军队进入德国,并占领了布拉格,重新树立了新教的地位,流亡波兰的捷克人也希望可以尽快回到祖国。夸美纽斯也赶快完成了他的《大教学论》,希望教育可以为捷克复兴做出应有的贡献,可惜的是这本著作却长期没有出版。1632年,夸美纽斯出版了其早期最优秀的作品之一《母育学校》,在人类史上首次制定了6岁以下儿童详细的教育大纲。其实,这本书早在4年以前就已经用捷克语写完了,在同胞中广为流传,这次是用德语出版的,他也凭此成为最先研究家庭教育的教育家和思想家之一。在《母育学校》里,夸美纽斯遵循儿童的自然天性,认为教育内容应由简到繁,从感觉(看、听、尝、触)训练到宗教信仰的培养,形成梯度,循序渐进;教育方法应简单灵活,易于操作。他对儿童的道德培养极为重视,内容有12项之多,从饮食起居一直到宗教礼仪无一缺漏,要求合理得当。

夸美纽斯在书中认为,家庭是儿童的第一所学校,家庭教育是学校教育的初步阶段,父母是儿童的第一位老师,特别是母亲对孩子的教育负有特殊的责任和义务。《母育学校》一经发表,就以其独有的风格广为传播,成为家长们的实用手册和母亲们进行家庭教育的指南,也成了开启儿童智慧大门的"金钥匙"。1633 年和 1634 年,该书分别在波兰和德国再版,1636 年出版了波兰语版本,1641 年伦敦出版了英译本。

1631 年,夸美纽斯还用拉丁文出版了一本教科书《语言与科学入门》,主要是结合实物教学生识字。在这本书里没有拉丁文法,也与当时学校的教科书完全不同,这是一本用拉丁文写成的百科全书,在学生面前展现了物质世界的各种构成要素,代替了以往课本中的各种抽象概念。这本书在西欧和北美以惊人的速度出版和传播,甚至还被译成了东方文字出版。1639 年,《泛智的先声》出版,3 年后该书出版了英译本,夸美纽斯在这本书中首次阐述了他的泛智思想,当时最伟大的哲学家笛卡尔也注意到了夸美纽斯和他的著作,并给予很高的评价。1641 年,夸美纽斯还被邀请到英国去实现他的泛智思想,但由于英国内战而未果,次年又奔赴瑞典。兄弟会希望从瑞典那里获得对祖国独立和复兴事业的援助,夸美纽斯无奈接受了他并不喜欢的拉丁语研究工作。1647 年,他完成了《最新语言教学法》一书,阐明了拉丁语教学需遵循的三个基本原则:实物教学、循序渐进、使学生感到生动有趣。

1648 年,《威斯特伐利亚和约》签订,三十年战争结束。但捷克的利益完全被欧洲各国忽视,捷克流亡者也对瑞典表示失望,夸美纽斯回到波兰继续从事青年的教育工作。1650 年,他被选为兄弟会的大主教,同年,举家迁居到匈牙利。夸美纽斯继续从事教育工作并写就了一系列教育论文,如《论天赋才能的培养》《泛智学校》《论正确命名事物的利益》等。1658 年,夸美纽斯还在纽伦堡出版了他晚年的重要著作《世界图解》,这本书是夸美纽斯教育观点最清楚的总汇,阐明了其百科全书式的教育思想以及各种教育教学原则。1659 年,《世界图解》英文版面世,这本书的多个版本在欧洲迅速被一再翻印,后来也不断地被补充和增订。夸美纽斯晚年最重要的一件事是 1657 年在荷兰阿姆斯特丹出版了一大本《夸美纽斯教育著作集》,其卷首第一次印出了举世闻名的《大教学论》。

流亡的捷克人遭到匈牙利和波兰抛弃,复国的希望更是渺茫。在去世前几年里,夸美纽斯一直在思考人类普遍和平。1667年5月,他把自己的《和平天使》一文寄给英国和荷兰的代表,呼吁全世界所有民族在讨论国际关系时多宣传宗教容忍和善意。1668年,夸美纽斯写成《唯一的必要》一书。他把这部作品献给荷兰的鲁布拉赫亲王,恳求亲王宣扬和平,谋求公共幸福,同时还表达了他对祖国的眷恋之情。

1670年11月初,夸美纽斯病倒在床,可他仍关心兄弟会的前途和命运,对尚未完成的"泛智论"著作念念不忘。他把儿子叫到床前,一再嘱咐要整理好他的所有手稿和草稿,以待出版留给后世。11月15日,夸美纽斯带着对祖国的眷恋之情与世长辞,遗体葬于阿姆斯特丹附近的拉尔登。

教育思想:"泛智"教育,人人都应受教育

夸美纽斯吸收了欧洲文艺复兴以来人文主义教育的思想成果,在总结自己长期教育理论与实践的基础上撰写了《母育学校》《大教学论》《语言与科学入门》《世界图解》等教育著作,全面系统地论述了教育问题,奠定了欧洲近代教育理论的基础。他在《大教学论》的扉页上还毫不掩饰地表明了他的雄心壮志:"把一切知识教给一切人",而教育就是这样一门艺术,这样的表述在西方历史上还是第一次,可以说是人类教育事业最高理想的表达。同其他很多西方教育思想家一样,夸美纽斯的教育思想依然受其哲学世界观的影响,主要包括两个方面:一方面,他从幼年起就深受宗教的影响,基督教的世界观根深蒂固,认为敬畏上帝是智慧的开始与结尾,把《圣经》看作学生的"最甜最好的乳汁",学习《圣经》始终是最重要的,而世间的一切事物也都是为上帝服务的;另一方面,在崇敬上帝的基础上他又主张感觉论,认为一切事物都受自然秩序所制约,教学工作应适应自然秩序,而这种所谓的自然秩序当然也是上帝的安排。

1. 现世生活与来世幸福:教育的目的与作用

夸美纽斯认为,人是上帝的所有造物中最崇高、最完美的,人的终极目标乃

是皈依上帝，享受上帝所带来的永恒幸福，于是教育的目的不是现世的，而是为来生作准备的，其途径乃是追求学问、德行与虔敬。他认为："我们最初的生活是在母亲的子宫里面。但是它的目的是什么呢？是为生活本身吗？绝对不是。这一步骤的目的是要把胚胎变成灵魂的合适住所和工具，以供日后人世生活之用。一旦这一预备步骤完成以后，我们立刻便出现在光天化日之下，因为在这个阶段上已不能再有发展了。同样，世间的生活也只是永生的一种预备，它的目的是使灵魂利用身体作中介，去为未来的生活预备各种有用的事情。一旦这种预备完成以后，我们便离开这个世界。"[①]

肉体的成熟和灵魂的成熟是两个不同的阶段，也有不同的任务，这样的比喻多么贴切！但同时，夸美纽斯又认为教育有其现世的目的，人应该过好现世的生活。中世纪以原罪论、禁欲论作为教育的理论基础，把现世的生活当成黑暗与罪恶的根源，而夸美纽斯在其宗教思想的框架内不以消极和禁欲来对待现世的人生，而是以积极乐观的精神来理解现世生活，他认为应解放人性而不是压抑人性，这就决定了他的基调与奥古斯丁以来的中世纪教育思想是截然不同的。

由此原理出发，他认为所有身体、器官和能力的发展都是先来者为后来者作准备，人自出生到整个儿童期的结束是人生最初的阶段，它将是以后成人生活的预备，是未来永生幸福的预备。"离别母亲子宫的时候四肢已长完全的人多么幸福啊！而离别现世的时候灵魂清白的人，则更有千倍的幸福！"[②]儿童受重视，乃是因为他作为后来的基础，还没有获得自己的独立性。教育就是给人以知识、德行和虔信，使人能理解万物和利用万物，过好现世的生活，为永生作准备。

夸美纽斯肯定了教育在社会发展和个人发展中的重大作用，他指出人之所以成为人，只是由于在最适当的年龄受到了适当的教育，他把人的思想比作"蜡块"，"因为蜡能变成各种形状，能照任何方式再三加以铸范，人脑也是一样，它

---

① 〔捷克〕夸美纽斯：《大教学论》，傅任敢译，人民教育出版社 1984 年版，第 21 页。
② 同上书，第 23 页。

能接受万物的影响,能够接纳整个宇宙中的任何事物"①。这是对人受教育的可能性的极大肯定,也是一种极大的教育自信!因此人人都需要受教育,无论贫富贵贱,他不无嘲讽地说道:"富人没有智慧岂不等于吃饱了糠麸的猪仔?贫人不懂事岂不等于负重的驴子?美貌无知的人岂不是一只具有羽毛之美的鹦鹉,或一把藏着钝刀的金鞘?"②正是由于对教育作用的高度评估,夸美纽斯非常重视儿童天赋的差异以及后天的早期教育,他认为每个人生来都是渴望求知的,之所以会出现各种学习问题,主要是由于父母、教师以及社会环境造成的,面对不同素质和性格的学生,教师还要因材施教。

2. 第一原则:教育适应自然

遵循自然是夸美纽斯论教育的第一原则,是夸美纽斯整个教育思想体系的根本性指导原则。他在《大教学论》中认为自然界存在着一种起支配作用的普遍法则,即"秩序"或"规律",无论在动植物以及人的活动中都发挥着作用。人是自然界的一部分,必须服从自然的最主要和最普遍的法则。

人生的发展也要同自然的发展秩序一致。他把儿童期比作春天,人的教育要从儿童开始,要尽早开始早期教育,每一天的早晨也是最适宜读书的时候。自然分为春、夏、秋、冬四季,学校教育也应分成学前、初等、中等、高等四个阶段。同时,所有学科也都应该根据儿童的年龄特点进行编排,教育适应自然原则的另一层意思就是教育要适应儿童个体的自然发展,即适应儿童的天性、年龄特征,对不同的儿童施以不同的教育,在不同的人生发展阶段也要施以不同的教育。自然的秩序是先材料后形状,一步一步排列的,所以教育儿童也要从提供原料即实物开始,实行直观教学,遵从循序渐进的原则,"我们的格言应当是:凡事都要追求自然的领导,要去观察能力发展的次第,要使我们的方法依据这种顺序的原则"③。在此基础上,夸美纽斯强调早期教育的重要性,越早越能接近自然,也越容易塑造,他打比方说:"蜡在柔软的时候容易定形定样,硬了的

---

① [捷克]夸美纽斯:《大教学论》,傅任敢译,人民教育出版社1984年版,第32页。
② 同上书,第43页。
③ 同上书,第220页。

时候就容易破碎。一颗幼小的植物可以种植、移植、修剪,可以任意转向。当它长成一株树木以后,就不可能这样办了。新生的蛋,放在母鸡身下,很快就变暖,生出了小鸡。它们一到陈旧的时候就不会这样了。假如一个骑士想要训练一匹马,一个农夫想要训练一头牛,一个猎人想要训练一只狗或一只鹰,一个领熊的人想要训练一只熊去跳舞,或者一个老妇人想要训练一只喜鹊,或是一只乌鸦,要它去模仿人类的声音,他们必须在它们很小的时候选来作为这种种用途,否则他们便会劳而无功。"①

3. 泛智思想与普及教育

夸美纽斯从 17 世纪 30 年代开始就潜心研究"泛智"理论,试图百科全书式地概括关于上帝、自然和社会的普遍知识,建立一个"泛智"体系,用夸美纽斯自己的话来说,"泛智"的教育就是要"把一切事物教给一切人",即使所有的人获得广泛、全面的知识,并使智慧得到普遍发展的教育。于是,这一思想包括两个层面的意思:首先是教育对象的泛智化,"人人都应受教育",一切男女儿童,不论贫富贵贱,这为普及教育奠定了理论基础;其次是教育内容的泛智化,"人人均需学习一切",使学生知道一切必须熟悉的东西,懂得一切事物的实际运用,此外还要务必使表达流畅。

夸美纽斯论述了普及教育的必要性。他认为一切人生来都有一个同一的目标,那就是在适当地获得了智慧、德行和虔信之后,过好现世的人生,为来世的幸福作好准备。因此,一切人都能接受共同的教育,他要求让一切儿童,不分贫富、贵贱、男女,不管住在城市或乡村,都能在国语学校里接受共同的初等教育。他驳斥了有人认为天性鲁钝笨拙的人不能接受教育的意见以及主张女性完全不能追求知识的谬论。他认为,普及教育的主要场所应该设在公立的初等学校里,学校的教育活动也要由专门的教育人员进行。

在教育内容泛智化的框架下,夸美纽斯打破了传统欧洲封建"七艺"的课程体系,设计了广博的学习内容和三级课程体系:主要课程、次要课程和健身课

---

① 〔捷克〕夸美纽斯:《大教学论》,傅任敢译,人民教育出版社 1984 年版,第 45 页。

程,特别是把自然科学课程引入教学,极大地丰富了教学内容。如他为幼儿教育拟定的教学大纲就包括自然、光学、天文学、地理学、年代学、历史学、家务、政治学、辩证法、算术、几何、音乐、语言等学科。对于每门学科,都要考虑它的实用问题,不学无用的东西。

4. 论统一学制和班级授课制

由于要普及教育,并且要为此在全国建立各级公立学校,因此夸美纽斯主张建立全国统一的学制,为青年人的教育设立专门的学校。自然还教导我们,要想大量生产任何事物就必须在一个地方进行,当一个人"要面粉的时候去找磨工;他要衣服的时候便去找裁缝;他要鞋子的时候便去找鞋匠;他要房屋、要犁头或者要钥匙的时候便去找建筑师、冶匠和钥匙匠。而且我们有教堂去进行宗教教导,我们有法庭和集会厅去讨论诉讼的理由,去对集会的人们宣布重大的公告。我们为什么不也给青年预备学校呢"[①]? 只有专业的人在专门的地方才能教育好年轻人。

"我们并不知道神意命定这个人或那个人做什么用,但是有一点是肯定的,就是,他从最贫苦、最卑下和最微贱的人们中产生了维护他的光荣的工具。所以,我们应该模仿天上的太阳,它把光、热与生气给予整个世界,使凡是能够生存、能够兴旺和能够繁荣的东西都可以生存、兴旺和繁荣"[②],所以不要对任何人有任何的入学歧视,我们要让一切适龄儿童都能进入学校。有人依然对普遍教育表示怀疑,并不认为每个人都是可教的,但是夸美纽斯却认为学生学不好的原因出在教师身上,世界上才智低到不能接受教育的人是很少的。教师要做好力所能及的事情,只要一个人没有完全败坏就一定可以成为一个人,"对于一颗欣欣向荣的嫩苗,园丁是一定可以施展他的移植的技巧,把它培养成一株树木的"[③]。

针对当时欧洲各级学校组织松散的现象,夸美纽斯要求实行学年制。所有

---

① 〔捷克〕夸美纽斯:《大教学论》,傅任敢译,人民教育出版社 1984 年版,第 50 页。
② 同上书,第 52 页。
③ 同上书,第 72 页。

学校应在一年的同一时间开学,同一时间放假;每年招生一次,秋季开学;年终要实行考试,同年级学生同时升级;应制订工作计划,按年、月、日、时安排工作。当时西欧各国仍普遍沿用个别施教的教学制度,在全年内的不同时期都招收学生,学生虽然同坐在一个教室内,但是学习水平和学习进度都是不同的,教师对学生个人而不是对学生集体进行教学,这种个别教育制度已经越来越无法满足社会形势的发展要求。于是,夸美纽斯针对当时这种个别教学法效果差、效率低的特点,提出了一套近代意义上崭新的教学组织形式,即班级授课制,这是夸美纽斯对近代教育学最大的贡献之一。在这种新的制度下,学生被组织成班级,每个班又分成几个小组;一名教师向全班授课,可同时教几百个学生;学生组长协助教师维持课堂纪律等。其优势在于一个教师可以同时教很多学生,而且工作负担明显减轻,教学效率和效果大大提高;而对于学生来说,还可以在学习中互相帮助、互相激励。

夸美纽斯还对班级授课制提出了一些要求:应有明确的教学目标,对学生每年、每月、每日所应达到的目标都要作详细的规定,使教学按照计划进行;每个班级应有固定的、同一的课本;一切科目都用同一的方法去教导,遵循他所提出的所有教学原则;对相互联系的一切事物也应该同样相互联系地去教导;全班学生要在同时做同样的功课;上课前要把书籍和一切教具准备好;教师在教学时要经常保持学生的注意力,用一种吸引人的方式把教学内容呈现在学生面前,激发学生的兴趣,等等。夸美纽斯所确立的班级教学制度和相关要求,在近代教育学发展史上具有划时代的意义,给教学法开辟了一条新的途径,以至于今天全世界的学校都遵循着这一教学形式。

5. 论学校体系

根据教育适应自然的原则,夸美纽斯将人从出生到成年分成四个时期和四级学校与一年的四季相对应,即婴儿期、儿童期、少年期和青年期,母育学校、国语学校、拉丁语学校和大学。"母育学校使人想起温和的春季,充满形形色色的花香。国语学校代表夏季,那时我们的眼前尽是谷穗和早熟的果实。拉丁语学校相当于秋季,因为这时田野和园中的果实都已收获,藏进了我们的心灵的仓库。最后，大学可以比作冬季，那时我们把收来的果实准备用于各种用途，使我们日后的生活能够得到充分的供养。"①

婴儿期(0—6岁)，这一时期幼儿身体的成长和感觉器官的发展是主要任务，夸美纽斯把这个时期为儿童设立的教育机构命名为母育学校，幼儿在家庭中接受母亲的学前教育，所以每个家庭中都应该有一所母育学校。这一时期的教育要注意营养的充分，保障儿童身体健康成长，适当地教给儿童有关周围自然和生活的基本知识，发展儿童的感知觉、语言和动手能力，要把一个人在人生的旅途中所具备的全部知识都播种到孩子的身上。夸美纽斯还专门写了一本《母育学校》作为母亲们的家庭教育指南，具体指出父母的责任："对儿童应学的各种学科加以简单的描述，应当指出教导每一种学科的最适当的时机和最易灌输它们的用词与姿态"②，为各式课程准备各种各样的教育经验。同时，他还为婴幼儿准备了插图读物，让孩子们通过实际事物来了解和认识这个世界，并使孩子们养成一种观念，即从书本中可以得到快乐。

儿童期(6—12岁)，这一时期的主要特征是儿童记忆力和想象力的发展，以及与此联系的语言和手这一器官的发展，夸美纽斯为这个时期设计了实施普及教育的初等学校——国语学校，每个村庄都要有一所。国语学校中主要的学习任务是：学会用国语阅读和写作；学会利用阿拉伯数字；学习世界通史的初步知识；学习宇宙学中最重要的知识，尤其是本国的城市、山岳、河流等，还包括一些宗教课程和道德教育，总之就是要教授对儿童终身有用的知识。夸美纽斯强调本民族语言的学习是因为"国语没有学会就去教一种外国语和孩子不会走路就教他骑马一样不合理……不能把拉丁语教给不懂国语的人"③，这跟他主张的循序渐进原则是一致的。同时，他还对国语学校的组织和教学提出了更细致的建议，国语学校共六年，分成六个班级，每个班级拥有一个单独的教室以免互相干扰。每天不超过四节课，上午两节，下午两节，其他时间应该用于娱乐。上午的时间应当用来朗读、背诵和记忆，因为早晨总是最好的时光，下午要复习早上的

---

① 〔捷克〕夸美纽斯：《大教学论》，傅任敢译，人民教育出版社1984年版，第222页。
② 同上书，第228页。
③ 同上书，第231页。

功课等。这些细致的规定与我们今天的小学是多么地相似!

少年期(12—18岁)所对应的学校是拉丁语学校,这是一个为以后接受高等教育而设立的预备学校,每座城市要有一所,学生的思维能力在这里要获得更高的发展。在拉丁语学校中,学生应该得到一种百科全书式的教育,学习的主要内容,除经院主义学校的"七艺"学科外,还增加了物理学、自然哲学、地理和历史等。在语言学科方面,要学习拉丁语、希腊语、国语和一门现代语言。夸美纽斯还分别以六个年级的主要学科依次命名拉丁语学校中的各个班级,即(1)文法班;(2)自然哲学班;(3)数学班;(4)伦理学班;(5)辩证术班;(6)修辞学班。同时,每班都应该有一本专门的手册以讨论历史,如一班是圣经史,二班是自然史,三班是艺术与发明史,四班是道德史,五班是风俗史,六班是世界史,虽然不可能完全地掌握每一门学科,但至少要打下一个坚实的基础。关于教学的安排,每天上课时间是四个小时,上午的两个小时要专门学习该班的特殊学科,下午的两个小时中,第一小时用来学习历史,第二小时用来进行各种练习。

青年期(18—24岁)对应的是大学,每个省份或王国都要保证有这样一所大学。大学的任务是培养神学、医学、法学等专门人才以及教师、国家和学校的领导人员。拉丁语学校的优秀毕业生应该通过一种公开的考试进入大学,他们要有勤奋努力和德行优良等品质,"只有经过选择的智者,人类中的精英,才去学习"①,因此在夸美纽斯看来,大学是一种精英教育而不是普及教育,未能上大学的人应该去从事合适的职业。大学毕业也要通过统一的考试才能获得文凭,一切做法都力求公平。大学里学习任何学科的完全而彻底的知识,大学的学习期限也是六年,最后以一次旅行结束。此外,更难能可贵的是,夸美纽斯还提出了在高等教育阶段建立一所师范学院的想法,用他的话说就是"学校之学校"或者"教学法学院"。

夸美纽斯设计了一个完整的四级学校教育体系,要"智慧的光辉散播到全人类",为全人类谋福利。他使各级学校首尾一贯、相互衔接,这跟以往松散、孤立、不连贯、不统一的学校体系形成了鲜明的对比。人类社会第一次有了一种

---

① 〔捷克〕夸美纽斯:《大教学论》,傅任敢译,人民教育出版社1984年版,第243页。

统一的单轨学制,以至于今天各国的学校制度都有夸美纽斯当初的思想影子,这在人类教育史上是非常可贵的创见。

6. 论教学过程

当时经院主义的教学原理和方法在学校中还占统治地位,其特征是脱离实际生活和死记硬背,学生的任务只是记住教师的语言和背诵书中的教条,不许学生有独立思考,加之盛行体罚,致使整个教学过程缺乏生气。夸美纽斯针对这种死气沉沉的教学情景,提出了崭新而富有生气的教学过程的理论,基本程序是:由对事物的直观产生对事物的理解;再由对事物的理解产生相关知识的记忆;最后再把所记忆的知识表达出来。

夸美纽斯主张教学过程应先从对事物的感觉开始,一切知识都不应根据书本的权威去给予,而应实际指证给感官与心智。在感官的基础上再对事物的知识进行理解,并在理解的基础上记忆,夸美纽斯认为,凡是没有经悟性彻底领会的东西,都不可用来记忆,而且只有彻底地懂得,并且记忆了的东西,才能够看作自己真正拥有的知识。练习应该在理解与记忆之后进行,这是使教学达到彻底的必要手段。

7. 论教学原则

除了教育适应自然的根本原则外,夸美纽斯还详尽地论述了在教学过程中应该遵循的教学原则,主要包括:

(1)直观性原则。在夸美纽斯的教学理论中,直观性原则居于首要地位,这是建立在他的感觉论基础之上的。夸美纽斯认为,"一切知识都是从感官的感知开始的",知识的开端永远是感官,学生尽可能地用感官去认识外部世界,在感官认识的基础上进行理解和记忆。他用亲身经历形象地告诉我们:"凡是在我的视官、听官、嗅官、味官与触官上面印下印象的东西,对我的关系便如一颗图章似的,靠着它,物件的影像就可以印入我的脑际……以致我的心理每次回想它们的效果,就和我实际上用眼看见它们,用耳听见它们,尝到它们或触到它们是一样的。"①经过直观获得的知识是最可靠的,也最易于理解和记忆,因此,直观性原则是教学的一条"金科玉律"。所以,具体的教学应当从对实际事物的观察开始,在不能进行直接观察的时候,应当使用图片、模型等直观教具。

(2) 系统性原则和循序渐进原则。夸美纽斯主张学生在学校中应该学习周全而系统的知识,为了实现这个目的,应先从教学要有系统性的计划做起。此外,教学科目的安排也要由易到难,由简到繁,从已知到未知,由具体到抽象,这就是循序渐进原则。教学过程必须符合不同年龄阶段学生的心理发展特征,学生在一定的时候只学习一件事情,因为"自然的作为不是杂乱无章的,它在前进的时候,是界限分明地一步一步进行的。……一个建筑家打基础的时候,并不同时又去修墙,更不去修建屋顶,这些事情他只在适当的时候与适当的地点分别去进行"②,艺术家、雕刻家、园丁、医生的工作都是这样遵循一定的步骤一步一步地进行。

(3) 自觉性和主动性原则。夸美纽斯认为学习的首要条件是自觉地学习,学习应该是基于一种热情和喜爱,是由于一种不可抑制的求知欲,他主张父母、教师、学校、学习科目和教授方法等都应尽可能地激发学生的求学欲望,用一切方式调动他们的学习积极性,使之主动地、自觉地学习。"有些教员在这一点上犯了错误,他们不对他们所教的孩子把学科彻底讲解清楚,却无止无休地要他们默写,要他们死记硬背。……他们这样把学生弄得精疲力竭,就像一个想要在树上切一个切口的人一样,不去用刀,却用一根棍棒或者一个木锤去代替。"③为此,夸美纽斯也提出了一些积极的建议,如学校要向学生传授实际有用的知识,对于所学的科目都要提及其实用问题;教师要注意教学方法,对所教的知识要彻底解释,让学生真正理解所学知识;学校要美化环境,使学生拥有一个良好的学习环境,得到美的享受。

(4) 巩固性原则。夸美纽斯要求学生在理解的基础上牢固地掌握所学习的知识,并可以做到熟练地练习和运用。首先,要把学习的基础打好,只有基础扎

---

① 〔捷克〕夸美纽斯:《大教学论》,傅任敢译,人民教育出版社1984年版,第32页。
② 同上书,第97页。
③ 同上书,第98页。

实了,知识才会积累得更多,更牢固。其次,在理解的基础上,对所学知识进行记忆。他还提出了一些帮助记忆的建议。此外,练习是巩固性教学过程中必不可少的环节,否则教育就不会达到彻底的境地,学生的学习效果也会大打折扣。所以在课堂中,夸美纽斯希望教师让每一个学生都能重复教授过的内容,并且按同样的次序、用同样的字眼、举同样的例证,错了要及时纠正,直至看得出每个人都理解了课堂所教的内容。

(5)量力性原则和因材施教原则。夸美纽斯提出教学应根据学生的年龄特征和知识水平、理解能力有针对性地进行。在教学中,教师应该考虑学生的接受能力而不使他们负担过重。因此夸美纽斯建议,班级授课应尽量加以缩减,减到每天四小时,尽量少让学生去记忆;学生只记最重要的事项,对于其余的,只需领会大意就够了,无需多费脑力;学生的能力会随着学习的深入与年龄的增长而增长,教学的安排也要随之变化。因此,学生在任何年龄阶段、任何科目中的学习都应该量力而行,过度学习只会造成相反的效果。

夸美纽斯认为,知识固然是好的,而且教育就应该传授百科全书式的知识,但是另一方面,如果知识不适合于这个或那个学生的心理,那么对该学生传授这种知识就是不合适的,因为人的心理的差别与各种动植物之间的差别是一样巨大的,同一种知识、同一种方法是不可以施于不同人身上的。因此,夸美纽斯从一开始就一直强调要对学生因材施教,反对中世纪那种一刀切的做法。

8. 论教科书

夸美纽斯始终注重教科书的编写工作,他所编写的教科书《语言与科学入门》和《世界图解》流传广泛,对当时以及后世影响极大。在统一学制和普及教育的思想基础上,他认为,学校应当采用统一的教科书和教学大纲;教科书的编写也要循序渐进,前后连贯,符合学生的身心发展规律;教材内容要取材得当,注重实用;要使用国语编写教材,语言要简明扼要;幼儿教科书应配有插图,图文并茂,便于儿童理解和记忆等。《世界图解》就是夸美纽斯编写的具有代表性的儿童读物,他还亲自绘制了200多幅插图以供幼儿学习,成为西方教育史上第一本带有插图的儿童教科书。

对于如何选择教材,夸美纽斯认为应该取决于培养什么样的人,不过总的原则应该是:教材对现在和未来的生活要实用;教材要适应学生不断成长的身体状态,保证有配套的最正确的教学方法,保证对学生精神力量的发展具有教育意义。教材的顺序安排和分配同样要遵守实用原则和教育价值原则,采用把实用学科放在形式学科前面的原则,教材本身也要有利于学生的理智、语言和动作的完善。夸美纽斯一直以来都反对讲授教材时盲目服从和咬文嚼字的现象,他认为任何东西都不应该只根据一个权威去讲授,而应该建立在外部感觉和理智证据上。

更重要的是,为了便于讲授教材以及让学生更好地学习和领会教材,夸美纽斯还提出了按逻辑联系排列教材内容的原则,这使他成为各个学校教育阶段中教材内容圆周式排列的创始者。所谓圆周式排列,即每种语言、科学和艺术都应该先教最简单的原理,使学生对它们有一个一般的概念,再提出一些规则和例子比较全面地传授知识,进而讲授完备而彻底的知识,同时附带讲一些不全面、不规则的知识,最后再给一些注解式的材料。教学应如此地循环下去,让教师和学生都能很清楚地了解教学的进度与学生自己对知识的掌握程度。

9. 论道德教育

夸美纽斯认为,正是"道德"使得人类高出一切造物。一所真正的学校是"人类的锻炼所",其职责不仅仅是教授各种知识,还包括培养道德。学校首先应当着重培养的德行是"持重、节制、坚忍与正直"。持重是对于事实和问题的健全的判断,正确判断的习惯可以成为学生的"第二天性",这是一切德行的真正基础;节制是一种在各种生活行为方面不过度的品质,即在饮食、睡眠、工作、游戏、谈话等方面学会节制;坚忍是要求孩子们的行为受理智的领导,在做事之前要考虑事情该如何去做,会有怎样的后果;正直就是对于别人抱着公正无私的态度,正直待人,乐于助人,不损害他人利益,它是与自私自利、虚伪与欺骗相对立的。

夸美纽斯主张德育尽早进行,提出了道德教育的方法,主要有实行、榜样、训条与规则、避免不良社交和惩罚等。德行是从正当的事情中学来的,德行通过练习养成;孩子善于模仿,易于接受榜样的影响,包括书本的榜样和事实中的榜样两种,他认为事实中的榜样更为重要;实行固然重要,但也不能完全忽视口头的训诫,训条与规则是模仿的"补充与强化";同伴的影响也是一种榜样的作用,不良的社交会让孩子模仿不良的行为;用严格的纪律惩罚邪恶的倾向,在施罚的时候,教育者应该把握正确的惩罚目的和方法,千万不要盲目施用,否则适得其反。

此外,夸美纽斯还把道德教育与宗教紧密联系起来,可以说,他的道德观就是一种宗教的道德观。他认为要尽早在儿童身上灌注上帝的观念,以养成信奉上帝的真精神,明白自己永生的目标,用宗教信念来规范道德品质。

10. 论教师的地位和作用

夸美纽斯非常重视教师的地位和作用,因为学生是不可能避免犯错误的,所以必须要有一个人对他进行指导和纠正,他认为教师是太阳底下最灿烂的职业。而在当时,教师的职业,尤其是小学教师,是不受社会尊重的,夸美纽斯对教师地位和作用的定位是一种非常进步的观点,他不仅要求社会尊重教师,还希望教师自己尊重自己。至于教师的职责,他认为,"教师是自然的仆人,不是自然的主人;他的使命是培植,而不是改变"[①],人生来具备学习全部知识的可能,教师应该培育这些知识的种子。他相信孩子的天性是好的,按其天性去教就没错。夸美纽斯虽然是伟大的教育家,但是他从未期望去改变什么,人类的可塑性给了他极大的信心,但这种信心不是自负。

教师是学生的引路人、帮助者、鼓励者和监督者,教师应当具备所要教授的知识、施教的能力和施教的技巧及意愿,教师和学生通过教导联系在一起,是完整的教学活动不可缺少的组成部分。同时,从夸美纽斯的整个论述来看,如何重视儿童、认识儿童,各种教学的方法、原则,班级教学、学校管理等很多都是站在教师的立场进行的述说,儿童本身的主体性并未得到呈现。由此看来,我们也可以从夸美纽斯这里找到教师中心论的根源。

---

① 〔捷克〕夸美纽斯:《大教学论》,傅任敢译,人民教育出版社1984年版,第153页。

在给教师确立较高的地位和职责的同时,夸美纽斯也向教师提出较高的要求。他认为教师应该是一切善行的公正、积极、坚决的活的模范,要作为生活的榜样呈现在儿童的面前。教师应该尊重和爱护自己的事业,考虑和鼓励儿童的学习兴趣,用温和的、循循善诱的方法向学生传授知识和道德,而不是用粗鲁的办法使学生疏远它们。夸美纽斯还要求教师把教育事业奠定在科学基础之上,就是要把训练心智的艺术奠定在一个坚固的基础上,以此保证能够得到可靠而准确的进步。

11. 论教育管理

夸美纽斯在长期的教育实践和理论研究中还总结了一套比较完整的、系统的、有独创性的教育管理思想,对欧美及至整个世界教育都产生了重要影响,使他成为学校管理这门学科的先驱,但这门学科直到19世纪末才开始逐渐形成。

第一,反对教会对教育的控制,主张由国家管理教育。夸美纽斯认为国家具有管理教育的最高权力,不应该将教育事业拱手让给教会和其他社会力量。18世纪教育管理思想主张由国家担负管理、监督教育的职责,使教育成为国家的事业,为国家造就良好的公民等,就是对夸美纽斯这一观点的发展,这对19世纪各国的国民教育运动产生深刻的影响。

第二,学校教学管理制度化,建立统一的学校制度、学年制度、班级授课制,强调学校工作要有计划。教育史上,夸美纽斯第一次按"年、月、日、时"拟定了教学的顺序,他还非常重视纪律和规章制度在学校管理中的作用。

第三,重视教育考试在实现教育目标中的地位和作用,创建了完整的教育考试制度。夸美纽斯主张考试应贯穿教学的全过程,由不同教学阶段的考查和考试组成。考试的目的在于把握教学进度,考查教学效果,促使实现教学目标。在高等教育中,学生入学和毕业都要经过严格的考试才能完成。考试要注意到与学校教学效率、效益的关系,同时还要兼顾公平性和公开性。这些观点为近代教育考试制度的创建和发展奠定了理论基础,并成为西方古代和近代教育考试制度的转折点。夸美纽斯是西方教育考试思想和制度的奠基者。

第四,对学校各类人员提出了不同的管理性规定。其中,校长作为学校总的管理者,是全校的核心和支柱,不但要了解教师的生活和教学工作情况,帮助和指导教师掌握教学的方法和策略,而且还要监督学校规章制度的执行情况。此外,他还主张国家设置督学,对全国的学校教育进行监督。

历史影响:近现代国民教育制度的开创者

夸美纽斯精神遗产和教育思想的研究价值从19世纪中叶才开始被发掘。直到19世纪末,为纪念夸美纽斯诞生300周年和逝世200周年,他的教育著作以多种语言再次出版,并广泛地传播开来,《大教学论》开始成为教师们的普遍读物。夸美纽斯从青年时代一直到去世都在为最深刻地理解教育问题而不断地、努力地探索、研究和工作。夸美纽斯对教育的贡献是巨大的,他的一生中各类著作共有265种。他在批判旧教育的基础上提出了一套比较系统的教育理论体系,为近代西方教育理论的发展奠定了基础。名著《大教学论》的出版,标志着独立的教育学科的诞生,《世界图解》更是世界上第一本带插图的幼儿教科书,最受当时欧洲人民的欢迎。他反对封建等级教育,从泛智思想出发,主张实行全民普及教育,强调学习对现实生活有益的百科全书式的科学知识,并为此提出了一种全新的、统一的学校教育体制,在近代教育史上有重要的开创性意义,为后来资本主义学校教育制度的形成奠定了基础。他坚持教育适应自然的原则,要求教育符合儿童的身心发展特点和教学的客观规律。他总结自己多年的教学经验,提出了教学应遵循的几大原则,这在西方教育史上还是首次,至今仍具有重大意义。他所主张的班级授课制、统一教材、统一学制等,更是教育发展史上的伟大创举,为后人广泛采用,至今仍具有强大的生命力。他把学前教育正式列入教育系统并且主张在所有家庭中普遍实施,引起了后来教育家们对幼儿教育的重视。

更重要的是,他的教育思想和实践透露出对底层人民的热爱和对祖国复兴事业的念念不忘。但是,夸美纽斯并不是狭隘的民族主义者,他经历了坎坷的一生,深深体会到普通民众在乱世中的艰辛,他厌恶战争并呼吁世界和平。夸美纽斯最高的教育目的乃是"改善和治好整个有病的人类",他以自己的教育天赋和实践活动号召人们关怀全人类的幸福和为全人类的利益而工作，在他的教育体系中，教育教学是为民族的最高利益服务的，但同时也是为全人类的最高利益服务的。

毫无疑问，夸美纽斯的教育思想也受其时代所限，具有一定的片面性，如过分夸大直观教学的作用；一方面主张学习实际有用的知识，另一方面又加强了神学的教学，宗教色彩十分浓厚；泛智思想使其过分强调规范的教育体系，虽然主张因材施教，但并没有个性化教育的补充体系作为支撑；主张教育机构只能由国家承办，杜绝社会力量办学等。尽管如此，其教育思想中的人文主义和民主主义仍闪耀着不朽的光芒，在近代文化和教育史上占有极为重要的地位。

参考文献

〔捷克〕夸美纽斯：《大教学论》，傅任敢译，人民教育出版社1984年版。

〔苏联〕阿·阿·克腊斯诺夫斯基：《夸美纽斯的生平和教育学说》，杨岂深等译，人民教育出版社1957年版。

卢梭

卢梭　自然主义教育

——尊重学生的天性和兴趣

"生物学"一词的发明者拉马克是法国著名的博物学家,而这位伟大的生物学奠基者正是在他的良师益友让-雅克·卢梭的引导下走上了科学之路。1768年的一天,正值24岁的青年拉马克来到植物园散步,无意间碰上了当时法国著名的哲学家、教育家卢梭。

"年轻人,你在看什么书?"卢梭问眼前的这个青年。

"林奈的《植物种志》。"拉马克认真地回答着。

"这么说来,你对植物学很感兴趣?"卢梭继续问道。

"是的,我学过医学,但我也十分爱好植物学和气象学……"年轻人拉马克开始向卢梭讲述他自己的一些经历。

拉马克从小受到父母的宠爱,拥有广博的兴趣且富于想象。他出任过中尉军官,也迫于生计在银行担任过小职员,天资聪颖的他在堂哥的资助下还曾有过为期四年的学医生活。但他始终向往那蔚蓝色的大海、变幻莫测的天空、郁郁葱葱的花草树木以及大自然的动物。他毫无保留地把他的一切都倾吐出来,卢梭也立刻喜欢上了这个热爱学问而又性格开朗的青年,他们很快成为朋友。

此后,卢梭经常带他到自己的研究室里参观,还向他介绍很多科学研究的经验和方法,让这位正值花样年华的青年进入另一个知识的领地,拉马克就这样完全被各式各样映入眼帘而又新奇的生物标本所吸引。卢梭看到拉马克对植物学展示出了极大的热情,并且通过日常的聊天发现拉马克是有能力投入动植物学的研究之中的,于是对拉马克提出了这样的要求:"你要想有所成就,就必须言行一致,始终如一,看准一个目标,毅然决然地坚持下去。"从此,拉马克在卢梭的指导下,一门心思地钻研植物学,接着又努力研究生物学,进而写出《法国全境植物志》《无脊椎动物的系统》和《动物学哲学》等著作。

在这个事例中,卢梭先通过日常生活式的提问法,让拉马克自发地道出内心的真实想法,并和他成为朋友。而在他们相处的过程中,卢梭十分注重去了解拉马克,发现他是一个兴趣广泛且乐于学习的青年,但还不能完全潜心于钻研,于是开始逐步引导拉马克全身心地投入动植物学的研究之中。卢梭曾经指出:每一个人的心灵都有他自己的形式,我们必须按他的形式去指导他。不难发现,卢梭强调教育者必须充分了解自己的学生,尊重学生的天性和兴趣,并根据学生的天性成为学生前行中的指路明灯,万万不可轻率地对学生下断语,更不可磨灭其天性,此主张正是体现了卢梭的"归于自然"的教育思想。

流浪的童年——居无定所、不知温饱

天文学家哥白尼曾倾其毕生来捍卫真理,始终坚持地球绕太阳转动而非太阳绕地球转动,这一"日心说"沉重打击了传统教会的宇宙观,也促成了天文学的彻底改革,更引领着整个自然界向一个崭新的科学时代迈进。而卢梭之所以被称作"教育界的哥白尼",正是因为卢梭打破了由来已久的成人本位立场,他指出"在万物的秩序中,人类有它的地位;在人生的秩序中,童年有它的地位;应当把成人看作成人,把孩子看作孩子"①,极力主张将教育关注的目光真正投向儿童这一主体,大力提倡以遵循儿童天性为基础的自然主义教育。在此之前,人们常常把孩子当作成人对待,总是用成人的观点去理解孩子的思想,并不能真正了解孩子,因此也不能给予孩子他们真正需要的东西。

卢梭的自然主义教育思想与他本人从小的经历是分不开的。卢梭(Jean-Jacques Rousseau,1712—1778)出生于瑞士的日内瓦。他的父亲伊萨克·卢梭

---

① Rousseau, Jean-Jacques. *Emile*, *or On Education*. with introduction, translation, and notes by Allan Bloom. N. H.: University Press of New England, 2010: 223.

在钟表匠这一行业是一个能手,更是一个思想先进且感情丰富、坚定的爱国主义者;母亲苏珊·贝纳尔是贝纳尔牧师的侄女,聪明而美丽。然而,就在卢梭呱呱坠地的时候,付出的代价竟是母亲的生命,卢梭把他自己的出生当作他无数不幸中的第一个不幸。父亲努力克服丧偶的艰辛与痛苦,这让卢梭看到了父母亲之间深挚的爱,每次只要一提起母亲,父子两人便会抱头痛哭,童年时这种浓郁的情感氛围孕育了日后卢梭内心的浪漫主义种子。卢梭从小最喜欢做的便是阅读,特别是与父亲一起阅读,在卢梭的《忏悔录》中,他描述到他和父亲两人常常兴致勃勃地利用有趣的读物进行轮流阅读。对于一本书,如若不一口气读完决不罢休,甚至通宵达旦,直到父亲听到早晨的燕子叫了,才难为情地说该睡觉了。可是,就在卢梭10岁那年,不畏豪强的父亲与军官发生了冲突,父亲不得不离开家乡,就这样,卢梭在从未享受过如春风般母爱的同时,又失去了父爱。

男人有妻子,女人有丈夫,爸妈有孩子,儿童有父母,这是人类社会最自然、最原始的常态。然而,卢梭的一生似乎注定与常态无缘,就连这种天然赋予的权利,卢梭都没能充分享受,这是自然给他带来的不幸,而往往一个人最缺乏某种东西的时候,在他的思想里也最想要这种东西。

父亲孤身一人逃往异乡,这对一个从没享受过母亲呵护且年仅10岁的小孩来说,无疑是雪上加霜。10岁的卢梭被送去寄宿在包塞一个名叫朗拜尔西埃的牧师家里,这样就可以和牧师一起学习拉丁文。牧师从来不会布置过多的课业,更不会让人觉得有束缚感,再加上包塞淳朴的乡村生活,使卢梭那颗疲惫而孤独的心得到了舒缓与放松,更恢复了童年本应有的稚气。卢梭在《忏悔录》里自称,这种恬静的农村生活给他带来了不可估量的好处,使他的心豁然开朗,也懂得了友情,最主要的是他能在一个完全放松而不受外界干扰的情况下学习,并且不需要费很大的力气就能学会,他一度认为倘若在这里待的时间能更长一些,他的性格肯定可以彻底定型。可是,卢梭的命运似乎早已注定是多舛的,两年后,他去一个公证人家里当仆人,接着又在一个暴虐专横的零件镂刻师家里当学徒。卢梭由于不堪忍受师傅对他身体上和精神上的双重打击,选择了逃离,从此开始了颠沛流离的生活,那一年卢梭才16岁。尽管卢梭生活十分坎坷，但是他从来没有放弃过学习的机会，他一直在不断地阅读，常常抵押东西去获取书籍来学习。正是卢梭从小和父亲一起阅读的那段经历，不但使他很早就对读书有一种十分罕有的兴趣，更让他具备了极端娴熟的阅读能力和理解能力，也为他日后大量的阅读打下了坚实的基础。卢梭最为看重的是，这一切的阅读练习都是基于自己的兴趣爱好，从来没有人逼他阅读，更没有人告诫他哪些应该读，哪些不应该读。同时，通过广泛的阅读，卢梭的兴趣爱好也变得十分广泛，让他在数学、天文学、历史、地理、哲学、音乐、植物学等各个领域积累了广博的学识，这也为他日后成为一个文化巨人创造了不可比拟的条件。

卢梭后来流浪到萨瓦，投奔华伦夫人家，后来经过几次辗转，又回到了华伦夫人身边。待在华伦夫人身边的日子长达将近10年，卢梭又重新过上了平静而安宁的生活，这段时日的阅读和积累使卢梭的思想更加成熟。直到1740年，卢梭离开了华伦夫人，来到法国里昂修道院马布里大主教家里，担任两个孩子的家庭教师，任教的亲身经历无疑进一步加深了卢梭对教育问题的关注，这与后来集中体现他的自然主义教育思想的《爱弥儿》一书更是有着密切的联系。而在这之后，卢梭还担任过法国驻威尼斯大使的秘书，离职后又从事过一段时间音乐、戏剧的创作。直到1749年，卢梭迎来他人生最重要的转折点：他应征法国第戎学院的悬赏征文——《论科学和艺术的复兴是否有助于敦风化俗》，获得首奖，博得了极高的声誉。此后，卢梭发表了一系列重要著作，这期间也伴随着回归乡村隐居的生活，也只有这样，他才能全身心投入创作。他的著作主要包括《论人类不平等的起源和基础》《社会契约论》《新爱洛伊丝》《爱弥儿》《忏悔录》及其续篇《一个孤独的散步者的梦想》等，其中，《爱弥儿》一书是卢梭自然主义教育思想最好的诠释。卢梭一生不去追求那种奢华的生活，一心向往田园牧歌般的状态，始终潜心于学问，专注于著述研究，这是一种最简单、最自然、最质朴的心态，但却孕育着广袤而深邃的思想。

可以说，卢梭很小的时候过的就是无父无母的孤儿生活，而这给卢梭带来的注定是居无定所、不知饱暖，对于一个孱弱而又没有谋生能力的10岁小孩，无论是从身体上还是心理上的承受能力来说，简直是梦魇，而这期间的心酸，如果没有亲身尝试过，不是靠想象就能体会得到的。父母对儿童的关照原本就是一项毋庸置疑的义务,这是一种本能,是一种本性,是一种自然的要求。在《爱弥儿》一书中,卢梭阐述道:"……要是你希望保持儿童原来的样子,则从他来到世上的那个时刻起就保持他。他一诞生,你就把他掌握在自己的手里,他尚未成人,你就不要放弃他。不这样做,你是绝对不会成功的。既然真正的保姆是母亲,则真正的教师便是父亲。愿他们在尽责任的先后和采取怎样的做法方面配合一致。"①这里无不显现出父母对于儿童来说至关重要,也是自然主义教育中最基本的一步。从另一个角度来说,也正是因为卢梭从小不曾享有这自然教育中的第一项权利,所以他从自己的亲身经历中深刻地体会到儿童天然是需要父母的,也只有父母才能给孩子本性里最需要的关怀。卢梭曾在《忏悔录》里自述假如杜康曼——暴虐专横的零件镂刻师是一个厚道的师傅,假如他的父亲没有丢下他只身离开,假如……他将会变成怎样呢?因为卢梭原本就是想听从自己的性格,在他的宗教、他的故乡、他的家庭、他的朋友间,在他所喜爱的工作中,在称心如意的交际中,平平静静、安安逸逸地度过自己的一生。可是,事情偏偏不是如此。

从卢梭小时候的经历不难发现,他倡导自然主义教育还有一个十分重要的原因,便是他的确体会到了,长期宁静致远的乡村生活的确适合儿童阅读和学习,更适合儿童天然人格的塑造及天性的发展——不受外在因素的影响,这是一个人由内完全发展成为他自己最基本也是最核心的一步,一旦儿童被社会所染,难免不能忠于自己的内心去自由发展,而会受旁人的言语、外界的环境所左右,因此,你也就不是你原来的样子了。此外,卢梭一生都享受到了天生热爱阅读所带来的益处,他从小喜好读书,他就跟随自己的兴趣博览群书,不受逼迫和限制,完全跟随自己的天性去做想做的事,而这一爱好给他带来了一生受用的好处,因此,卢梭大力倡导尊重儿童的天性,千万不要禁锢儿童的思想,更不要成人式地左右儿童的兴趣爱好。

---

① Rousseau, Jean-Jacques. *Emile, or On Education*. with introduction, translation, and notes by Allan Bloom. N. H.: University Press of New England, 2010: 174.

天性之善而率性发展：主张性善论

人之本性，是善非善，或无善无恶，抑或善恶皆备？自古以来，中西方学者无不对此问题进行激烈而又深入的探讨。我国战国中期的孟子曾指出，人性之善也，犹水之就下也；人无有不善，水无有不下也。同时期的荀子则认为，人之性恶，其善者伪也。古希腊的斯多葛学派把整个宇宙都看作美好的、有秩序的、完善的整体；而中世纪的奥古斯丁则强烈地主张"原罪论"——性恶之说。然而，孰是孰非，难以定论。在卢梭看来，人性的本来面目便是善的，只不过由于历史发展和社会制度等外界原因污浊了人类那颗善良之心，而此时，教育的良好引导十分有助于天性之善继续向前发展。

1. 性善论

一堂美术课上，美术教师在黑板上画出许多大小不一的苹果，然后让学生们选画一个自己最喜欢的苹果。这位教师绕着教室巡视，看着学生们在纸上沙沙地画着自己喜爱的苹果，最后，目光落在了一位名叫安德鲁的学生身上。安德鲁画的苹果又长又圆，蒂部尖尖的，并且涂满了梨黄色，美术老师忍不住问道："你画的是苹果吗？我怎么感觉像梨。"安德鲁回答说："是的，是像梨一样的苹果。"美术老师温和地说："有想象力很不错，但是这堂课我们要学的是画出真正的苹果。"安德鲁辩解着："这像梨一样的苹果是真的存在的，在西伯利亚大森林里，一棵苹果树和一棵梨树各自被雷劈去了一半，两棵树紧紧地靠在一起，长成了一棵树，结了一个像梨一样的苹果。"听后，这位美术老师面向全班，问道："有谁相信安德鲁的故事吗？"学生们顿时叽叽喳喳地说着自己的不信任，个别学生甚至嘲笑安德鲁，美术老师接着说道："我相信，我相信安德鲁不会说谎，我也相信在座的每一位学生都有着一颗善良而诚实的心。"这堂课后，美术老师一直在关注着、寻找着有关像梨一样的苹果的信息，最终发现是存在的，并在班上证实了。

正是出于对学生的信任，更是基于对人的天性之善良的崇尚，让这位美术老师在当时的课堂上作出了一个明智的决定。倘若这位教师在没有弄清事实之前采取的是严厉的斥责和嘲讽,将会对安德鲁的心灵造成怎样的打击?

卢梭在《爱弥儿》一书中开篇直指:"出自造物主之手的东西,都是好的,而一到了人的手里,就全变坏了。"[①]卢梭认为在人的心灵中根本就没有什么生来就有的邪恶,而这样一句简洁的句子道出了他的性善哲学观点,也正是他的天性哲学为自然主义教育——"归于自然"提供了强有力的理论基础。

在人的善良天性里,卢梭认为有两种先天存在的自然情感:一种是自爱心,另一种是怜悯、同情心。自爱心是最原始的、内在的,是先于其他一切欲念的欲念,甚至可以说,其他一切欲望不过是自爱心的演变而已。人生来就对保护自己有种特殊的责任,那么我们就应当关心和维持我们的生命,进而爱自己,这是与生俱来的,也是不可辩驳的,卢梭接着谈到了在爱自己的这种情感里可以引申出同时也爱其他关心、呵护和维持我们自己生命的人。这一点在儿童身上体现得淋漓尽致,儿童的第一个情感是爱自己,接着便是爱那些同他亲近的人,正是因为儿童完全处于一种弱小的状态,没有独自生存的能力,如若有人给他以照料,关心和爱护他,使他处于一种安全而又舒适的环境,他便会喜欢这个给他带来舒适生活、帮助他的人。罗缪拉斯,一个传说中的罗马创建者,是一只母狼在一条破船中找到的被人遗弃的婴儿。这只母狼把罗缪拉斯衔回了狼窝,用自己的狼乳养大了他,无疑,罗缪拉斯一定会爱这只曾经用乳汁哺育过他的狼的。不难发现,在最初的状态下,谁能帮助我们,给我们带来快乐,我们就喜爱谁;谁令我们感到生活上的不舒适,我们就憎恶谁,而这完全取决于谁对我们自身的生活有益或有害。毋庸置疑,自爱心及其引申出来的爱他人观念与人自身的维持生存息息相关,只要别人不来有意加害自己,自爱心本身并不是邪恶的,进一步说,如果能让其自然发展,是能向好的方向发展的。

卢梭把怜悯心、同情心视为按照自然秩序第一个触动人心的相对的情感,这种情感通过考虑他人,使个体具有了自我认同感,由此形成了个体的认同。孟德斯鸠认为,同情是善良心地所启发的一种感情的反映。怜悯他人,同情他

[①] Rousseau, Jean-Jacques. *Emile*, *or On Education*. with introduction,translation,and notes by Allan Bloom. N.H.: University Press of New England,2010:161.

人,正是因为一个人能感受到一种他自身之外的生活形式的存在,也就是他人的生活,而我们之所以能够分享这种生活形式,是由于我们有共同的苦难。我们必须懂得在这个世界上有一些人也遭受过我们曾经遭受过的痛苦,并且还有一些人正在经历着另外的苦痛和悲哀。卢梭认为唯有苦难可通过感情把我们联系在一起,一个幸福的人更多的是引起别人对他的嫉妒,我们会觉得这个幸福的人完全不需要我们,甚至会为我们不能成为那样幸福的人而感到伤心;相反,那个遭受痛苦的人的境遇,更能打动我们的心,因为当我们设身处地为那个受苦的人着想的时候,我们将会为我们没有遭受过他那样的苦痛而感到庆幸,从而去怜悯他、同情他。由此,怜悯心、同情心从另一个方面可以使人的自爱心扩大到爱他人、爱人类,从而产生出仁爱、宽容等人道主义精神。在卢梭看来,想让一个孩子变成一个有恻隐之心的人,必须使他学会忍受痛苦,傅雷就曾坦言,不经历尖锐痛苦的人,不会有深厚博大的同情心;并且还要让他了解到有一些跟他相同的人也经历过他曾经历的苦难,不仅仅如此,更应使他学会体会他人还有另外一些他不曾遭受的悲哀。

卢梭的性善论与宗教的原罪论形成了鲜明的对比。原罪论认为,新生的婴儿带着"原罪"来到世间,儿童的天性中抱有强烈的邪恶欲望,很容易受撒旦的引诱而走向犯罪;儿童的原始道德本质是恶的,需要靠摧残肉体以拯救灵魂,中世纪基督教理论奠基人奥古斯丁正是极力宣扬原罪论。而这反映到教育上,便是对儿童的惩戒与约束,由此,戒尺、棍棒成为学校必不可少的工具,这种认识的影响力是相当巨大的。到了卢梭所在的 18 世纪,受教育者依旧被禁锢在枷锁之下,社会普遍把人的天性看成敌人,极尽制服儿童的顽皮之能事,完全不顾儿童身体上和心灵上的需求,抹杀儿童的天性。卢梭此时便开始大声疾呼性善论,倡导根据人的天性去发现并了解儿童真正的需求。

2. 人的率性发展

卢梭尊重人性,呼吁重视人的本性,倡导解放人类禁锢已久的天性,对当时的政治和宗教等方面都起到了非同凡响的作用,而这种性善论应用到教育上,便要求教育者能够顺应儿童的天性去引导其发展,颠覆了以往抑制天性的教育。

想——我想听到长出新叶的声音。

活泼——小溪里的水很活泼。

丢——上街时,毛毛把妈妈丢了。

这是几个小学生在语文课堂上所造的句子,其实,这些句子十分生动且不落俗套,然而老师往往会因为这些句子不合情理,不合逻辑,在最初的时候就将其通通否决,而没有去考虑如何在学生所造的句子基础上作进一步的引导。卢梭所倡导的正是不要抑制学生的原创性,尊重他们原本的想法。

(1) 自然、人为、事物的教育

卢梭指出,人的教育或受之于自然,或受之于人,或受之于事物。自然的教育就是人自身的感觉器官和内部能力的发展,这是不以人的意志为转移的;人为的教育便是成人或者教师引导儿童如何更好地发展其原本的能力和官能,这是取决于人的;而事物的教育是指人们受周遭环境的影响而习得的经验,这在某种程度上是由人控制的。很明显,唯有自然的教育是完全不能由人所决定的,而一个人只有在这三种教育形成一种合力的情况下才能享受到良好的教育,一旦这三种教育相互抵触,受教育者将无所适从。在卢梭看来,只有使人们相对能够控制的人为的教育和事物的教育服从人力所不及的自然的教育,三者才有可能协力合作,创造出一种优质的教育。在卢梭眼里,教育的核心是自然的教育——内部能力和器官的发展,即人的天性,而其他一切教育只有按个人天性的发展来实施,真正考虑个人本身的性格特点及生理和心理上的特征,才能彰显出教育所释放出来的力量。

(2) 消极教育

依据人性本善、自然皆善的理论,卢梭提出了一个大胆而又最重要、最有用的法则,即消极教育,卢梭本人也称这是个怪论,但他为此宁可做一个持怪论的人也要让人们懂得在儿童12岁之前对其实施消极教育的重要性。卢梭坚持在儿童的心灵成熟之前决不能向儿童灌输种种原本是属于对成人的要求,那样只会摧残儿童原本的心灵形式,导致一些儿童老态龙钟,他认为消极教育的含义不在于教学生道德和真理,而在于防止他的心沾染罪恶,防止他的思想产生谬误。在小孩12岁之前,是人生最危险的一段时间,并且此时他们的心灵还没有具备种种能力,那就不应当去运用他们的心灵,这也就要求成人对儿童采取不干预、不灌输、不压迫、不扼杀的措施。卢梭认为,如果人们能够采用消极教育法将儿童带到12岁,即使他那时还分不清哪是左哪是右,也没关系,因为他没有染上恶习或偏见,他也不会抵触成人,这时你再开始教他,他将以惊人的速度学会你教他的一切。这就是卢梭认为的你开始什么也不教,结果反而会创造一个教育的奇迹,这看起来似乎在童年牺牲了一些时间,但孩子长大后的教育效果却是双倍的。

消极教育,实际上可以说是与当时的传统教育相反的一种教育。消极教育能让儿童不再被动地受教育,教育不再是压迫式的,而是要求成人、教师把教育中的主动地位让出一些给儿童,让儿童能够自己主动地去吸收,这可以使儿童依据自己的天性发展。当然,需要指出的是消极教育绝不意味着成人、教师无所作为,而是有另外一些要求,消极教育要求成人细心观察自由活动中的儿童,发现儿童的自然倾向,了解他们的特点和喜好,同时还要防止儿童遭受外界的不良影响。这样,等儿童达到接受理性教育的年龄时,成人就可以根据之前观察得来的结果去引导那样一颗没有受过污染的心灵,这所产生的效果将是任何其他没能按照自己天性特点来受教育,或染上恶习的儿童永远都无法企及的。

(3) 研究儿童——教育者的天职

一位母亲无意间向她孩子的老师提起,她曾经因为孩子出于好奇而把一台崭新的收音机给摆弄坏了,然后就大声责骂孩子,还对孩子进行了体罚。老师苦笑着说:"原本另一位'爱迪生'即将出现的。"这位母亲疑惑不解,老师进一步分析道:"其实,这也是孩子的创造力的一种表现,你可以让他明白以后不能随便就把一样全新的物件给弄坏,但同时也要保护孩子的创造力和想象力。""那我现在还能做些什么吗?"母亲急切地问道。老师接着说:"你可以周末带你的孩子一起把收音机送到维修点,让孩子站在一旁观察维修师是如何修理的,你自己也可以观察观察孩子是不是真的对摆弄机械的物件有兴趣,然后可以在此基础上进行引导,多花点时间去了解孩子真正的特点。"

卢梭根据性善论观点,一再强调依据儿童的天性而教,那么,成人、教育者们只有在了解儿童的个性特点之后,才能开始率性指导。卢梭谈道:"你必须好好地了解了你的学生之后,才能对他说第一句话。"①他明确指出每个儿童都有他特有的看法、想法和情感,这需要教育者耐心而又仔细地观察、研究每一个儿童,我们千万不能用我们成人的看法、想法和情感去想当然地代替儿童内心的真实写照,更不能把我们自己的喜好强加给儿童。赞科夫曾提出,当教师把每一个学生都理解为他是一个具有个人特点的,具有自己的志向、智慧和性格结构的人的时候,这样的理解才能有助于教师去热爱儿童和尊重儿童。卢梭深知观察、研究儿童是一项艰巨却又最为根本的任务,而教育者的精力又是有限的,所以提出一名教师只教一个学生,这样教育者才能真正完全发现那名儿童生理上和心理上的特点,发现那名儿童的才能,并给予及时的引导。

既然教育者能够去观察、研究儿童,这样就可以使教育者不再理所应当地成为发号施令的主宰者。在教学过程中,教师就能够让儿童更为自由地活动,使儿童主动地表现出属于他的一些个性特征,此时,教师便会认真研究儿童,然后再结合自己观察所得的信息去成为儿童的一名引导者。这样也就能够逐渐打破那种压制天性的教育,慢慢地让儿童参与到教学过程中,不再只是被动地接受教育了。

率性发展的实施策略:培养"自然人"

一个人正如一株茁壮成长的幼苗,或是一朵含苞待放的花骨朵儿,如若想让那一株幼苗如期地长成参天大树,想让那一花骨朵儿开出最绚丽的花,无疑,最好能适时地给它浇水,帮它施肥,给予它细心的照料。同时,我们也需要考虑如何使浇水、施肥等看起来十分简单的工作做到针对这一株幼苗或这一花骨朵儿恰到好处,做到让它在幼小的时候不致受外界狂风暴雨的摧残而夭折,同时

---

① 〔法〕卢梭:《爱弥儿》,李平沤译,商务印书馆1981年版,第97页。

又不成为温室里的物种以致长大后无法接受外界的考验。这些都需要栽培者明确把这一株幼苗或这一花骨朵儿培植成什么样的树木或什么样的花朵,以及怎样浇水、施肥能够使它结出的果实令人感到惊喜,切记唯有顺着这一株幼苗或这一花骨朵儿的内在特性、本来面目去栽培,才有可能使它充分发挥天性而茁壮成长。一旦栽培者不顾其本身特点而一味地将它培植成自己想要的样子,那么留给栽培者的只会是类似"揠苗助长"的悲剧和"强扭的瓜永远不甜"的遗憾。人的培养亦是如此。

1. 自然主义教育的培养目标

培育人,自然希望他能朝着好的方向发展。而这在卢梭看来,则是将人培育成自然人,他提出的自然主义教育的培养目标就是"自然人",这是一个相对于"公民"的概念,是针对当时的封建教育摧毁人的天性,将人变成奇形异状而丑陋残缺的人而言的。

卢梭认为,生产力的发展破坏了自然状态中的平等,他在《论科学和艺术的复兴是否有助于敦风化俗》一文中,先承认艺术和科学是人类社会进步的辉煌成果,接着大胆指出在一个不平等的社会中,科学和艺术便成了加速人类堕落的催化剂,因而社会前进一步,人类就离堕落的社会更近一步。在这个专制暴君统治下的封建社会里,人们一再地堕落,早已无所谓品行和美德的问题了,唯有臣民的盲目服从才是"美德"。为了推翻暴政,恢复公民的天性与自由,为了使公民不再是没有灵魂而只懂一味盲从的空壳,为了使社会习俗的制约力建立在尊重人的天性基础之上,为了打开这条精神的锁链,卢梭选择了举起自然人的旗帜。那么,卢梭所提倡的这个"自然人"到底是一个什么样的人呢?

(1) 独立自主的自然人

卢梭在《爱弥儿》中把"自然人"与他所处的封建专制统治里的"公民"进行对比。他阐述道,自然人完全是为他自己而生活的,他是整数的单位,是一个绝对独立于其他人的统一体,只和他自己或者他的同胞有一定的联系;而公民则是一个分数的单位,完全依赖于分母,他不再把自己看成一个独立的人,而只是社会全体里的一分子。卢梭采用数学中的分子分母形象地道出了,公民是被编入社会中的人,倘若这个社会碰巧是由一个专制而残暴的阶级所统治,那么,此时的公民是永远也无法体现出自身的独立价值的,他只能泯灭自己的天性,从而对他的社会俯首帖耳,任凭社会支配,毋庸置疑,此时公民的发展受到了极大的压制;而自然人则明显不同,他能够独立地彰显自己的价值,有自己独立的意识,成为自己的主人。

(2) 不受等级、职业束缚的自然人

卢梭指出,在社会秩序中,人们是有等级的,人人都是为了取得他的地位而接受教育,也就是说,一个人常常是被按照他命定的地位去培养的。卢梭更是嘲讽地谈道,他没有培养出青年绅士,他不要以洛克——当时英国大名鼎鼎的绅士教育论者为范本。因为教育要适合人的天性,而不是去服从人的地位。当时的社会还为造就教士、骑士、法官、律师等一批专业人员而去培养人,这种教育为封建政权而服务,显然是不顾人的内在发展需求而把人限定在狭隘的职业技能里,这样机械地训练扼杀了人的天性。在自然秩序中,则是人人平等,教育不是依照人在社会中的等级去培养的,而是找寻每个人内在的天性,以此为基础进行培育。卢梭认为培养自然人的真谛是,让他在从事职业之前,从大自然中认识人性,生活才是卢梭想要教给孩子的技能,他可以不是文官,可以不是武人,也可以不是僧侣,但他必须首先是人。不难发现,卢梭点明用社会等级和职业需求机械地塑造人,只会使人变得越来越刻板化、僵硬化、模式化,一旦这个人失去了这种社会地位、丢失了他的职业,便无法生存,不能适应变化多端的人类社会。而自然人则首先致力于成为一个人,并且使自己的内在器官和才能充分发展,善于随时吸取知识,虽无固定的职业但却什么都能很快学会,以此适应瞬息万变的社会。

(3) 身心相互促进发展的人

卢梭欣赏"高贵的野蛮人",在他眼里,野蛮人从来都没有特定的工作,也没有需要盲目服从的专制权威,也不会固定于某一特定地点,他是相当自由的,但正是这样的无拘无束使他对每一行动的步骤都加以考虑,对每一行动的后果加以思忖。同时,野蛮人是勤劳的,他的身体活动越多,他的心灵就越机敏,这样,他的体力和理性是一同增进的。毫无疑问,野蛮人是大自然养育的结果,是率性而为的,是一种身心相互促进发展的人,而这在卢梭看来正吻合了自然人的某种特质。卢梭提出,我们不能违反大自然增强孩子的身体和使之成长的方法,如若一个孩子想走,我们不能硬逼他待着不动,但是他想原地不动了,我们绝不能硬拉他走,只要他愿意,就应该允许他跑跑跳跳、吵吵闹闹。这些既然是孩子本身内在想要做的,我们就不应该去压制。同时,卢梭也忠告我们不要让孩子的身体太舒服了,因为身体上过于舒适会使精神败坏。唯有让他体会一些孩子能承受的痛苦,才有助于其获得心理上更大的愉悦,并且这些痛苦还能帮助孩子更好地理解人与人之间爱的厚道和同情的温暖。身体上的锻炼,加上需要忍受锻炼时带来的一些磨难,这些无疑通过无意识的方式去引发儿童思考,获得心灵上的启迪,若能"操作如农夫,思考若哲学家",便是卢梭最希望看到的。而教育的秘诀正是使身心两种锻炼可以互相调节、促进,使人成为身心协调发展的人。

卢梭倡导自然人的培养,是为了在恢复人们最原始、最本真的特性基础上使人们的发展适应新的社会,这是与他的性善论哲学相统一的。他尊重野蛮人,能够看到野蛮人身上那种最初的人性特征,然而值得注意的是他绝不是希望我们退回到野蛮人所处的那种时代。同时,自然人培养目标更是与当时残暴的封建专制统治对人性的压制和扭曲形成鲜明的对照,成为当时有力反击封建专制统治的时代强音。当然,在今天看来,这个目标或多或少存在局限性,但是自然人培养目标里尊重人的天性的精神则是永恒的。

2. 自然主义教育的四个阶段

含苞待放的花骨朵儿总是拥有那新生的活力和预示着勃勃的生机,人们盼望着那数日之后娇艳的大花朵和强劲的生命力。可是,人们不应忽略含苞待放的花骨朵儿是脆弱、不堪一击的,倘若有栽培者能给予它细心的照料,那么一片灿烂的花海便指日可待,此时,怎样给花骨朵儿浇水施肥显得至关重要。而襁褓里的婴儿正如这花骨朵儿般富有朝气而又脆弱,需要有人精心呵护。因此,怎样才能使这新生而又鲜活的生命能够顺着自身的本性一步一步地逐渐强大起来呢?卢梭基于人性论哲学,尊重人的本性,强调根据人的不同年龄阶段所表现出来的不同特征实施不同的教育。因此,他指出要按照孩子的年龄段去培育孩子,并根据自己的观察和研究,分出教育孩子的四个阶段:婴儿期、儿童期、少年期、青春期。一旦人们不根据儿童不同时期的生理和心理特征进行引导,不考虑每个儿童每个时期真正需要的是什么,那么,人们所做的一切无疑是在摧残这一花骨朵儿。

(1) 婴儿期(0—2岁)

婴儿的第一声啼哭总是振奋人心的,是新生的力量,也是生命的另一种延续。婴儿的第一声啼哭是这世界上最动听的旋律,牵动着每一个人的心灵,准备为这个世界谱写另一种全新的乐章。倘若我们想要让这篇乐章成为世界上最美妙的律动之一,那么,我们需要从谱曲最基本的要素——音符开始。而在人的一生中,婴儿期正如这样一个音符,没有音符便无法成曲,同样,如果我们忽视或过于重视婴儿期,将或多或少地导致婴儿发育不完善,甚至导致婴儿夭折。

婴儿期这个阶段显著的特征是,基本不会说话,只能通过微笑或啼哭的方式来表达自己的喜怒哀乐;能够活动,且生长发育速度快,但体质仍十分虚弱;对事物有感觉,但没有思考的能力,完全不能自理。卢梭据此提出这一阶段最重要的便是注重婴儿身体上的发育、发展,并进行有效的身体锻炼,增强其体质,这样,健壮的体格才能听从精神的支配。在身体和精神这一相互作用方面,卢梭十分赞同洛克的看法,即强健的体魄和健康的精神必须是一体的。反之,虚弱的身体只会使精神也跟着衰弱,因为所有一切感官的欲望都寓于娇弱的身体之中,软弱的身体不仅不能满足那些欲望,反而愈加地刺激那些欲望。

婴儿锻炼身体的最佳方式是自由地伸展和活动他的四肢,接着,可以让他在一个柔软的摇篮里没有危险地随意活动,当他的体质开始增强的时候,就允许他在房屋里爬来爬去,让他充分自由地以他自己的方式运动。卢梭反对父母用襁褓紧紧地包裹住婴儿的身体,他指出应该给婴儿穿上宽松肥大的衣服,不要给他戴帽子,包襁褓,以便让他的四肢能随心所欲地伸展,让他自由自在地爬行,起到锻炼身体的效果。此外,卢梭还特别强调另外一种既能保持婴儿身体洁净又能增强婴儿体质的办法——洗澡。父母应让孩子从小就养成勤洗澡的习惯，同时，洗澡的时候要注意随着孩子的体格逐渐强健，父母应在不知不觉中降低水的温度，从而让孩子无论是在夏天还是冬天都能用冷水洗澡。这一点也是洛克所鼓励的，他在《教育漫话》一书中提到让孩子用冷水泡脚，这样有助于小孩应付不同程度的暑热和寒冷。值得注意的是，采用冷水洗澡、泡脚的方法来增强孩子的体质并不是绝对有效的，这需要父母了解自己孩子的体质。

卢梭强调，婴儿期这个阶段，父母除了悉心照料外，一定要多陪伴婴儿，逗婴儿玩。影响整个欧洲历史、纵横四海的英雄人物拿破仑，从他的孩子一出生，便对他百般关爱。即使拿破仑身居要职，肩负重任，他每天也一定会去看孩子几次，抚摸孩子，做鬼脸逗孩子嬉笑，轻轻拉扯孩子的耳朵，孩子也会用不同的表情来回应父亲。拿破仑正是用这样的方式让孩子感受到父亲的疼爱。

婴儿最擅长的便是啼哭，特别是那种出于胡闹或倔强任性的哭泣，这是令其周围的人最烦恼的一点。而在卢梭看来，唯一能够纠正或防止这个习惯的方法就是置若罔闻，任他怎么哭闹，也不去理会他，这样他们自然就会打消哭闹的念头，因为哭泣的时间越长，他们的体力也就消耗得越多，自然就停止啜泣了。切忌婴儿一哭，父母就去哄，一旦形成了习惯，婴儿便成为这个家庭的发号施令者，更可怕的是也养成了他那任性胡闹的性格。倘若父母实在不忍心对哭泣的婴儿置之不理，卢梭还提供了另外一种办法，父母可以用一个好看或吸引人的东西去分散婴儿的注意力，但一定不要让婴儿发现你们是故意这样做的。此外，卢梭十分鼓励把小孩从婴儿时起就送到乡村去，最为明显的原因便是乡村那纯净的空气。在生命开始的头几年，婴儿的身体，包括各个部分的内在、外在官能都处于一个迅速发育的时期，新鲜而又清爽的空气对其发展所起到的作用是相当大的，更为孩子以后各部分官能的良好发展打下坚实的基础。乡村还有一个被绝大多数人都忽略却又起着至关重要作用的特点，那就是为孩子日后能拥有一副声音洪亮的嗓子提供平台。在田野里，人们都是到处分散的，要想让远处的人听到自己的声音，必须要练习正确的发音和用多大的力量发音才能越过他自己和听话人之间的距离，婴儿在这样一种氛围下长大，潜移默化地影响着婴儿日后的语言学习；而不是像部分城市里的孩子轻轻动一动嘴唇，身边的人就努力去猜他们讲的是什么,这样无疑剥夺了孩子主动学会如何让身边的人听懂自己讲话的机会。

(2) 儿童期(3—12岁)

在卢梭看来,"婴儿"和"儿童"并不是同义语,婴儿期是包含在儿童期内的,只是婴儿期的结束意味着孩子开始说话了,开始用语言来代替啼哭。一旦孩子懂得用语言来表达自己,哪怕是支离破碎的句子,几个词组,甚至是几个字也是应当给予鼓励的,而不是还像婴儿期一样,任凭孩子用啼哭的方式来引起别人的注意,来表达自己的诉求。那怎么来解决这个问题,怎么让孩子从以前采用啼哭的方式顺利过渡到学会用语言的方式?卢梭给出了他的办法。他坦言,只要孩子在哭闹,他就绝不会到孩子身边去,反而孩子停止哭泣,用说话的方式来表达自己时,哪怕只是"啊,噢"几声,他就跑到孩子身边去陪孩子玩耍。这样有助于让他养成用语言来传达自己的意思的习惯,并且进一步促进其大脑的发育。

处于儿童期的孩子,开始逐渐具备用语言表达自己的能力,从而啼哭的表现明显减少,身体活动的能力显著增强,能够初步依靠自己获取东西。例如,可以自己跌跌撞撞地走到父母面前,或者自己去拿一本放在低矮的桌椅上的书本等,不再像婴儿期一样完全依赖父母,这也是为什么孩子觉得没有哭泣的必要的原因。同时,感官的能力开始发展,然而理智的能力还宛如一头沉睡的狮子,未曾觉醒。因此,卢梭提出这一时期需要大力锻炼的是孩子感官的能力,以及继续增强孩子的体质,切记不要在这一时期对孩子进行理性教育。

洛克一直坚持用理性去教育孩子,而卢梭则强烈反对对处于儿童期的孩子采取这种做法。卢梭发现,在人的一切官能中,理智这个官能综合了其他各种官能,那么,它不仅是最难发展的,同时也是发展得最迟的。卢梭更是直言不讳地指出当时人们为了使孩子取得十分优异的成绩,便在孩子很小的时候就企图用理性去教育孩子,可悲的是,两三个世纪过去了,这样的现象在我们今天的社会依然存在。此外,父母对孩子进行说理教育时,往往无意识地掺杂了威胁和命令的口吻,因此,父母是否曾反思过到底是用道理说服了孩子,还是孩子仅仅因为惧怕暴力而装作被道理说服了?

一只猫初次闯入一间房屋的情形是,这只猫会东瞧西看,用鼻子闻闻味道,待把各方面都探查清楚之后,便放心去活动。其实,孩子第一次来到这个陌生的世界同样也是如此,通过感官去辨识身边的一切事物,那么,感官的训练在这一时期显得尤为重要。卢梭在《爱弥儿》中写道:"由于所有一切都是通过人的感官而进入人的头脑的,所以人的最初的理解是一种感性的理解,正是有了这种感性的理解做基础,理智的理解才得以形成,所以说,我们最初的哲学老师是我们的脚、手和眼睛。"[1]他认为,触觉的判断是最可靠的,是自身实在的感受。在训练触觉时,切记不要连续不断地感受坚硬的物体,这样会使皮肤变得僵硬而粗糙,应频频地轻微接触物体,其中,大提琴这种乐器的练习既能使手指灵活,还能使触觉更加敏锐。然而触觉只能在一个人的周围发生作用,所包括的范围是最小的。此时,视觉便可以弥补触觉这一遗憾,能将其延伸到很远的地方,并比其他感觉先发现物体,但也正是这一优点带来了其致命的缺点,视觉的效果往往是不精准的,经常出现错误。卢梭提到绘画是一种很好的锻炼人的眼力的方法,能训练人的目测的精准能力,使人了解到各物体真正的比例,毕竟要想描绘得惟妙惟肖,必须学会各种角度的观察。他还谈到要将听觉器官和发声器官结合起来练习,唱歌便是一种最佳的训练方式。此外,卢梭特别强调嗅觉在这一时期不应当过分活动,因为嗅觉是想象的感觉,一旦人闻到某种气味,而视觉上并没有看见时,人的大脑便会开始想象出各种可能的事物,然而想象力在这个时期还并不容易受到激发。当然,卢梭指明,锻炼感官并不仅仅是使用感官,而要通过它们学会正确判断。

一个淘气的小男孩由于父母没给他买心爱的汽车玩具,回到家后,还是继续哭泣,甚至故意弄坏了自己的椅子。这时,他父亲过来说道:"这椅子既然是你刻意弄坏的,你以后就没有椅子坐,只能站着。"这位父亲果然没有立马给孩子换一张崭新的椅子,而是让他深深地感受到没有椅子的不方便,只能一直站着。几天之后,当他再次拥有一张舒适的椅子时,他会觉得如获至宝,绝不敢再轻易弄坏这张椅子,甚至还会比以前更爱惜它。

---

[1] 〔法〕卢梭:《爱弥儿》,李平沤译,商务印书馆1981年版,第149页。

没有谁的人生是一个不犯错误的人生,更何况是一个儿童。那么,儿童犯了错怎么办?如何才能让儿童不再犯同样的错误?卢梭给出了他的答案——自然后果法。也就是说,这种方法能让儿童亲身体验自己所犯错误导致的不良后果,从而自己主动改正错误。这是一种杜绝陈词滥调,摆脱遭受他人体罚或惩罚的教育模式。那位父亲正是想让小孩感受到自己故意损坏东西后所带来的不便利。

此外,这种自然后果法还体现了卢梭主张儿童须学会忍受痛苦的思想。人的一生正是因为能忍受各种苦难而显得厚重,人的一生也是注定要遭受磨难的,而童年时期相比整个人生而言,所遭受到的痛苦是最轻的,因此,须先给小孩打一针忍受苦痛的强心针,以便他在未来的人生道路上拥有强大的内心世界。在儿童时期,倘若小孩的头上碰肿了,鼻子出血了,手指戳伤了等,只要不涉及生命的安危,我们都应该让小孩学会自己忍受这种痛苦,并在忍受中学会如何处理。正如卢梭所言:"他正该在这样的年龄开始学会勇敢的精神,在毫不畏惧地忍受轻微痛苦的过程中,他就会渐渐学到如何忍受更大的痛苦了。"① 另外,卢梭还点出了一个意味深长的道理:正是体会痛苦才能让人更加深切地感受什么是快乐。此外,忍受痛苦还有助于儿童怜悯心、同情心的培养,正如前文所论述的。

因发现放射性元素"镭"而闻名世界的科学家居里夫人,同时也是一位伟大的母亲,常年坚持每天带孩子到外面步行一段很长的路,而不论天气如何。这为的就是让孩子从小学会忍受一定的苦痛,以此磨砺孩子坚强的毅力,以便学会承受日后生活中遇到的更大的磨难。

(3) 少年期(13—15岁)

童年的回忆,或愉悦或痛苦,都是刻骨铭心的,也是对人的一生起着重大作用的。在度过了涅槃新生的婴儿期、叽叽喳喳的童年期之后,便来到了童年的第三个阶段,即少年期。值得说明的是,卢梭在《爱弥儿》第三卷开篇就明确指出,对于这个时期的称谓,他自己并没有找到适当的词来阐述,仍旧把此时期称

---

① 〔法〕卢梭:《爱弥儿》,李平沤译,商务印书馆1981年版,第70页。

作"童年",这个年龄段的人只是十分接近少年而已,并没有进入青春萌动时期。我国的一些学者,如滕大春先生、吴式颖女士将此时期概括为青年期,杨汉麟先生则将其概括为少年期。《辞海》一书中认为,青年期是指 18—25 岁由青春期过渡到成人的阶段;少年期则是指人 10 岁左右到十五六岁的阶段。① 据此,笔者采用"少年期"这个称谓。

此时期,儿童的体力增长速度相当惊人,尽管这个时期不是他的绝对体力达到最大的时期,但肯定是他的相对体力达到最大的时期。在卢梭看来,这是生命中最珍贵的时期,有且仅有一次,生命力增长的欲望极其旺盛而强大,但同时又特别短暂,那么,如何充分利用这段时期显得尤为关键。处于这个阶段的儿童想要探索未知世界的欲望无比强烈,并且早前的儿童期帮他积累了一定量的感觉经验,为了让他真正懂得他所了解到的一切事物,是时候使他开始工作、学习和受教育了,然而,此时的儿童仍然不具备理解抽象观念的能力。因此,卢梭主张实行直观知识的学习和劳动教育。

一到放学时刻,班主任发现汤姆总是第一个冲出教室的学生,一直以为汤姆仅仅是想早点离开学校。直到有一天也是在放学过后,这位班主任来到学校图书室才发现她的想法是错误的。班主任一进学校图书室,立刻被一个熟悉的背影给吸引住了,走近一看,只见汤姆手捧着一本书,蹲在书架边,仔细地盯着书上的文字,仿佛被书里的内容带到了另一个世界。班主任在汤姆身边站了一小会儿后,蹲下去,拍着汤姆的肩膀问:"在看什么呢?看得这么出神。"汤姆转头一看,只见是班主任,一惊,手里的书也掉在地上了。这时,班主任连忙说:"原来你喜欢看《鲁滨孙漂流记》啊,喜欢阅读,这很不错的。没必要见到老师这么紧张,老师不打扰你看书了。"汤姆点了点头,又重新拾起书,继续他的旅程。

《鲁滨孙漂流记》是卢梭十分推荐的一本书,他大胆认为关于自然科学的一切谈话都不过是对它的一个注释罢了。对于这个阶段的儿童应当学习什么样的知识呢?卢梭提出,所学的知识一定是有用处的,能增进人的聪明才智,并且有益于自身和人类的幸福,目前一定要摒弃那些唯有具备十分成熟的理解力才

---

① 参见辞海编辑委员会:《辞海》,上海辞书出版社 2009 年版,第 1824、1983 页。

能懂的知识,以及儿童难以驾驭的关于人际关系方面的知识。据此,他提出儿童应当学习哪种类型的学科。他提倡自然科学的传授,但不赞同儿童学习历史、哲学等社会科学,就此阶段儿童所能理解的知识来说,相比社会科学,自然科学的知识更易于用直观的教学法来讲授,也就是所谓的"实物教学"。例如,对于地理、天文学科的学习,一定要采用地球仪、天象仪和地图等工具,最好是将儿童带到自然界去观察各种自然现象;对于物理、化学学科的学习,一定要列举儿童能理解的、与儿童息息相关的例子,比如用石头坠落的例子来讲解重力问题,先让儿童观察几种金属沉淀现象,再向其解释墨水是怎样做成的这一化学问题,等等。

著名数学家华罗庚的老师王维克是个博学多才的人,他在如何教导学生方面有自己独到的方法。一次,王维克老师让华罗庚到他家去借书,他看到华罗庚漫无目的地在书橱里乱翻,就说:"知识这东西是无边无际的,想要样样都深入掌握,是精力所不允许的,你可以先选出某一本或某一方面的书籍进行阅读,或许你会发现其中的乐趣,再深入阅读。"华罗庚听后很受启发。后来,王维克老师谈道,他让华罗庚去他那儿借书,就是为了让其先自学,若有不懂的地方可以来问,再作进一步探讨。王维克老师指出他从来不像有的人喂孩子一样,一灌一个饱,更不会将食物嚼烂了喂给孩子吃,他只会引起孩子吃东西的兴趣,然后让他自己摸索着走。

而这种培养学生爱好学问的兴趣的方法,在卢梭看来,是良好教育的基本原则。对于培养学生爱好学问的兴趣,我们十分清楚,但到底怎样去培养儿童的好奇心,却一直让我们力不从心。卢梭给出了他的答案:一是有形的物质能引起儿童的兴趣,也就是上文论述的直观教学法;二是教育者不应当只考虑如何满足儿童的好奇心,而是应当更多地思考如何引发儿童的好奇心,让他们自己去发现问题,再让儿童自己去满足他所产生的这个好奇心,这也是发现教学法的源头。

卢梭本人早年生活在社会底层,十分了解劳动者的生活,并能深刻体会平民百姓一旦不能劳动或没有一项手艺来立身,那种寄人篱下、遭人白眼的艰辛生活的滋味。毫无疑问,卢梭高度赞扬劳动对于一个人的重要性,并且鼓励儿童在这个时期开始接受劳动教育和从事劳动工作。他认为,劳动是每一个个体都应该履行的职责,同时拥有劳动能力可以让一个人安身立命,应对各种变化。此外,劳动还可以促进人的身心和双手得到锻炼。在从事一段时间的劳动之后,卢梭提出让儿童自己选择一门职业的想法,他不是直接限定儿童应该选择何种职业,而是列出所选职业应当符合的要求:要以手工劳动为基础,这是一项最使人接近自然状态的职业;必须是诚实的职业;不仅要有实际用处,还要使人的心灵高尚;要求适合人的性别和年龄,对人的身体有益处。卢梭特别强调不能选择那种整天待在房间里的职业。其中,木匠这门职业是卢梭当时最欣赏的,也是最符合卢梭的职业要求的。

(4) 青春期(16—20岁)

青春期的蠢蠢欲动是危险的,但却又是醉人的。处于青春期阶段的孩子已不再宛如幼苗那般摇摇欲坠,亦不像含苞的花骨朵儿那样脆弱,而是恰如茁壮成长的树枝,又或是娇艳欲滴的花朵,正在准备接受风吹雨打的考验。这个时期,在卢梭眼里,是人的第二次诞生,也是真正生活的开始。

相比前三个阶段,对于处在青春期阶段的孩子而言,他们无论是在精神状态上,还是在外表的身体特征上,都无不经历着狂风暴雨似的骤变。卢梭认为,儿童在经历前三个时期的自然教育后,已经积累了丰富的感性知识和自然科学知识,并且经受了淳朴的自然环境的熏陶,基本保存并发展了相对完善的人性品质,是时候让儿童回归到城市中了,在城市中做一个自然人,了解并学会处理人与人之间的关系,接受道德教育。同时,性教育在这个时期也显得尤为关键。

"妈妈,我是怎么来的?"这是一个儿童从小就十分迷惑不解并且极度想要得到解答的问题,也是一个家长苦于不知如何解答而一直回避的问题。卢梭正是用这样一个问题展开了他对性教育的看法。卢梭对于这个问题给出了两个答案:一是宁可不让儿童有问这个问题的好奇心,也不可对儿童说假话,例如,说这是结了婚的人的秘密,不应让小孩子这样好奇;二是直接开门见山地告诉儿童这个问题的答案。卢梭本人更欣赏第二种方式。青春期最重要的特征便是性的成熟和情欲的产生,生理上出现第二性征。在卢梭看来,儿童到了这个时期开始意识到两性之间的关系,这是十分正常的,完全符合自然,人们谈论这个问题时更无须觉得羞愧,他强烈反对那些遏制年轻人情欲的做法,这样做无疑是在违背自然规律;另一方面,他也丝毫不赞同性放纵,这只会败坏年轻人的身体且使其精神萎靡,同时还要防止性早熟。此外,卢梭还给出了具体如何实施性教育的建议和忠告,即进行适度性知识的讲解和用实例警醒儿童。他十分强调儿童获取性知识的渠道一定要正规,最好就是从教育者那里直接获得,如果条件允许,他提出带领青年参观花柳病医院,让青年能深刻体会到其危害性。笔者也认为,其实把性知识当作一种与其他学科知识一样的学科知识来传授即可,无须用有色眼镜来看待性知识。

在少年期,卢梭主张学习自然学科知识;而对处于青春期的孩子,卢梭认为历史、人文学科知识的学习至关重要。历史能帮助人们深入地了解人心,能使人尽量不带任何偏见和情绪,以一个旁观者的身份对人物进行客观判断。但卢梭不主张学习现代史。同时,学习历史了解人与人之间的关系,而一旦涉及人际关系,则道德问题不可避免,那么,道德教育的展开迫在眉睫。在德育方面,卢梭将"爱"作为中心内容来论述。人有一种与生俱来的"自爱"之情,而培养道德就应当从这种"自爱"的情感开始,再逐渐扩大到爱自己亲近的人、爱他人,比如,幼儿从小就受到乳母、保姆等人的照料,那么幼儿将会渐渐喜爱这些身边对他好的人,最后是爱全人类,这便是由最初的"自爱"发展而成的一种美德。同时,还应培养儿童具有善良、博爱、怜悯以及一切让人感到喜悦的情感,并特别强调要防止"嫉妒、贪婪、仇恨"等一切非自然的欲念的产生。那么,该采取怎样的方法来培养儿童的美德呢?卢梭十分重视通过行动而不是说教的方式来培养,特别是父母、教师的示范作用,也可以带领儿童参观医院、刑场、监狱等地方,让儿童亲身感受到"人间的悲伤景象",从而激发出他们的同情和仁爱之心。

此外,卢梭在此阶段还特别谈到了友谊与爱情。友谊是一种清纯的生命的旋律,更是一首无与伦比的青春赞歌。英国的休谟坦言,友谊是人生最大的快乐。卢梭坚定地认为朋友之间是以互相友爱、兴趣一致和性情相投为基础的,唯有双方独立和平等才能使相互之间的关系真诚而坦率,切记掺杂利益关系的毒素,正如莎士比亚曾感慨,以赠品收买朋友,则他也可能被其他人收买。同样,爱情也是不能买卖的,牵涉金钱的爱情终究是会消亡的,爱情是朋友之谊的升华,唯有纯洁的灵魂方能使其更加美满。对正处于两性特征发育期的青年来说,异性之间相互吸引是完全符合自然的,卢梭强烈反对盲目地遏制这种冲动,主张教育者应该进行恰如其分的引导。

3. 自然主义教育下的女子教育

天真活泼的小女孩坐在草坪上逗玩着她的布娃娃,淘气调皮的小男孩趴在水泥地上摆弄着他的机器人;扎着马尾辫的女生在校园的操场上踢着毽子,跳着橡皮筋,身着运动服的男生则在操场上打篮球、踢足球;恬静温柔的女子怀抱起幼小的婴儿低声地吟唱,身强力壮的男子在外奔波,肩负着一个家庭的责任。

人类社会天然存在着两性——男性和女性,毋庸置疑,两性在身体构造、兴趣性格和工作内容等各个方面都存在着巨大的差异,同时,男女双方在各个方面又是相互补充、相互依存的。根据卢梭"归于自然"的核心教育理念,显然,男女两性的教育不可能是,也不应该是完全一致的。卢梭特别反对在妇女身上培养男人的品质,而不去培养她们原本自然散发出来的品质。因此,卢梭在以爱弥儿为例详尽论述了男子教育之后,便以苏菲为例适当阐述了女子教育。

笔者相当欣赏卢梭能在他所身处的年代里提出女子教育的想法,同时卢梭的女子教育思想也是他的自然主义教育思想的延伸。此外,笔者还认为即使是在当今社会,透彻地理解男性教育和女性教育的不同及其背后的根据仍然是十分必要的,理应真正理解一直以来所倡导的"男女平等"观念,男女平等绝不意味着男女两性在任何方面都是一样的,而是双方在承认各自差别的基础上,充分享有应当享有的权利。因此,男性与女性的教育可以是在相同的基础上突显出差异,这样两者才更有可能发挥出各自的优势,弥补各自的不足。

(1) 女子教育的培养目标

女人就该具有女人的一切天性——温良、耐心、长期忍受、可信、无私、宽宏大量。她的神圣义务就是安慰不幸者,鼓励丧失目标者,帮助忧伤者,拯救堕落者,亲近孤独者,这是马克·吐温曾说过的话。在卢梭眼里,贤妻良母便是女子教育的目的,女性应努力使自己成为一个身体健康、形体优美、举止端庄、态度谦逊和善于持家的人。如果女性抛却了女性特有的淑静与柔美等韵味,而是去学习男性的样子,那么,她们就是在违背自然,违反女性的天职,不是在享受自己的权利,而是被剥夺了自己的权利。

(2) 女子教育的培养方法

首先,女性教育应从身体的培养开始,其他一切方面的培养均建立在一个健康的身体之上,此外,子女的健康,也就是后代的健康最初有赖于母亲的健康。卢梭指出,男女两性均需要进行身体锻炼,但两者的方向却是不同的:男性在于培养他的强壮有力;而女性在于培养她的体态灵巧。卢梭反对从小就让女孩长时间待在紧闭的房间里,而是鼓励女孩从幼年起就练习跳舞,参加各种游戏与活动,尽情地欢笑,充分展现其婀娜的身段和拥有率真的心灵。其次,培养女性忍让的品德和优美的举止是不可或缺的,切记不可懒惰和桀骜不驯。莎士比亚感叹,美貌使女人骄傲,贞洁使她们圣洁,美德使她们受敬仰。卢梭指出,女性要能忍受痛苦,并锻炼忍让和大度的品质,但决不能唯命是从,女子一定要懂得"以弱制强""以柔克刚"的艺术;同时,女子也并不是对于世故一无所知的,而是总能以谦逊的态度和文雅的风度制胜。当然,卢梭特别提出女子的容貌也是不可忽视的,无须华丽的服装和夸张的容颜,只需衣着简朴和淡淡的妆容,并具有一定的审美鉴赏力,那么内在的气韵便会自然而然地流露于外表。正如巴尔扎克曾说,一个相当标致的女人可以无需装饰品的帮助,运用艺术的手法,把化妆下降到次要的地位,而突出自己最朴素的美。因此,卢梭鼓励女子要读一定量的与生活实际相关的书,并且接受各种艺术修养的熏陶,其中,他特别强调女子语言能力的锻炼。最后,女性要精通家事,善于操持自己的家务。那么,最好的锻炼方法便是从事实际家务的历练,从小就在家里接受母亲的训练,比如烹饪、裁缝、理财等。

当然,卢梭某些女子教育的理念或许在今天看来是有局限性的,也是会受到质疑的,毕竟当今的情况早已不是两三百年前了,今天情形的复杂度也绝不是这么简简单单的话语就能道尽的。但是他注意并承认女性无可替代的优势与长处,并决心用实际的教育方法将其优势充分发挥出来,从而彰显一名女性独特的魅力,这是不可否认的,即使现在也值得我们借鉴。

参考文献

Rousseau, Jean-Jacques. *Emile, or On Education*. with introduction, translation, and notes by Allan Bloom. N. H.: University Press of New England, 2010.

〔法〕卢梭:《爱弥儿》(上、下卷),李平沤译,商务印书馆1981年版。

赫尔巴特

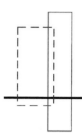

赫尔巴特 追求内心自由的教育
——培养性格的道德力量

1817年夏天,柯尼斯堡大学知名教授赫尔巴特的家里,一位年轻的教师法比安正在给一个男孩上希腊语课,他们一起阅读古希腊《荷马史诗》当中的《奥德赛》。其实,在1815年开始尝试教授语言课时,法比安的教学能力极其一般,他在课堂上显得有些迟钝以及状态不佳。但是,经过一番努力和其他学员的指导后,他的教学能力有了很大的长进。此外,他还和学生们进行了许多次交谈,正是这些生动活泼的谈话,彻底唤醒了他内心对于教学的激情和感觉。于是,在这次教授荷马的作品时,法比安已经成为一名具备较强教学能力的语言课教师。到夏季中期,他就可以在旁听几节格雷戈尔生动精彩的教学后,自己尝试讲授罗马史了。

法比安是柯尼斯堡大学的学生,他从1815年开始听赫尔巴特教育学讲座并在其教育学研究班实习。教育学研究班是一个很小的实验班,学生不到20人,大多是9—14岁的初中生,而他们此前并未接受过学校的正规教育。有趣的是,教育学研究班的教师很多,远远超过了学生的数量,而且教师都是一批专业成绩优秀的大学生。阅读《奥德赛》只是这个实验班语言课教学的一部分,除此之外,他们还要学希罗多德、柏拉图、凯撒、李维、西塞罗等的作品。不仅如此,实验班学生的课表上还布满了地理、文学、历史、植物学、算术、几何、哲学等课程,其中很多科目在当地的普通学校也十分流行,如文学、算术、历史、几何。不同的是,实验班这些科目的教学在广度和深度上都远远超过了普通学校。由于课程的范围更广、要求更高,在这里毕业的学生一般都能直接升入文科中学一年级(相当于高一)就读。凭借着新颖的教学内容和教学方法,赫尔巴特的教育学研究班在19世纪上半叶德国的普通教育中独树一帜。

19世纪的德国,资产阶级力量正处于逐步发展与壮大时期。1805年,29岁的赫尔巴特亲眼见证了普法战争中普鲁士的战败,随之又亲历了德国境内的邦国内乱和民族外战,他因此深切体察到战争给人民带来的创伤和悲痛,愈发渴望建立一个和平与安定的社会。1806年,赫尔巴特终于发表了自己构思十多年的《普通教育学》,现代教育理论开始走向科学化,与此同时,赫尔巴特作为"科学教育学之父"的重要地位也在世界教育史上确立起来。除了教育学,赫尔巴特在心理学和哲学上也有独特建树,这为其构建科学教育学打下了坚实的基础。遗憾的是,赫尔巴特在世时并未引起世界的注意,他曾哀叹说:"我那可怜的教育学没能喊出它的声音来。"1841年,赫尔巴特溘然长逝。18世纪60年代,他的学生齐勒、斯托伊、莱因等人进一步研究和发展了赫尔巴特的学说,形成了著名的赫尔巴特学派。齐勒等人的研究和传播活动很快吸引了世界各地教育者的关注,全球范围内的赫尔巴特运动开始如火如荼地进行。

至此,赫尔巴特才成为享誉全球的大教育家,其教育思想体系也被公认为现代科学教育学的起点。正如李其龙先生所言:"从19世纪以来,几乎没有哪一个教育家能像赫尔巴特那样,对学校教育实践有如此直接、如此广泛、如此巨大、如此久远的影响。"①他的肉体虽然已经陨落,但在教育学、心理学和哲学上的成就将永远在世界历史的长河中熠熠生辉。

从孤独内向的小天才到风靡大学的教授

约翰·弗里德里希·赫尔巴特(Johann Friedrich Herbart,1776—1841)1776年5月4日生于德国西北部小城奥尔登堡,父亲曾是一名律师,后来升为枢密院的顾问官,母亲有较高的知识素养。作为家中的独子,赫尔巴特的成长一直备受关注。但不幸的是,他在5岁那年不慎跌进沸水中被灼伤,导致身体

---

① 〔德〕赫尔巴特:《普通教育学》,李其龙译,人民教育出版社2015年版,第1页。

十分虚弱,性格也因此变得内向。整个童年时期,赫尔巴特几乎没有同龄的玩伴,也很少涉足户外活动,他的内心深处逐渐产生了一些孤独的情绪,好在母亲敏锐地察觉到了这一点,后来领养了比他小一岁的侄女与他为伴。

从幼年起,赫尔巴特学习就很出色,尤其在数学、语言、逻辑、哲学和音乐等方面展露了一定的天赋,他还具备多种才艺,11岁时就登台演奏钢琴,并学会了钢琴、小提琴等四种乐器与谱曲。12岁前,赫尔巴特都在家中接受母亲和家庭教师的教育,其中有位叫于尔岑的教师是沃尔夫学派的哲学家,他主张教育的目的在于培养人思想的纯洁、果断和永恒,对赫尔巴特早期的教育思想产生了重要影响。为了能及时解答赫尔巴特学习上的困惑,他的母亲经常和他一同上课并陪他研究希腊文,使其对学习知识的兴趣日渐浓厚。

1788年秋天,12岁的赫尔巴特来到奥尔登堡一所五年制的拉丁文中学(1792年改为文科中学)二年级接受古典教育,他选修了希腊语、宗教、哲学、拉丁语、英语、地理、自然常识、历史、德语等课程。一年后,他写下了第一篇哲学论文《论人类道德的自由》。17岁时,他为毕业班同学作了题为《略论一个国家中道德兴衰的一般原因》的哲学报告,被刊登在当地一家杂志上。毕业时,他作了关于"西塞罗和康德的至善观念与实践哲学原理比较"的拉丁语演讲,深得师生赞赏。经过这一阶段的勤奋学习,赫尔巴特最终以耀眼的成绩毕业,校长在他的毕业评语中写道:"赫尔巴特始终以守秩序、有良好的操行、学习用功和顽强著称,并且通过孜孜不倦的学习使他自己出色的天赋得到了发展与训练。"

1794年10月,18岁的赫尔巴特进入耶拿大学,这所大学是当时德国的哲学中心,被誉为"精神王国的大都会",像费希特、谢林、黑格尔、席勒等著名哲学家和文学家都在此教学过。入学前,他的父亲想让他学习法律,但他最终选择了哲学。恰好这一年,费希特在耶拿大学主持哲学讲座,很快赫尔巴特结识了费希特并痴迷于他的哲学课。与此同时,他潜心研究巴门尼德、康德、费希特、谢林等人的哲学思想,成为费希特十分青睐的学生。不久,他的母亲因与丈夫相处不恰来到耶拿大学,她在这里结识了一些教授,其中就有哲学家席勒。在母亲的引荐下,赫尔巴特与席勒结交,并加入以席勒为首的耶拿大学"自由协会",为协会撰写文章的同时,他也经常与成员一起讨论政治、哲学和文学等方面的问题。

1797年1月,尚未毕业的赫尔巴特接受母亲的建议,前往瑞士伯尔尼贵族施泰格尔家担任了三年的家庭教师。在这三年里,他不断试验和调整教学方法,积极思考教育问题和总结经验,并坚持每两个月写一份工作报告,向施泰格尔汇报孩子的学习情况。1799年夏,赫尔巴特去往瑞士布格多夫拜访裴斯泰洛齐,他在那儿听课和参观、学习,与裴斯泰洛齐讨论教育的艺术,并住在校舍和学生交流。他极其赞赏裴斯泰洛齐的直观教学等思想,在1802年陆续发表了《论裴斯泰洛齐的新作〈葛笃德怎样教育他的子女〉》和《裴斯泰洛齐的直观教学ABC》两篇论文,成为德国第一个用文字传播裴斯泰洛齐教育思想的人。1800年,赫尔巴特离开瑞士,寄居在不来梅市好友施密特的家中,专门研究哲学和教育学。同时,他担任一所教堂学校的数学教学工作,并负责教三位贵妇学习教育学、哲学、钢琴和希腊语。有时,他也在不来梅学术团体"博物馆"做教育学演讲。

1802年,赫尔巴特通过哥廷根大学的博士学位考试并获得教授资格,由此开始了大学执教生涯,他讲授的哲学、教育学和心理学颇受学生喜爱。此外,他坚持研究和写作,发表了《论对世界之审美描述是教育的首要工作》《普通教育学》《形而上学概要》《逻辑概要》《一般实践哲学》等重要著述。1809年,法国拿破仑的军队入侵德国,哥廷根大学濒临停闭,赫尔巴特一度想要离开。不久后,他收到了柯尼斯堡大学让其接任康德哲学教席的邀请,内心十分欣喜,他写信给好友施密特说:"我能有此机会获得那个教席乃是意想不到的荣幸,我在少年时代学习柯尼斯堡哲人著作时已常常在充满景仰的梦中渴望这一教席了。"[1]

怀着激动的心情,33岁的赫尔巴特前往柯尼斯堡大学,凭借出色的演讲艺术,迅速成为学校最受欢迎的教授之一,一半以上的学生都选修过他的哲学课,很多上他课的学生早早地就在教室门外等候工友开门。除了授课,赫尔巴特也十分热心于战后教育改革。1810年,他创立了教学论研究所及其附属实验学校,着手进行中等教育改革和训练师范生的实验。1817年,他将研究所迁至新

---

[1] 吴式颖、任钟印主编:《外国教育思想通史》(第七卷),北京师范大学出版社2017年版,第251页。

购置的家中并正式改名为教育学研究班。相比其他学校，教育学研究班的课程和教学方法实现了很多突破。赫尔巴特还制定了一套教学模板，让参与教学实习的每位学员亲自授课，从而培养了一批教学能力突出的青年教师。这一时期，他也受聘于柯尼斯堡"公共教育学术团"，负责考核高级中学的见习教师、审核教科书和教学计划。期间，他仍笔耕不辍，发表了大量哲学和心理学的著作，包括《公共协作下的教育》《声学之心理研究》《关于教育学的黑暗面》《哲学概论》《心理学教科书》《学校与生活的关系》《科学的心理学》《形而上学》《唯心主义与教育学的关系》等，标志着他以心理学和哲学为基础构建教育科学的目标大体完成。

1824 年，德国普鲁士反动势力开始对大学进行严格控制，学生团体被强制取缔，师生言行也受到监督，赫尔巴特难以忍受这种监狱式的生活，再一次产生了离开的念头。1833 年，他第二次受邀来到哥廷根大学执教。起初，一切教学和研究工作都进展得十分顺利，但四年后发生的一件事情打破了赫尔巴特原本美好的生活。1837 年，德国王室撤销了此前颁布的体现民主主义的宪法，引发了哥廷根大学师生的不满和抵抗，他们联名发起了著名的"哥廷根七教授事件"。但时任哲学院院长的赫尔巴特并没有加入签名者行列，而且在这七名教授被开除后避免与他们来往，由此招致了许多学生的埋怨，听他课的学生也大大减少。对此，赫尔巴特在《对哥廷根大学危机的回忆》中谈道："评判德国人的政治生活能作出什么样的改善，能改善多少，这不是我的事情。我只能说大学精神不能模仿政治生活，因为大学的本质在科学中。"[①]

这一事件过后，尽管一些学生恢复了对他的热诚，但他内心受到的打击一直消散不去，生命精力也逐渐衰退。1841 年 8 月 11 日，赫尔巴特猝然昏厥，8 月 14 日与世长辞，享年 65 岁。他的墓碑上刻着这样一段话：

探求神圣深湛的真理，甘于为人类幸福奋斗，是他生活之鹄的。

---

① 黄华：《世界著名教育思想家：赫尔巴特》，北京师范大学出版社 2012 年版，第 20 页。

此刻,他的自由的灵魂,充满光明,飞向上帝。

此地,安息着他的躯体。

 科学教育学的基础:实践哲学和心理学

"教育学作为一门科学,是以实践哲学和心理学为基础的,前者说明教育的目的,后者说明教育的途径、手段与障碍。"①所谓"实践哲学"即伦理学,是哲学在伦理道德领域的应用。赫尔巴特从青年时期就开始思考和研究道德伦理问题,1808年出版了专门论述伦理学思想的《一般实践哲学》,主张教育的最高目的是培养人的道德性格,而道德在本质上是实践的,因而教育培养道德性格必须以实践哲学为基础。此外,赫尔巴特对心理学也进行了系统而深入的研究,认为心理学对于人的观念、兴趣、意志等的研究,是教育者必须掌握的,因而是教育必不可少的途径和手段。但如果教育者以现成的心理学结论取代对儿童个性的发现,甚至不进行观察就对他们作出先验的推断和构想,心理学便会成为教育的障碍,因为每个个体与生俱来就具有独特性,理应获得基本的个性化对待。

1. 教育目的源自实践哲学

在《一般实践哲学》一书中,赫尔巴特对实践哲学与哲学、教育学的关系作了阐述。他认为,哲学是一门追求善与至善的科学,实践哲学是哲学在伦理道德领域的运用,其目的在于实现哲学的至善。哲学应教人学会判断,而"对这类判断的纠正可以期待实践哲学来完成,这是实践哲学的本职"②。此外,实践哲学应该谈论德行问题,还必须论说生活,论说行为。

同样地,教育也应探讨并致力于人的德行、生存能力和行为素质的养成。在赫尔巴特的教育理论和实践中,道德伦理性的问题始终占据着重要位置。他

---

① 〔德〕赫尔巴特:《教育学讲授纲要》,李其龙译,人民教育出版社2015年版,第3页。
② 〔德〕赫尔巴特:《赫尔巴特文集》(哲学卷一),李其龙等译,浙江教育出版社2002年版,第86页。

明确提出,教育的最高目的是培养人的道德性格,德育应置于教育工作的首位。为此,他以实践哲学为基础,将其中有关道德的原则、内容和要求引入教育中,为学校的德育实施提供理论指导。他还认为,人类世界存在一种普遍永恒的道德原则和观念,正是它们维持并促进着社会的稳定和人类的进步,因而必须成为实践哲学和德育的核心内容。这些观念有:内心自由、完善、仁慈、正义、公平。

内心自由,指人的欲望、意志和情感不受外界因素约束,自觉服从内心的判断与要求,它需要人们充分地认识善,具备高度的社会责任感和坚定不移的道德自律精神。

完善,对应的是人身体和心灵的健康与和谐。完善的人不仅能辨别是非和依据内心作出正确的道德决断,而且还具有与外界邪恶的环境相抗衡的坚定意志。

仁慈,就是要培养儿童"仁爱"的品质,使其在人际交往中主动照顾他人,尽力避免一切可能的"恶意冲突",从而构建一种和谐的人际关系。

正义,指人们放弃一切纷争,让其从心灵深处反省自己并以公正无偏的道德感克制与生俱来的自私欲望,以实现人类生活中各种纷争的和解。

公平,即人们常说的"善有善报,恶有恶报",它要求人们运用理性去判断和预知每种行为所带来的后果,借助其对恶行与恶果的畏惧之心来抑制邪恶。

赫尔巴特认为,这五种道德观念是一个相互联系的整体,前两种观念调节个人道德行为,后三种观念调节社会道德行为。但应明确的是,他所强调的德育远不止"五道念",他说:"我坚信把德育置于首位的探讨方法确实应当是教育的主要观点,但不是唯一的观点,不是能概括一切的观点。"[①]

2. 教育者的第一门科学是心理学

赫尔巴特是首位将心理学作为独立学科来研究的学者,他说:"教育者的第一门科学——虽然远非其科学的全部——也许就是心理学"[②]。基于长期对教

---

① 〔德〕赫尔巴特:《普通教育学》,李其龙译,人民教育出版社2015年版,第29页。
② 同上书,第6页。

育问题的观察和思考,他认为教育领域存在的大部分缺陷是缺乏心理学的结果,因此教育者必须具备心理学知识,才能正确把握课堂教学。赫尔巴特认为,首先,心理学不是实验的科学,而是经验的科学,主要具有哲学性质,应该采用观察和计算的研究方法;其次,心理学不是描述性的学科,而是研究心灵的数学法则,其基础应该是数学;再次,心理学不应该建立在生理学的基础上,绝不能由生理学入手来研究心灵的问题;最后,心理学是非分析性的,因为人的心灵是统一的,不能把心灵区分为各个官能来分析。在此基础上,他提出了"观念心理学",主张世界和人的心灵都是由"实在"构成的,心灵的运动形成了"观念",而"观念"指的是感官感知外部事物,然后于头脑中反映并在意识中留下的印象,它时刻处于运动之中。实际上,人的一切心理活动都是观念在活动。为了说明观念的运动,赫尔巴特借助力学的解释:观念在不同时间有强弱的差异,彼此之间还会相互吸引或排斥。而对这种相互吸引或排斥的法则,他用数学方程式来表达。

除了"观念",赫尔巴特还受到康德和莱布尼茨的启发,提出了"意识阈"和"统觉"的概念。"意识阈"指"意识的"观念和"无意识的"观念之间的分界线,意识阈之上的观念强而有力,也称"意识的"观念,意识阈之下的观念受到抑制且较弱,是"无意识的"观念。由于观念的运动,意识阈并非一成不变,不同观念在意识阈中的位置会随着其力量的强弱而发生改变。至于"统觉",它描述人的认识过程,即人们在认识新事物时,一般会依赖此前已有的旧观念来同化新观念,从而形成一个观念体系或"统觉群"。换言之,统觉就是将人们分散的感觉联合并形成统一的整体,这一过程包含观念之间的吸收融合以及"观念团"的扩大。作为赫式教育思想的精髓,统觉论的观点在一定意义上揭示了人们的认识活动的客观规律,同时为教学过程的实施和教材的组织提供了基本原则。

针对德国当时学校教育中教材内容的分裂现状,赫尔巴特基于统觉心理学提出了"教材联络说"和"教材中心说",即将一两门学科作为教学的中心,使其他学科的教学经常性地与其联系起来,以加强学科之间的联结和保持教材内容的统一性,从而防止儿童意识中的观念陷入矛盾和冲突,最终促使儿童的人格达到统一。在他的体系中,教学有两条主线:历史的和自然科学的,"第一条主线不仅仅包括历史,而且也包括语言常识;第二条主线不仅仅包括自然科学,而且也包括数学"①。

这一经典理论受到后世赫尔巴特学派的直接继承,他们将统觉原理运用于教材组织和教学过程,形成了齐勒的《教育性教学的理论基础》、朗格的《统觉》以及亚当斯的《赫尔巴特心理学在教育中的应用》等著作。

教育目的:多方面兴趣与道德性格的力量

赫尔巴特指出:"从教育的本质来看,统一的教育目的是不可能产生的。"② 教育者应为每个儿童的未来着想,关心他们未来作为成年人的愿望和要求,以使他们事先作好准备。同时,教育者应始终铭记:"人的追求是多方面的,所以教育所关心的也应当是多方面的。"③ 由此,他将教育的目的分为一种纯粹可能的目的和一种必要的目的。其中,可能的目的指兴趣的多方面性,必要的目的指道德性格的力量。此外,他还特别强调,教育目的的制定必须以学生的个性为出发点,教育者无论如何都应当避免侵犯儿童的个性。

1. 教育的可能目的:多方面兴趣的形成

人类社会发展至今的规律证实,单独的个体不可能在什么事情上都具有天赋,因此社会分工和专业精通是必要的,但分工不应造成人与人之间的隔阂与交往的壁垒,每个人都应该热爱一切工作,并最终选择和精通一门工作,因而教育要考虑每个儿童未来的目标以及他们希望从事的工作。然而,事实上每个儿童未来的目标和愿望是难以事先为教育者把握和确定的,教育者的任务在于鼓励和指导儿童进行多方面的努力,帮助他们养成多方面的兴趣和可接受性。

准确地说,"多方面性"并不等于"全面性",它强调的是部分与整体的关系,其中每个部分都始终交融在一起并聚合为一个整体。多方面的兴趣也是如此,

---

① 〔德〕赫尔巴特:《赫尔巴特文集》(教育学卷一),李其龙等译,浙江教育出版社2002年版,第203页。
② 〔德〕赫尔巴特:《普通教育学》,李其龙译,人民教育出版社2015年版,第29页。
③ 同上书,第30页。

对于个人而言，各种兴趣既可以朝着不同的方向分散开去，又能最终在他身上达到统一，成为其个性中的专属特质。而"全面性"则不同，它内含的是部分与部分的关系，其中每个部分各自独立，所有部分进行组合才能成为一个整体。简而言之，"多方面性"注重兴趣之间的统合性，"全面性"则关注兴趣数量的多和全。在教育实践中，"全面性"体现为全能型人才的培养，而这种理念恰恰是赫尔巴特断然反对的。

除了规避"全面性"，教育者还要防止因过度追求"多方面性"而导致学生在很多事情上浅尝辄止。赫尔巴特认为，学生分为性格坚定和个性易变两类。前一类学生意志坚定，内心有一套自己的处事原则，他们不会因外界环境的变化而随意改变自身的要求，既能专注于自己的兴趣和热爱之事，又能做到持之以恒。而后一类学生虽个性突出，但意志不够稳定，容易受到环境的支配，他们还喜欢以追求新事物来获得新鲜感，通常在许多事情上只做浮光掠影的努力，一旦遇到困难就可能会半途而废。在他看来，第一类有恒的人才是真正具有多方面兴趣的人，应成为教育培养理想人才的重要参照。

由此可见，兴趣的多方面性是有限制的，它既不等于"面面俱到"，也不同于"浅尝辄止"，而是各方面兴趣和谐发展并达到持久的平衡。因而，教育者除了要引导儿童以积极开放的心态去尝试新事物，又要使其养成专一和有恒的精神。

2. 教育的必要目的：道德性格的养成

与康德等思想家一样，赫尔巴特十分重视德育，并将培养道德性格作为教育的最高目的。所谓"道德性格"并非人们通常所说的个性或人格气质，如心理学中将坦诚直率、脾气暴躁的人列为胆汁型。相反，赫尔巴特将个性和性格视为截然不同的两个概念。个性，从本质上看是一种事物区别于其他事物所具有的明显特征，对于人而言，即个体所表露出来的要求和行为的倾向性。性格，指个体身上所具有的坚定性意志的集合体，对人的个性及行为起着根本的决定性作用。

此外，个性与性格具有不同的特点。首先，个性是被动的和无意识的，容易受到情绪和欲望的控制,而性格是主动且有意识的。当个人的欲望与外界要求相冲突时,个性容易诱导人们情绪化,从而造成意志与心理的冲突。性格却不然,它既单纯又坚强,同时具有彻底性。其次,个性是与生俱来的,存在于每个人的身上,但性格并非人人都有,其发展取决于教育者能否引导青少年建立一种自由且正确的生活方式。

关于道德,赫尔巴特在观察中发现,大多数人将道德看成外在的约束,而且性格当中与善相关的成分很少,他们或许会偶尔行善,但其善行多半出自利益的驱动,实际上,他们在内心深处仍想寻求某些方式来对付道德的约束。赫尔巴特认为,之所以存在这种现象,是因为这些人缺乏内在的道德性格。因此,他主张德育不是要发展某种外表的行为模式,而是要在学生心灵中培养起明智及适宜的意志,也就是说,真正的德行是个体内在性格的自我实现,而非外在形式的道德行为表演。此外,赫尔巴特认为道德应分为积极部分和消极部分,他明确反对康德提出的"绝对命令式"道德,原因在于这种道德命令基于单纯的理性判断,总是消极地迫使人服从。反之,他提倡的积极道德是出自个人的理智判断和内心愿望,其最终指向的是可以为人长期坚守的道德自律。

不得不承认,赫尔巴特眼光十分独特,他一针见血地指出了道德教育所包含的虚伪一面,事实上,他指出的这些问题在现代德育实践中并不鲜见。

教育离不开儿童管理,它仅仅是要创造一种秩序

基于多年的实践经历和长期观察,赫尔巴特形成了一种不同于前人的儿童观,他认为儿童起初并没有形成一种能下决断的真正意志,有的只是一种处处都会表现出来的不服从的烈性。这种烈性就是不守秩序的根源,它会扰乱成人的安排,并把儿童未来的人格本身也置于种种危险之中。教学中也是如此,"如果不紧紧而灵巧地抓住管理的缰绳,那么任何课都是无法进行的"[①]。管理的目的在于维持良好的秩序。

---

① 〔德〕赫尔巴特:《普通教育学》,李其龙译,人民教育出版社2015年版,第17页。

管理不同于教育,它们之间有着本质的区别。管理仅仅是为了维持秩序,父母、教师等其他监护人都可以担任管理的工作,而教育只能由掌握教育科学和教育艺术的专门人员来担任,因为教育关乎儿童心灵的塑造。但就实践而言,教育者不可能完全将二者区分开来进行,正如赫尔巴特指出:"满足于管理本身而不顾及教育,这种管理乃是对心灵的压迫,而不注意儿童不守秩序行为的教育,连儿童也不认为它是教育。"① 由此可见,管理并非就是强制性地使儿童服从,为了促进儿童身心的健康发展,它应当包含教育性的因素和温和的手段。据此,赫尔巴特将管理的措施分为两类,一类是严厉的、强硬的,另一类是温和的、包容性的。具体而言,管理的手段主要有四种:活动、威胁与监督、责备与惩罚以及权威与爱。

1. 活动

管理的基础在于让儿童活动,其主要目的是充实儿童的时间安排以防止他们捣乱。赫尔巴特认为,每个年龄阶段的儿童乃至每个儿童对身体活动的需求都是不一样的,教师要在充分了解儿童的基础上满足他们的各种需求,以排除儿童可能产生的不安情绪;此外,儿童自己不太知道如何专注持续地从事活动,相比在无聊中开展的无规则游戏,给予儿童任务并让其完成更能保证良好的秩序。应适当地进行练习,在练习之外也不能忽视必要的补偿性休息。

2. 威胁与监督

不可否认,"一切管理首先采取的措施都是威胁",但赫尔巴特也提醒人们注意威胁有两种"触及暗礁的风险",即任何威胁对性格过于顽强的学生都将不起作用,而性格太过懦弱的学生一般无法承受威胁。当纯粹的威胁对于软弱和健忘的学生无济于事时,监督就成了一切管理不可缺少的手段。在儿童的管理中,监督应与活动联系在一起,同时应考虑各种不同的情况。首先,要考虑强制与自由余地之间的关系;其次,要考虑监督中师生主体之间的关系;最后,要考

---

① 〔德〕赫尔巴特:《普通教育学》,李其龙译,人民教育出版社 2015 年版,第 16 页。

虑监督使用不当造成的不良后果：过多使用监督会形成依赖性，一旦停止就会极大地破坏现有的秩序，长期、过度的监督也会妨碍儿童的自制和主动性，还可能会导致儿童性格变得软弱或古怪。故而，威胁和监督既要借助命令、禁忌等强制性的约束，也要给予学生一定的信任、包容和自由。

3. 责备与惩罚

为了维持秩序和形成良好的纪律，监督必须配合采取相应的措施。对于学生的过失行为和经常发生的不服从事例，监督者应将其记录在案，以此告诫学生约束自身行为。"在家庭教育中，父母不一定非要做这种记录，但有时候这种记录却是有益的"①，它能够强化儿童对过失行为和因此受到责备的记忆。一旦责备也不起作用，就必须借助惩罚的手段。惩罚的手段包括体罚、剥夺自由等。赫尔巴特认为体罚不可能完全排除，但必须极少采用，其目的是让学生重视由此带来的痛苦并对体罚望而生畏，从而改正过失和克服烈性。此外，剥夺自由也是最常用的惩罚手段，像立壁角、关禁闭、绑手等较轻的惩罚对幼小儿童可以使用，但必须是正当的且不宜持续太久，同时必须选择得当的位置并关注受罚者的心理和情绪。诸如赶出家门、停课等严厉的惩罚只能在极端不得已的情况下应用。赫尔巴特所建立的古典教育学，一个重要的、与现代教育伦理不同的特征就是允许采用适当的体罚，并且在某些情况下体罚甚至是必需的。

4. 权威与爱

权威使儿童的心智自然得到臣服，在其指引下，儿童对恶行的后果预先作出理智判断，从而抑制内心正在形成的恶的意志并自觉约束超出常规的活动，但并不是每个人都能随心所欲地建立权威，拥有权威者应具备优越的智慧、知识、体魄和言行举止。除此之外，爱也是促进有效管理不可或缺的手段，一旦管理者和儿童之间产生了爱，就能减轻很多困难和矛盾，但这种爱并不意味着放纵和溺爱儿童。赫尔巴特明确说："只有当爱同必要的严格结合在一起时，爱才

---

① 〔德〕赫尔巴特：《教育学讲授纲要》，李其龙译，人民教育出版社2015年版，第27页。

是有价值的。"①和善的态度和温柔的教诲纵然能赢得可爱又听话的学生,但在最需要管理的时候,教育者必须摆出严格的姿态,软弱的宽恕不仅无法换取学生的爱戴,反而会助长其顽劣的性子和肆无忌惮的欲望。

儿童管理思想是赫尔巴特的首创,也是其科学教育体系的一大特色。尽管这一理论具有一定的时代局限性,但对于儿童教育实践的意义不容抹杀。尤其是在倡导"立德树人"的今天,承认儿童管理的必要性、明确儿童管理的目的以及掌握儿童管理的艺术,对教育者有效开展教育活动仍具有十分重要的价值。

真正的教育产生于"教育性教学"

以往人们总是喜欢将教学与教育对立起来,忽略教学对培养儿童心灵意志和道德情操的意义,同时他们也未曾很好地解决知识和道德之间的矛盾。自从赫尔巴特创造性地提出"教育性教学"后,教学与教育、知识和道德才真正在理论和实践层面实现统一。

一方面,教育性教学揭示了知识和道德对于人才培养的同等重要性。正如赫尔巴特强调,既不存在"无教学的教育",也不存在"无教育的教学"。另一方面,教育性教学弥合了德育和智育之间的分裂,将教育的所有过程都统一于一个共同的目的——道德。在赫尔巴特的思想中,教育的过程包含管理、教学和训育三大部分,管理维持教学和教育的秩序,是教育工作得以顺利进行的首要条件;教学则是传授知识文化,以培养儿童多方面的兴趣和能力;训育旨在培养儿童良好的道德观念和行为,为性格注入道德的力量。这三者虽然各有侧重,但最终都统一于德育。应当注意,教育性教学与单纯传授知识的教学不同,它所指向的是成就"人"的教育,其教学目的、教育内容和教育方式都呈现出强烈的道德伦理性,道德观念与知识一同内化为个体的意志与自律精神。

在教学内容上,赫尔巴特注重培养儿童的"审美判断"。为了培养儿童"对世界的审美描述",他将古希腊、古罗马的文学经典作为学习语言、历史以及道

---

① 〔德〕赫尔巴特:《教育学讲授纲要》,李其龙译,人民教育出版社2015年版,第28页。

德观念的基础,并在整体的课程设计中将经典教学融入历史、自然学科和古典学科。具体而言,在儿童早期的拉丁语和希腊语教学中,他集中选择了荷马、柏拉图、色诺芬、凯撒、李维、西塞罗等哲学家、历史学家的著作。此外,他还根据儿童认知发展的顺序和语言教学的步骤对这些作品进行了年级安排。

在教学方式上,教育性教学的特色在于引起儿童的学习兴趣和激发儿童的智力。兴趣产生于个体对某一客体的注意,当客体为儿童可感知和可理解时,兴趣就会驱使儿童主动关注和认识某一事物,这一过程时常伴随着好奇、兴奋以及愉快等情绪。据此,赫尔巴特以兴趣为教学和学习的核心因素,进行了课程的分类和教学形式阶段的设计。除了引发兴趣,赫尔巴特主张教师应进一步激发儿童的智力,这不仅与多方面兴趣和能力的形成密切相关,同时也关系着德行的培养。正如他说:"愚蠢的人不可能有德行,因此头脑必须得到激发。"①教育性教学离不开对学生智力的训练,但是这种智力训练绝不是纯粹知识的获得,而是要引导儿童形成自己的"思想范围"。

不可否认,赫尔巴特的教育性教学极大地丰富了近代教育理论,使得教学这项活动具有了理智训练和伦理教化的双重意义。此后,越来越多的教育家开始强调教学的"教育价值",如齐勒 1865 年发表《教育性教学的理论基础》,孔佩雷 1904 年出版《赫尔巴特与借助教学的教育》。不仅如此,现代课程理论中的"隐形课程",当前学校德育提倡的"间接德育"以及"德育存在于一切教学中"等理念,无不闪烁着赫尔巴特教育性教学的光辉。

课程与教学:一切基础在于兴趣

赫尔巴特十分重视教育理论和教育实践的结合,如何将教育理论运用于实践?最为直接可见的活动莫过于课堂教学。

---

① 〔德〕赫尔巴特:《赫尔巴特文集》(教育学卷一),李其龙等译,浙江教育出版社 2002 年版,第 218 页。

1. 基于多方面兴趣的课程

赫尔巴特《普通教育学》中指出，兴趣是人们受到某些事物和活动的吸引，将注意力专心于这些事物和活动的心理状态，它是一种内生于人心灵的积极的活动和体验。兴趣来源于人们对外部事物的注意，它的产生要经历注意、期望、要求和行动等阶段。

赫尔巴特将兴趣分为认识和同情两大类。认识，是指人在头脑的观念世界中摹写面前的事物。认识对象的范围包括自然和人类，通常情况下，认识的对象是静止的，人们可以逐一去把握。在认识状态下，个体不需要进入事物内部，只需通过观察事物和思维活动就能产生观念，而且由认识产生的观念是永无止境的。至于同情，它是个体将自身置于别人的情感中才会出现的一种心理感受。同情的对象是情感，但其范围有限，只包含人类的某些情感。根据兴趣对象的范围，赫尔巴特又将认识与同情划分为六类，即经验的兴趣、思辨的兴趣、审美的兴趣、同情的兴趣、社会的兴趣以及宗教的兴趣。

在兴趣分类的基础上，赫尔巴特继而确定了一套知识门类广泛的课程体系。其中，经验的兴趣对应自然科学，如物理、化学、地理；思辨的兴趣对应研究各种事物关系的科学，如数学、逻辑学、文法；审美的兴趣对应艺术，如文学、绘画、雕塑、诗歌和音乐，因为它们都聚焦于事物之间美的关系；同情的兴趣指向社会交际所需要掌握的知识，如外国语和本国语，以及古典语和现代语；社会的兴趣对应研究社会关系和人类发展的学问，如历史、政治、法律；与宗教的兴趣相关的学科主要有神学，它旨在揭示世界、人与上帝的关系以及研究宗教信仰。

根据统觉原理，赫尔巴特提出了"教材联络说"和"教材中心说"，即课程的组织应遵循"相关"与"集中"两大原则，其中"相关"是使不同学科的教学内容和课题研究建立关系，"集中"则意味着以一两项基本内容作为核心来展开教学。例如，语言可以间接地引起宗教的兴趣，如果对语言的语法结构进行探索，甚至还会引出思辨的兴趣。因此，语言的教学应和神学、数学、逻辑学、文法乃至历史教学相结合，就像他设想的，"假如这些课程恰当地合作，那么它们就会与宗教课一起起很大作用,使青年人的智慧获得符合多方面兴趣的发展方向"①。

2. 补充经验和交际的教学

人们最初的学习离不开经验和交际,通过经验和交际,人们才得以形成认识和同情,从而进一步发展智力和人格。但由于受到时间和空间的限制,人们能够直接接触到的经验和交际是有限的;同时,每个人的经验和交际隶属于个人化的活动,在一定程度上具有片面性。基于以上现实,个人的经验和交际无法满足"平衡地培养广泛的多方面性"的要求,因而赫尔巴特提出以教学作为经验和交际的补充,从而扩充人们经验和活动的范围。

教学过程中,观念的获得要通过两个环节:一是逐步获取单个观念;二是使观念之间进行联合以形成观念团。前者是一种"专心"的思维活动,指个体集中注意力于某一对象并排斥其他思想活动的状态;后者是一种"审思"的思维活动,即将已获得的个别观念联合成统一的认识。此外,专心和审思活动分别具有静止和运动两种状态,有静止的专心、静止的审思,也有运动的专心和运动的审思。

基于以上对兴趣发展过程和观念活动状态的考察,赫尔巴特提出了"教学形式阶段论",即把教学的进程划分为明了、联想、系统和方法四个阶段,并针对每个阶段提出了具体的教学方法。

教学阶段　明了——联想——系统——方法

观念活动　静态——动态——静态——动态

兴趣特点　注意——期望——要求——行动

教学方法　叙述——分析——综合——应用

相应地,针对教学和观念统合的进程,赫尔巴特又总结了三种教学方法:单纯提示的教学、分析教学和综合教学。教学形式阶段论充分考虑了学生的心理和兴趣,并针对性地提出了可供操作的教学方法,为广大教师有序开展教学活动提供了方法论指导。此外,他创造性地将统觉原理深入教学进程,揭示了教

---

① 〔德〕赫尔巴特:《赫尔巴特文集》(教育学卷一),李其龙等译,浙江教育出版社2002年版,第232页。

学是一项有规律可循的工作,加强了教育学与心理学之间的内在联系。齐勒和莱因继承并发展了这一理论,使它成为赫氏学说中最为经典的部分。

但是,仍有不少学者指责赫尔巴特及其学派的教学理论太过僵化。简单地将教学过程划分为几个阶段,并视为一切课堂都应遵循的一般原则,这种做法难免过于机械化和片面,不仅限制了学生的主动性和创造性,而且也束缚了教师的自主性和灵活性。例如,德国哲学家狄尔泰就曾对此提出批评,他认为教学不应成为单线条的灌输式教育,而应提倡师生之间进行开放的互动。美国大教育家杜威及进步主义教育流派都从不同角度批判过教学形式阶段论,杜威在1899年出版的《学校与社会》中首次提到"传统教育",并将赫尔巴特划为"传统教育"和"旧教育"一派,批评了以赫尔巴特为代表的旧教育消极地对待儿童、机械地使儿童集合在一起,以及在课程和教学法上整齐划一的弊端。直至今天,我国也不乏教育者直接以"课堂中心、教学中心和教师中心"的"传统三中心论"来攻击赫尔巴特的教学思想。

道德教育:培养性格的道德力量

在《论对世界的审美描述是教育的首要工作》中,赫尔巴特写道:"道德,普遍地被认为是人类的最高目标,因此也是教育的最高目标。"[①]但他也强调,道德不止于对伦理关系的认知而形成的观念,也绝不只是发展外在的行为模式。在他看来,道德具有一些重要的特征:

其一,道德具有理性的特征。道德最初是以理性判断的方式存在于人们的观念之中,一个明晰的道德观念更容易成为道德判断的基础;此外,德行的培养离不开智力的激发,没有智力引导的"善"是盲目的,其实际危害并不比邪恶造成的破坏小。正如赫尔巴特所说:愚蠢的人不可能有真正的德行。因此,有关道德的概念和判断应得到清楚的阐述,德行的培养应成为一种基于道德知识的理性活动。

---

① 〔德〕赫尔巴特:《赫尔巴特文集》(教育学卷二),李其龙等译,浙江教育出版社2002年版,第177页。

其二，道德具有意志的特征。教育的最终目的在于道德性格的养成，任何德育实践中，道德观念能否化为性格并作为一种力量保存在心灵之中，很大程度上取决于道德意志的强弱。从这一角度来看，真正的德育绝不是要发展外在的道德行为模式，而是在个体心灵中培植起适宜的意志。

其三，道德具有情绪的特征。首先，道德的本体观念中就具有情绪的特征，赫尔巴特认为，内心自由、完善、仁慈、正义和公平这五种道德观念既有可决定的部分，也有被决定的部分，其中"完善"的观念属于被决定的部分，因为它是人们对低级欲的官能进行了约束和忍受的斗争才实现的一种状态，而低级欲的官能是以欲望和憎恶的感情为基础的。其次，性格在没有意志决定的阶段只是一种个性，个性包括情感和欲望的自然流露，同时又受到欲望和情绪的控制，道德基于欲望和情感，自然具有情绪的特征。

1. 道德性格与内心自由

在赫尔巴特的教育设想中，训育是教育的主要工作，其目标在于养成道德性格。在训育之外，道德性格原本就有其自然生成的过程，正如事物的发展会受到条件的制约，性格的生成也会受到各种因素的影响，其中行动、思想范围、素质和生活方式是最为关键的四大因素。

首先，行动是性格的原则。行动有外部和内部之分，外部的是人所进行的实际行动，内部的是意志的行动。其次，思想范围对性格极为关键。思想范围包含由兴趣逐步上升为欲望，然后又依靠行动上升为意志的积累过程，换言之，它是欲望、兴趣、意志、智力、情感、思想等相互包容的集合体，如果没有思想范围，人的兽欲就有了活动的余地，从而形成具有不稳定性和破坏性的性格。赫尔巴特认为，思想范围的形成是教育的最本质部分，也是培养道德性格的关键。再次，素质决定了人的心灵状况是否较容易或较难改变，进而决定着人能否形成坚固的性格。最后，生活方式对青年人的性格也有影响。具体而言，教育应帮助青年人建立一种能够自由发挥精力的方式，一方面，这种生活方式是有规律的安排，但不会使青年人陷入禁锢和封闭的状态；另一方面，这种生活方式既重视身体的锻炼，又关注思想范围的养成。

道德教育，与其说是在试图克服以上世俗因素的基础上促进道德性格的形成，不如说是在考虑行动、思想范围、素质和生活方式等现实条件的前提下，指引人们追寻内心的自由。简而言之，就是要拥有真正的自我，不受欲望摆布，不因外界浮沉。根据赫尔巴特的观点，内心自由在五种观念中具有最高层次和核心地位，无论是完善和仁慈，还是公平与正义，它们都是为了实现内心自由而在实践层面对人提出的道德要求，本质上是内心自由从观念转化为实践所依托的各个基点。作为教育的最高目的，道德性格在本质上揭示了道德的最高境界——内心自由。因此，伴随着性格中道德力量的加强，心灵终将抵达自由之国度。

2. 训育旨在向德行靠拢

既然教学必须是教育性的，那么辅助教学进行教育工作的训育也必须包括整个德行教育。作为教育的三大手段，训育通过培养道德观念而使个体向德行靠拢，主要表现为训育对道德具有维持、决定和调节作用。首先，训育可以维持学生自己的看法，包括对欲望、不良倾向的抵御和对良好道德观念的持续。其次，训育引起学生对实践中的事物和对象进行判断、选择，从而作出符合自己性格的决定。最后，训育能调节性格主观部分的意志力量和思想范围，通过说服的方法引导学生采取或放弃一定的活动。

但在实施训育之前，应明确管理、教学和训育的关系。在具体实施中，训育以管理和教学为基础和前提，管理结果的好坏不仅影响到教学能否正常开展，也关系到训育工作能否有效进行。同时，训育作为管理和教学的一种缓和性补充，能缓解管理和教学环节中教师与学生的紧张关系，促进师生之间形成和谐的氛围，实际上是对管理和教学的进一步升华。特别是训育通向德国古典人文主义教育的核心即教化或陶冶，显示出自由教育从古典到近现代的绵延意义。

观察，是训育乃至整个教育都应该关注的事情。在实施管理之前，教育者就要对儿童的各种行为进行观察，以针对性地进行管理。教学也是如此，教育者要善于发现学生独特的个性特征，以激发和培养不同学生的多方面兴趣。训育，更离不开对学生的观察，只有通过观察，教育者才能发现并对其渐渐形成的习惯加以修正,才能更准确地把握学生日渐生成的心灵特征。这种观察在训育乃至教育中将会变得愈益重要,因为学生始终会随着时间的推移而发生变化。

作为西方教育学思想的集大成者,赫尔巴特的德育理论继承了苏格拉底、柏拉图、裴斯泰洛齐、康德、卢梭等人的思想,又并非一味承袭,而是批判性地提出了许多创见,如道德性格、思想范围、管理、教育性教学等,这些观点和方法对当今道德教育的开展仍然具有借鉴意义。但在肯定赫尔巴特德育论积极意义的同时,不能无视其保守的一面。赫尔巴特在政治上持有保守态度,在谈论道德教育时回避了对社会现实问题的考察;此外,其理论带有严重的思辨色彩,训育阐述局限于观念思辨和推导,对道德教育实践的真实存在比较忽视。

科学教育学的第一人:热爱可抵岁月孤独

赫尔巴特穷其一生,对建立科学的教育学进行了不懈的探索。他结合自己学习、从教的生涯经历,构建了现代教育学学科的基本框架和第一套完整的理论体系。他在世时,他的教育理论虽然在德国产生了一定的影响,但是并没有引起很多人的重视。在他逝世后不久,他的学生德罗比什、斯托伊、齐勒、莱因等人纷纷以创办研究中心、讨论班、学派、杂志等方式传播赫尔巴特的一整套思想,由此引发了席卷全球的赫尔巴特主义运动,于是,"赫尔巴特"这个名字响彻了整个世界。

尽管赫尔巴特及其后继学派的理论对德国和世界教育产生了深远的影响,但也不断地遭到各种质疑和非议。从他的《普通教育学》发表以来,教育学界对赫尔巴特的评价就褒贬不一,有人称他为"科学教育学之父",也有人称他为"反动的教育家"。时至今日,人们对他的批评声依旧不绝于耳。有人批评他的思想理论不科学,思辨色彩太过浓厚,有人批评他的整套理论传统又僵化,背离儿童的天性,还有人批判他在所从事的领域建立的一切理论都是反动的。甚至有学者直接将他的理论划为"传统教育"一派,提出了著名的赫式"传统三中心论"——教师中心、课堂中心、教学中心。不过,正因为这些源源不断的批评,赫尔巴特才一直浮现在世人的眼中,他的思想才经久不息地传承下去。

然而,世人对赫尔巴特的批判是否有失公允?"传统三中心论"是否真正代表赫尔巴特思想的内涵?赫尔巴特究竟能为我们现在的教育提供些什么?这些都是值得我们深入探讨和揭示的问题。

参考文献

〔德〕赫尔巴特:《普通教育学》,李其龙译,人民教育出版社2015年版。
〔德〕赫尔巴特:《教育学讲授纲要》,李其龙译,人民教育出版社2015年版。
〔德〕赫尔巴特:《赫尔巴特文集》,李其龙等译,浙江教育出版社2002年版。
〔德〕赫尔巴特:《一般实践哲学》,李其龙译,浙江教育出版社2002年版。
黄华:《世界著名教育思想家:赫尔巴特》,北京师范大学出版社2012年版。
吴式颖、任钟印主编:《外国教育思想通史》(第七卷),北京师范大学出版社2017年版。
陈锋主编:《外国教育史》,北京大学出版社2012年版。

纽曼

纽曼　大学教育

——传授普遍知识

"各门各类的真理无不探究;心智的力量纷然杂呈,竞相展现;雅趣和哲学气象威严,举世尊崇,犹如帝王加冕,宛若王室宫廷;君权何在,心智至上,贵族何在,天才至上,教授即王者,诸侯毕恭毕敬;大千寰宇的天涯海角,才俊翔集,蜂拥而至,一代学子南腔北调,或初出茅庐,或年甫及冠,所追求者,在于获取智慧。"①

这幅画面,描绘的正是莘莘学子在雅典竞相探讨真理、追求真理的场景。雅典,一个首开先河而闻名遐迩的欧洲人文故乡,是欧洲文明的源头。尽管雅典作为一个城市历经了兴盛到衰败的过程,但作为心灵之城的雅典依然光芒万丈、辉煌壮丽。它依山傍水,水光山色,浓浓淡淡,错落相宜;富饶的海岸,有湛蓝的爱琴海水冲刷不已,无数美丽而崇高的胜地,更是令人一饱眼福。而纯净清新的空气,让游学者们倍感舒适与空灵。当年在雅典,无论你的境况和门第如何,上至王公,下至农夫,只要你怀有热爱智慧的激情,为真理而来,那么定能探索到智慧。亚历山大,在他青年时,久居雅典长达10年之久,他正是利用这段时间,精通了希腊语。演说家西塞罗,在短暂停留此地后,便前往小亚细亚和所属的各城,但终究是为雅典所倾倒,于是特意重返雅典,继续完成他的未竟之业,最后名垂千古。身材矮小、满头黑发的贺拉斯,也是在雅典完成他的学业。奥勒留在其风华之年,奉召来到雅典和众多教授共同辅佐皇储,

---

① 杨自伍编译:《教育:让人成为人——西方大思想家论人文与科学》,北京大学出版社2010年版,第26—27页。

而他日重临雅典时,已是戎马一生,百战百胜,但他仍旧执意要向智慧之城鸣谢致意。

为了追求真理而去探求真理,为了知识本身而去获取知识,这是当时雅典古城大学生活的常态,也是众多学者为雅典神魂颠倒的原因,这更是19世纪英国维多利亚时代的纽曼一直坚持的信念。纽曼曾说:"知识不仅仅是达到它后面的某种东西的手段,或者它自然会消失于其中的某些技术的准备,知识就是一种目的,是足以安身立命,或者足以为其自身的缘故而继续追求的目的。"① 当然,这不过是一段十分简短的文字,一个粗糙而模糊的缩影,纽曼本人所希望的是将雅典古风展现在读者面前,特别是将雅典的大学生活淋漓尽致地呈现给读者。纽曼强调,他绝不是在挥洒颂文,而是希望读者能慢慢琢磨并认识何谓一所大学。

人生的转折点:当选牛津大学奥里尔学院院士

"他甘愿吃苦,因为痛苦不可避免;他甘愿孤独,因为这事无可挽回;他甘愿死亡,因为这是他必然的命运。"②

"对于腼腆的人,他是十分的温柔;对于有隔膜的人,他是十分的和气;对于荒唐的人,他是十分的宽容;他对正在和自己交谈的人属于哪种脾气,能做到时刻不忘;他对那些不合时宜的事情或者话题能做到尽量留心,以防刺伤;此外,在交谈时,他能做到既不突显他自己,也不令人厌烦。"③

这里的"他"正是纽曼笔下的绅士,这位绅士拥有受过教养的心智,精致的品位,正直、公平和冷静的头脑,以及生活行动中的高贵而又理性的姿态等品质。在纽曼看来,培养出这样的绅士正是一所大学的目标。

约翰·亨利·纽曼(John Henry Newman,1801—1890)出生于英国伦敦。父亲是伦敦的一位银行家,母亲则是法国胡格诺派教徒的后裔,父母双方都是

---

① 〔英〕纽曼:《大学的理念》,高师宁等译,贵州教育出版社2006年版,第107页。
② 伍国文等编:《世界文学随笔精品大展》,上海文化出版社1992年版,第248页。
③ 同上。

圣公会(英国国教)的忠实信徒。如此优越的家庭环境,让纽曼无须担忧自己的温饱问题,更让他从小就有机会接受良好的古典教育,这无疑为日后的古典研究奠定了坚实的基础。7岁那年,父母将纽曼送到当时颇有声誉的私立寄宿学校——伊令学校读书,他从此受到相当严格的早期古典教育,并且展现出聪明才智。11岁的纽曼开始尝试写作散文和诗句。15岁的纽曼正式成为牛津大学三一学院的新生。大学期间,他虽主修法律,但是学习了各式各样的课程,博览群书。

纽曼的童年可以说是一帆风顺的,正如阳光照耀下的那片平静而辽阔的大海,只是偶尔才会泛起一丝丝涟漪。跟那些单亲家庭的同龄人,还在为自己的生计奔波而受难的同龄人,以及完全无法进入任何一所学校学习的同龄人相比,从小在富裕家庭长大,拥有良好的初级教育,接受优质的高等教育,这些足以让纽曼全身心地投入探索与寻求真理之中。

大学毕业后,纽曼于1822年被选为牛津大学奥利尔学院院士,在他看来,这是他一生的转折点。他从此开始了宗教研究,相继成为安立甘会牧师,牛津大学圣玛丽教堂牧师,大学讲道员,他的布道吸引了众多的听众,特别是青年学生。可以说,这是纽曼在牛津大学获得声誉的时期,同时,他结识了一些知名的牛津学者。1833年,一场英国基督教圣公会内部以牛津大学为中心的改革运动开始上演,这场运动旨在反对圣公会内的新教倾向,重新坚持古代,特别是古希腊罗马时代的理念,复兴唯理智论,恢复天主教思想和惯例,这就是当年著名的"牛津运动"。纽曼为了更好地指导这场运动,与皮由兹等人主编了90本《时代书册》。

1851年,纽曼受爱尔兰大主教卡伦的盛情邀请,担任了爱尔兰都柏林大学的首任校长,在高等教育领域为后世留下了精辟的论述。第二年,纽曼就知识、自由教育和大学教育问题作了5次演讲,后又撰写了5篇讲稿但并未发表演讲,论述了对理想的大学、理想的教育以及"绅士"教育的看法。同年,纽曼把这些文章和《论大学教育的范围与性质》一起出版。作为一名校长,他还在一些特殊场合作了很多演讲,并于1858年出版了其中的10篇,标题为《关于大学学科的演讲与论文》。次年,纽曼修订并再版了1852年的《论大学教育的范围与性质》一书。1873年,纽曼对以上两部著作进行了大幅度的修改,合成为一册,题名为《大学的理念的界定与诠释》,即后来闻名遐迩的《大学的理念》。加兰德在《纽曼时代的纽曼》一文中坦言:"一个多世纪以来,至少在英语世界,约翰·亨利·纽曼的《大学的理念》常常被作为思考高等教育理想构架时的基本文献。"[1]在纽曼看来,《大学的理念》这本书所提及的那些观点已经成为自己的整个思想体系,就好像是他自己的一个组成部分。

在爱尔兰都柏林大学任职期间,纽曼除了发表演讲,出版理论性文章外,还曾经尝试建立大学教会,使之成为都柏林知识阶层和学生的影响中心,试图出版天主教大学的公报,鼓励凯尔特文学的发展。同时,他还设想建立医学院,并在此基础上设立科学院。然而,由于都柏林天主教大学内部保守势力的阻挠和反对,纽曼的许多想法和主张无法真正实现,他便于1858年毅然辞去了校长一职,回到伯明翰继续著书立说。

1864年,纽曼出版了自传性质的《为自己的一生辩护》一书,详细而坦诚地阐述了他自己宗教信仰变化的过程,从而受到天主教内外人士的普遍赞誉,也为后人高度评价。许牧世在《纽曼选集导论》一书中写道:"这是纽曼所有著作中最重要的一部作品……这部书迄今被认为是英语作品中替天主教辩护的最优秀的作品。至于此书在文学上的地位,19世纪英国文坛上所谓'纽曼文体'亦因此书而流行一时,为英国辩论文学开了一个新纪元,至今影响未衰。"1878年,纽曼被选为牛津大学三一学院的名誉院士;次年,罗马教皇任命纽曼为罗马天主教会的红衣主教。

纽曼一生著述颇丰,尤以《为自己的一生辩护》和《大学的理念》两部著作之价值为最。其中,《大学的理念》一书让纽曼在高等教育史上享有卓越而不可取代的地位,引起了无数学者的关注。可以说,纽曼关于教育的观点正是他整个生活经验的产物。

---

[1] 〔英〕纽曼:《大学的理念》,高师宁等译,贵州教育出版社2006年版,第295页。

大学教育思想的时代背景和来源

"倘使求教理性,它会忠告孩子们的时间应该用来获取对他们成人时可能有用的东西,而不是往他们的脑子里塞进大量的垃圾,因为其中的大部分东西,只要他们活着,他们通常将不会(当然根本就无须)想到;这么多垃圾留给他们,只会把他们弄得更糟。"①洛克这样谴责当时的英国学校教授孩子们今后生活中用不到的普通科目,他在谈到写韵文时,继续说道:"我不知道一位父亲有何理由期望自己的儿子变成一个诗人,诗歌诚然令人惬意,但土壤却很贫瘠。"②

英国教育学者艾吉渥兹认为:"对几乎每一个受过教育的英国人来说,古典学习是最主要的科目。没有人会去怀疑或喜欢去打听,他花费如此长的时间去做的事情是没有价值的。古典著作中的一些段落成为那些学者的格言,通过它们,那些学者得以与其他不识字的人或未受教育的人区分开来。希腊文和拉丁文几乎莫名其妙地成为一个有教养的人的唯一标准。"③

在19世纪的英国,像洛克、艾吉渥兹这样批判英国传统教育,特别是当时的大学教育的学者不在少数,坚持自由教育的纽曼对此自然不会漠视,通过大量撰写大学教育方面的文章和在大学发表演讲来捍卫英国古典人文主义教育思想的地位。

1. 时代背景

19世纪30年代,一位美国著名的油画家摩尔斯凭借着丰富的想象力、对电报着迷的热情以及坚持不懈的精神,成功地实现了用电流的"通"和"断"来传送人类的文字。摩尔斯电码的出现预示着第一台电报机的诞生。煤油作为燃料,为人类的黑夜带来了那一丝光亮,成为电灯普及之前的主要照明工具,精致的玻璃质地,形如细腰大肚的葫芦,这便是煤油灯,于19世纪50年代由一名波兰

---

① 〔英〕纽曼:《大学的理念》,高师宁等译,贵州教育出版社2006年版,第148页。
② 同上书,第148—149页。
③ 吴式颖、任钟印主编:《外国教育思想通史》(第七卷),湖南教育出版社2002年版,第109页。

发明家发明。待到 19 世纪 70 年代，第一台电话机成功问世，实现了人们远距离的交流与沟通。紧随其后，白炽电灯和无线电的发明，更无疑是人类社会巨大的进步。

19 世纪的确是一个科学和发明获得许多突破的世纪，更是被誉为一个不可思议的世纪，而这也为全世界各个国家带来了无可比拟的财富。可以说，当时哪个国家拥有了任何一项前无古人的发明创造，哪个国家便更胜一筹。为此，德国和美国专注于新的科学技术的研发，为了更好地促进科学技术的发明和创造，德国和美国将科学知识列入学校教育课程。例如，德国的一些大学设立了科学讲座和实验室，同时实科中学在德国的地位更是日趋巩固；美国的一些大学也开始创设专门的科学院，中学增设了包括物理学、化学等科学课程。

此时的英国，大多数发明建立在经验的基础之上，由发明者在生产实践中获得灵感，缺乏新的和稳固的技术支撑，这很大程度上阻碍了英国的发展。于是，便有一批有识之士大声疾呼，必须用活生生的科学代替死气沉沉的文学，从而涌现了以赫胥黎和斯宾塞为代表的科学教育思想以及以边沁为代表的功利主义教育思想。其中，斯宾塞在他的《教育论》一书中更是提出了"科学知识最有价值"的见解，制定了以科学知识为核心的课程体系。在实践方面，皇家化学学校和采矿学校成立，中等教育中也增设了大量的自然科学课程，如爱丁堡的一所中等学校的课程设置里便包括地理学、数学、物理学、化学和生理学等，伦敦、曼彻斯特、伯明翰和利物浦等城市也相继创办了这样的学校。

这些新的思想观念和举措，无疑与英国传统的古典人文主义教育思想发生了猛烈的碰撞，纵然古典人文主义在 19 世纪的英国依然强大，但是随着这种新的趋势愈演愈烈，包括纽曼在内的坚持古典人文主义教育立场的教育家们感受到了威胁和冲击。一时间，一派主张改革传统学校教育和坚持科学教育，另一派主张维护一直影响欧洲国家学校教育的古典人文主义教育传统，论战拉开了序幕。当时，许多英国学者纷纷在《爱丁堡评论》上发表文章尖锐地批判牛津大学、剑桥大学等一批古典大学的传统做法，指责它们墨守成规，不但不能推动英国社会的发展，而且还一定程度地阻碍了英国的科学进步。如从牛津大学毕业的史密斯发表文章抨击古典教育模式，认为每个英国人必须用半生精力来学几乎毫无用处的拉丁文和希腊文简直是浪费时间。

针对《爱丁堡评论》的这些批判,作为古典人文主义教育的维护者和捍卫者,纽曼自然会予以回击。他在《大学的理念》一书第七讲"从与职业技能的关系看待知识"中,详细而重点地阐述了自己在这场论战中所秉持的态度,同时也在各场演讲中捍卫牛津大学等一批古典大学的地位。正是在这样的时代背景下,在与科学教育思想与功利主义教育思想的论战中,纽曼本人也更加清楚地分析了什么才是真正意义上的大学,形成了自己在大学教育方面的理论。我们不得不承认,在日益高涨的科学教育呼声中,在日渐上升的实用主义价值观念里,纽曼极力坚持古典人文主义教育的主张是有一定的意义的。此外,我们需要注意的一点是,纽曼从来没有否定过科学知识的价值,他所主张的是,先对人们进行博雅教育是十分必要的。

2. 知识观

孔子曾带着一群学生在凉亭里休息,看到一位老人拿着竹竿在捉蝉,老人以娴熟的技巧百发百中。一位学生好奇地问道:"您真是一位捉蝉高手啊,一定有秘诀,是吗?"老人微笑着答道:"蝉是很机警的昆虫,稍有动静,它便立刻飞走。因此要先练习拿竹竿时能不动声色,哪怕在竹竿上放两粒弹珠也不会掉下来,此时,方能开始捉蝉。如果能练习到放五粒弹珠也不会掉下,捉蝉就像伸手拿东西一样容易。所以,捉蝉的时候要高度专心,任何其他外物都不能分散我的注意力,我的眼睛只盯着蝉的翅膀。"一旁的孔子听到后,频频点头,说:"听明白了吗?捉蝉是如此,学习知识亦是如此。"

知识宛如桃红柳绿的春天,花繁叶茂的夏天,枫红菊香的秋天,松青雪白的冬天。19世纪的纽曼把知识本身当作目的这一说法更是余音绕梁,三日不绝,纽曼大学教育思想的一个重要前提和来源正是他的知识观。

知识是某种理智的东西,它把握了通过感官而知觉到的东西,它对事物采取了一种观点,它看见的远比感官所传达的更多,纽曼特别说明知识在其越来越具体的程度上也就不再是知识了,他所指的知识是超越了具体感官的抽象知识。他进一步认为,知识的价值以及它的可取的性质,就在于其中包含的这种科学过程或哲学过程,而与它的结果毫无关系,显然,这与他主张知识正是它自身的目的是遥相呼应的。纽曼在《大学的理念》一书中得出结论:"有这样一种知识,尽管不产生任何东西却十分值得向往,因为它自身就是一种财富,就是对多年辛苦的一种充分的报偿。"①他无疑把知识的目的性和手段性统一了,这也成为他的知识观的支点。

而在作为自身目的的知识本身以外,纽曼又指出,知识具有整体性、普遍性、世俗性和非功利性。知识的所有分支都相互联系,因为知识的主题材料是相互紧密地连接为一个整体的;同时,知识的各个分支之间存在着一种内在的和谐。因此,纽曼反对对整体知识的割裂。此外,所有的知识,要么是为着世俗的目的,要么是为着永恒的目的。这句话一方面点出了知识具有世俗性,具有所谓的"有用性",有利于身体和财产;另一方面说明知识是有利于灵魂、有利于心智的,知识更多的是一种习得的精神启示,一种习惯,一种内在的禀赋,这无疑道出了知识的非功利性。

知识的扩充绝不意味着静态的纯粹的增加,纽曼认为,真正的知识的扩充是把我们接触到的新知识通过思维过程融入已有的知识体系中。我们必须学会在已有知识和新知识之间建立起稳固的联系,从而实现新旧知识间的匹配和整合,以便新知识真正内化为我们知识体系的一个有机部分。他在之后谈道,大学的目标之一便是人的心智的培养,其中心智的扩展正是与知识的扩充不谋而合的。

知识能完美人性,这是纽曼特别看重的一点。拥有知识,的确能让我们获得更多的优势去帮助有需要的人,但是,除去这些能帮助他人的优势,知识还能使我们满足本性的直接需求。毫无疑问,我们的本性不会马上趋于完善,为了达到一种完美的境地,知识可以充当这样一种途径,尽管从知识身上我们不会得到其他好处,也不会显示出任何直接的目的。我们可以从整体上对知识进行归类,同时学会综合,掌握方法和原则,从而获取知识,实现真正意义上的知识的扩充,使我们自身的本性得到完善。

---

① 〔英〕纽曼:《大学的理念》,高师宁等译,贵州教育出版社2006年版,第115页。

大学教育观:传授普遍知识

著名物理学家杨振宁在一所著名大学里分享了他的一个故事。杨振宁说,他从小在数学方面就表现出非同寻常的能力,然而他的父亲却请教师专门为他讲《孟子》。在他父亲看来,《孟子》的确对他的数学、物理研究的直接实际效用相当小,但却能够教会他如何做人。杨振宁认为父亲的这一做法对他一生都产生了巨大的影响,作为一个科学家,除了需要锻炼自己的专业素养外,还要学会做人。19世纪的纽曼也是相当欣赏这一做法的,而对于大学教育领域的见解,纽曼在当时更是独树一帜。

1. 大学的定义

楼房的尖塔在烟雨蒙蒙中若隐若现,高高的石墙上爬满了老藤,稀疏的绿叶中绽放着红红的花朵,小城显得古朴而素雅。独自漫步在这小城的街道上,耳边仿佛回响着当年雪莱的那一首《西风颂》,眼看这风情万种的建筑,云飞浪卷的校园,感受这百年积淀的斑斓文化,心中不免涌起一丝丝怀念与追寻。这座城便是牛津城,而这座校园便是牛津大学,在牛津大学里,你看不到校门,也看不到围墙,它与这座小城融为一体。

纽曼当年正是在这里与真理对话,挥洒那奔涌的思绪。

在纽曼眼中,大学就是教授全面知识的地方。[①] 他认为,"传授普遍知识"就是大学的本质,也是大学区别于其他教育机构的典型特征。中世纪的大学充满了求知的热情,成为追求真理的中心,正是一种"普遍性的学术机构"。这样的大学让素不相识的陌生人从世界各地聚集到同一个地点,探索普遍的学问,而"来自世界各地"为大学提供了教师和学生的多元性,使他们能更好地探索世界上的各种知识,"聚集到同一个地点"为大学提供了一个固定的场所,同时也为"大学"作为一种机构而存在提供了物质条件。不难发现,从最简单和最原始的

---

① 〔英〕纽曼:《大学的理念》,高师宁等译,贵州教育出版社2006年版,第21页。

形式来说，大学是由来自世界各地的教师和学生组成，探索各种知识的场所。从中可以看出，纽曼重视大学内部的交往，强调师生间的互动，正是这种交流与交往促进了人与人之间思想的沟通，得以让各种普遍的知识在人与人之间更好地传授。

那么，什么是普遍知识？这一点与纽曼的知识观联系密切。纽曼认为，知识是对事物本身和它们的相互位置及影响的理解，知识都是联系在一起的，它们相互完善、相互校正、相互平衡。正因为知识的所有分支都是相互联系的，所以普遍知识的传授就要求我们不能偏废或忽视任何一个知识领域，至少应包括自然、社会、宗教等所有"普遍性知识"，同时要平等地看待所有知识，在大学里，知识之间不应该存在高低贵贱之分。纽曼说过："给予一门学科不适当的突出地位，就是对其他学科不公平，忽略或抹杀这些学科。"①传统上，知识有四类：符号知识，如读和写；事实知识，如地理学和天文学；关系和法则的知识，如数学；情感的知识，如诗歌和音乐。因此，纽曼提出大学应吸纳人类所有的艺术、科学、历史和哲学等方面的知识，并赋予每门学科合适的定位。同时，纽曼作为一个虔敬的宗教人士，极力强调宗教知识也是大学里普遍知识中的一种，不能无视神学知识的存在。他认为宗教涉及事实，讲述神的"自我存在"；与"关系"有关，因为它说明创世者；与符号有关，因为它描述神的表述方法。

纽曼坚信大学是所有知识和科学、事实和原理、实验和思考的有效保护力量，也是众多学派荟萃的场所，各个学派的人地位平等，他们的观点仅服从真理的标准，因而他们可以安全地思考各种各样的问题。大学正是一个让人通过智慧之间、知识之间的碰撞而进一步校正、深化和完善智慧与知识的地方。由此，纽曼心中的理想大学就是"智慧之府，世界之光，信仰的使者，新生文明之母"。

2. 大学的目标

纽曼曾说："大学不是诗人或不朽作家、学校创始人、殖民地领袖、国家征服者的诞生地。它并不承诺能够培养出新一代的亚里士多德、牛顿、拿破仑、华盛

---

① 〔英〕纽曼：《大学的理念》，高师宁等译，贵州教育出版社 2006 年版，第 104 页。

顿、拉斐尔、莎士比亚,尽管现在它仍然隐含着这样一些自然的奇观。另一方面,它也不能满足于培养出批评家、实验师、经济学家、工程师,尽管这也包括在其中。"①显然,他主张大学超越对具体的专门人才的培养。

(1) 心智的培养

纽曼从大学的定义出发,在普遍知识传授的层面上,认为大学的宗旨是心智性的,而非精神性的,这里所说的心智的培养,可以理解为智力的培养。心智的培养正是大学教育的主要目标,无须再附加任何其他外在的目标,这正是以纽曼的知识观为基础,强调心智的培养如同知识一样,应当以其自身为目的,即能够领会并思考真理,任何一种真理都是心智所追求的恰当目标。而追求真理是对现有知识和观念进行批判性思考以及对未知领域开展创造性思维的过程。纽曼提出:"我们对事物的认识,不是依靠一种直接、简单的眼光,不是一目了然,相反,可以说,是依靠零星的积累,依靠一种思维过程,依靠对对象的观察,对其诸多局部概念的比较、交融、相互矫正和不断适应,依靠对头脑的许多官能的运用、集中以及共同运作。"②

纽曼接着认为,一所大学的心智训练真正的和恰当的目标不是"学习"或者"获取",而是作用于知识的"思想"或者"理性"。我们想要改进心智,就必须学会概括,学会总结方法,并且掌握种种原则,然后借助这些对我们所获得的东西进行分类,使之成形。那么,我们倘若要做到能控制事物,就得高于事物,正如一些很有经验的旅行者会说,当他们第一次到了一个地方,他们会爬上某座高山或者教堂的钟楼,去弄清楚附近的街道,同样,你也必须走到你的知识之上,而不是待在下边。

此外,纽曼强调心智的培养也是一种扩展,是心智中心的一种不断的运动。它能够对老的和新的、过去的和现在的、远的和近的所有东西采取一种相互关联的看法,能够洞见这些东西之间的相互影响。倘若没有一种分析、整理、起协调作用的过程,心智也就体验不到任何扩展,也就算不上已经启悟的或者有领悟力的心智,不论它为自己的知识已经增添了什么东西。心智的真正扩充也是

---

① 〔英〕纽曼:《大学的理念》,高师宁等译,贵州教育出版社2006年版,第161页。
② 同上书,第143页。

一种能力,是人们能够拥有的一种同时把许多事物分别归入宇宙系统中的适当位置的能力,理解它们各自价值的能力,确定它们之间相互依赖性的能力。大学教育正是注重培养学生运用整体和联系的观点去丰富、充实和完善知识的能力,使学生能够对事物、现象都有清晰、准确和客观的理解。

(2) 社会良好成员的培养

纽曼直言不讳地指出,如果他一定要给大学的课程确定一个实际的目标,那就是为社会培养良好的成员。大学教育是一个通向伟大而平凡之目标的伟大而平凡的手段,它的目标是提高社会的心智水平和国民的品位,为大众热情提供真正的原则,为大众愿望制定明确的目标,并宣传和把握时代的理念,促进政治权力的运用。纽曼大段地列举了这样一种以培养合格公民为社会性目标的大学教育的优越之处,这样的教育能够让人有意识地表达和发展自己的观点和判断,使人能更好地实事求是地对待事物,明辨是非真假与善恶美丑。同时,这种教育能让人熟练地掌握各门学科知识,为人们自信地走上任何工作岗位作好准备。同等重要的一点是,这种教育能教会人如何理解他人,既进入别人的思想状态,也向别人展现自己的思想状态。

那么,对于纽曼而言,什么样的人才能成为社会的合格公民、社会的良好成员呢?正是那拥有良好修养和优雅举止的"绅士"。他情趣高雅,直率、公正、客观,举止高贵,注重礼节;他掌握语言与事务中张弛有度的技巧;他的思想能够保持平静,因为他尽管在处理世事,却能保持自我,而在无用武之地时亦能保持愉快;他的禀赋能为他在公开场合提供服务,在他隐退之时又能支撑他。显而易见,纽曼眼中的绅士是一个充满智慧与思想,正直宽容,处变不惊,既幽默风趣又严谨认真的人,这就是大学教育想要培养出来的人。即使到今天,我们依旧欣赏这样的绅士,希望当今的教育能以这样的绅士的品质为"基质",然后再针对具体的目标来培养人。当然,不可否认,这并不是一件容易的事。

3. 大学的功能

徜徉在柏林街头,放眼望去,有一座座古老的大教堂、博物馆,有巴洛克风格的灿烂绚丽的弗里德里希广场,有新古典主义风格的申克尔剧院,有富丽堂皇的宫殿,也有构思新奇的现代建筑。来到洪堡大学校园,常常可见一群群肤色各异而同样行色匆匆的学生,在菩提树大街 6 号席地而坐,或三五成群,或形单影只沙沙翻书的身影。洪堡大学开启了大学的一项新功能——科研,也因此被誉为"现代大学之母"。

面朝着麦迪逊市的曼多塔湖,一望无垠的清莹波纹,轻柔而持续地荡漾着。清晨的那一缕阳光射向这宁静的湖面,给人带来朝气与希望,傍晚的夕阳,令湖面泛起点点的星光,让人沉醉其中。而靠着这个湖畔一千英亩的地方,正是威斯康星大学。每年,在曼多塔湖都会举办各项运动竞赛,展示着大学生们那活力的青春和充沛的能量,就连学生在湖边学习的情景也成为独一无二的画面,吸引着五湖四海的莘莘学子。威斯康星大学开启了大学的又一项新功能——服务。

现代高等教育理论认为,大学的功能包括教学、科研和服务三种。而纽曼所处的时代面临着大学的教学功能和研究功能的冲突,服务功能此时尚未在大学教育里点燃星星之火。就在德国的大学开启新模式,民主的、工业的及科学的革命正在西方兴起的时候,纽曼始终牢牢把握他对大学的理解——传授普遍知识的机构,也就是说,这里面隐含的宗旨是对知识的普及和扩展,而非提高。他明确提出科研与教学二者在大学功能上的分离,认为科研代替教学违背了大学的宗旨,一直强调坚持大学最传统的功能——教学。纽曼为此反问道:"如果大学的宗旨在于科学发现和哲学探索,我就看不出它为何需要学生。"[①]只要大学还是以学生为存在的基础,那么科学发现和哲学探索就不应该成为大学的目标,更不能成为大学的功能之一,传授知识和进行理性训练是大学唯一的,也是一成不变的功能。

是什么理由让纽曼如此执着于大学的教学功能呢?

一是源于"知识本身即是目的"这一根本认识,追求知识正是因为其所是而不是因为其所为。知识具有科学的特性,蕴含着真正的尊严和高贵;知识具有价值,充满了令人无限向往的魅力;知识能使人的心灵得到扩增,让人的心智得

---

① 〔英〕纽曼:《大学的理念》,高师宁等译,贵州教育出版社 2006 年版,第 21 页。

到训练。大学教育为之努力奋斗的目标是将这些高贵、有价值而又值得追求的知识传授出去,而这就注定了纽曼十分看重大学传授知识,也就是教学的功能。

二是源于不同的组织机构具有不同的功能定位,纽曼指出大学和科学院有不同的心智劳动分工。大学意在向那些希望自我完善的学生传授各门学科知识,而科学院则旨在进行科学发展中的新的研究,科学院关注的是科学本身,而不是学生,只要大学的一切活动还是主要围绕学生进行,就没有理由不把教学这个功能视为"掌上明珠"。纽曼大力褒奖意大利和法国那些享有盛名的文学和科学的"学院",它们常常和大学有着密切的联系,或者作为委员会,或者作为其附属的教职员会议或代表会议,但这些机构又独立于大学而存在,因为这些机构只需考虑科学研究,而不用关注学生的一切情况。纽曼认为,既然二者关注的对象不同,就应该实行科研和教学的分离。

三是源于每个人的禀赋不同。在纽曼眼中,科研和教学是两个不同的过程,需要两种不同的禀赋,显然,这两种禀赋很少发生在同一个人身上。教师的时间应该主要用来向后来者传授现有的知识,不可能有更多的闲暇或余力去获得新的知识,从事新的研究和发现;而从事科研的人,由于所具有的沉思习惯,为了避免其研究被打断,或多或少会远离教室和学校。纽曼认为,最伟大的思想家从来都是专注于自己的研究而容不得任何打扰的,像毕达哥拉斯曾经居住在山洞里,柏拉图则自雅典退隐到学园的丛林中,培根曾经居住在高塔里,泰勒斯更是为此终身未婚,独来独往。他们无不是为了远离干扰,而来到一个静谧的环境进行研究与创作,而这也从一个侧面论证了大学环境不适合进行高深学问的研究。这里,纽曼毫不避讳地直言化学和电学上的伟大发现都不是在大学里做出来的。

4. 大学的教学内容

同学们早早地就来到了教室,期待着美丽的英文老师上一堂精彩的英美文学课,领略大师们那独特的思想和别具一格的写作风采。在这堂大学英文课上,师生将分享培根的一篇《论学习》,其中"历史使人贤明,诗歌使人高雅,数学使人高尚,自然哲学使人深沉,道德使人稳重,而伦理学和修辞学则使人善于争论"的格言更是成为经典。培根一语便道破了不同科目有着不同的作用,而不同科目的学习能提升人各个方面的能力,从而实现一种全人教育。

我们再次从纽曼对大学最本质的理解出发,即大学是一个传授普遍知识的机构,为了做到名副其实,大学必须教授所有的知识。纽曼在《大学的理念》一书第二卷里精选了四篇论文来论述大学的科目。在文学这一领域,纽曼最先谈到了诗篇的学习。诗篇被装订成册后,成为古代教育的教科书,把青年人的心智向着高贵的思想和无畏的行为方向去塑造,像埃斯库罗斯、索福克勒斯和欧里庇得斯的作品都是被人反复吟诵的。诗篇的另一作用便是将人引入雄辩的领域,雄辩术十分值得人们掌握。此外,历史是需要大力学习的。纽曼相当重视古典人文科学的学习,但同时也强调不能忽视自然科学的学习,为此,他提出在文学院寓于大学之中时,理学院、医学院是不可或缺的。另外,知识的普遍性和完整性要求大学不可不教宗教知识。纽曼说过,宗教真理不仅是知识的一部分,而且是一般知识的条件,把它排除在外,就使大学教学支离破碎,用希腊谚语说,就是从四季中去掉春天。由此可见纽曼对于大学教学里宗教知识传授的重视程度。

纽曼除了详细论述大学所教授的科目外,还针对这些科目设置了先后顺序:首先应学习文法学,这种精细而严密的学术方法是一种重要的训练;其次是数学,让人开始拥有围绕一个中心进行管理和安排的能力;接着在学习历史之前要重视编年史和地理学的学习,否则读历史不过是读一本故事书;然后在学习阅读诗歌的同时,学会写作;最后终将引入最宏大、最真切的哲学视野。

纽曼推崇自由教育,他不赞同大学教育为了某个狭窄的目标而只传授特定的内容,但是需要指出的是,纽曼不是不赞成进行专业教育,只是拒绝把专业教育的内容放在第一位进行传授,他认为应该把专业教育的内容放到公民品格形成之后进行传授。

5. 大学的氛围

大学里,教授是传教士和讲道者,他们能言善辩,口若悬河,凭借对真理探求的最大热忱,以及对这一门科学的热爱,在听者心中点燃起那一团求知的火焰。在这个地方,教授以问答的方式充实他所传授的理论,用真理浇灌学生的心田,使知识渗透并凝固到他们那日益增长的理智中去。这个地方有它的声誉,令青年们有所钦慕;有它的静美,足以激起中年人的向往之心;有它的广泛联系,以吸引老年者的忠心。

在纽曼看来,营造一种独特的思想氛围是至关重要的,这正如一个人借助其独有的人格魅力犹如磁场一般吸引周遭的人,而一所大学特有的学术氛围也同样能吸引四面八方的求知者。大学是学派荟萃的场所,各个学派的学者们能在此放心而安全地思考和探索各种问题,学者与学者之间的思想碰撞,教师与学生之间的探讨,学生与学生之间的争奇斗艳,无不营造出一种难能可贵的独一无二的气氛。师生每天沉浸在这样一种学术氛围里,耳濡目染,再投身每个人的发展时,能形成双重的力量源泉:一是给每个人的思想留下独到的印证,二是在人与人之间建立纽带。人与人的心灵之间、知识与知识之间的碰撞使探索得以深化,使各种发现得以检验而更加完善,同时,也能让大学更好地发挥所应该发挥的作用。

大学教育中的两组重要概念:自由教育和职业教育,教师传授和学生学习

走进意大利的博洛尼亚,可以感受到12—13世纪的中世纪建筑风情,或许她不如巴黎那样有风韵,但却给人一种敦实的历史感。那标志性的特色柱廊是从中世纪遗传下来的,其形状和高度都有一定的规格,正是在这一道道的拱门延伸下,形成了一条长约35公里的全天候行人走廊,人们上街可在廊中行走,免受日晒雨淋,因此博洛尼亚素有"柱廊之城"的雅号。这座城市建筑的外墙色彩宛如莫兰迪油画,土红的、黄灰的、紫灰的,鲜明的颜色中调和了暗色调,强烈而淡雅,在早晨那一抹阳光的照射下,整座城市仿佛有种通透感,令人愉悦而舒畅。《十日谈》的作者薄伽丘曾在这座城市求学。当然,博洛尼亚最著名的还是那所在11世纪初建立的欧洲最古老的大学——博洛尼亚大学,堪称世界上第一所具有近代意义的大学。

纽曼十分欣赏这种古老而典雅的大学。在蕴藏着丰富的高等教育思想的《大学的理念》这本书里,的确存在很多值得人们继续深入体会和品味的重要观点,在此列举两组大学教育里的重要概念:

1. 自由教育和职业教育

纽曼曾在《大学的理念》一书中,摘录了闻名遐迩的哲学家洛克说过的一段话:"一个父亲一方面为儿子设计一个根本用不上拉丁语的职业,一方面居然又花费自己的钱财和儿子的时间让儿子去学古罗马语,结果儿子不可能不忘掉学校里学的那一丁点儿,十有八九儿子会厌恶自己蹩脚的拉丁语。除非我们大家在每一个地方都可以找到例证,否则,强迫孩子去学习一种在给他设计的生活进程中永远用不上的语言,同时却忽视在所有生活条件下都需要而且大部分职业都必不可少的书写和算账,这难道可信吗?"①纽曼承认在教育中没有什么比忽视对孩子未来职业而言所必需的内容更荒唐的事了,但是,纽曼在剖析了这段话后,结合洛克的其他相关文章,表示洛克真正的言外之意在于谴责任何倾向于对心智进行广泛培养的教学,这是不可接受的,纽曼注重的正是对人的心智的培养,也就是他提倡的自由教育。

(1) 自由教育

纽曼眼中的自由教育,继承和融合了古希腊流传的"博雅教育"和英国古典大学所倡导的"绅士教育",不仅可以使人塑造身体,修养心性,而且还能让人在礼貌、得体、优雅的言行中,既美于其内,又愉悦他人。他强调自由教育的关键在于对心智的培养,是一种发展理性,促使人的智慧、道德和身体和谐发展,并致力于客观真理的探索的教育。它也是一种把知识既当作大学教育的工具,又当作大学教育的结果的教育。这种教育不是为了某一特定的或偶然的目的,也不是为了某种特定的职业或专业。

针对当时以洛克为代表的实用主义教育猛烈抨击以牛津大学、剑桥大学为代表的传统教育的状况,纽曼特意阐述了自由教育的"有用性"。这种"有用性"

---

① 〔英〕纽曼:《大学的理念》,高师宁等译,贵州教育出版社 2006 年版,第 149 页。

并非简单的功用。纽曼指出,有用的不一定都是好的,但是好的一定是有用的,并且还能够创造出好的东西。毋庸置疑,凡是卓越的、完美的、令人崇敬的事物本身都要把好向外洋溢,把与自身的好相似的特质散布在四周。自由教育培养心智,这种心智本身不仅仅是美丽的、完善的、令人满意的、高尚的,还可以向周围扩展或作为一种恩惠、禀赋、力量、财富在其拥有者身上发挥作用,继而通过他对世界发挥作用。自由教育本身就是好的,同时还能传递和创造好的东西,那么就是有用的。

自由教育的"有用性"还体现在,虽然没有为职业生计培养合格的人,但它却使所有的人变得高尚;虽然没有教授某种职业特定的业务,却使人能够在任何职业中更优雅、更高尚地发挥作用。如果计划得当,实施得力,自由教育就能够让人公正、娴熟和高尚地承担一切个人的和公众的工作。

此外,自由教育下的人,不局限于专业的准确的研究,而是随意涉猎各种学问,并从中获取普遍观察的精神,这能让他在各种社交场合成为一个风趣幽默的人。毕竟,一个人也并非每时每刻都在工作,他还会做一些其他的事,同时人的群体性特征是难以摆脱的,这也就意味着一个人往往在社会上扮演多重角色,比如同时扮演一个孩子,一个家长,一个伴侣,一个朋友,一个工作单位中的人,一个公民等。那么,不管是为了丰富除工作以外的闲暇生活,还是为了扮演好其他角色,人们都需要在各种场合游刃有余。

(2)职业教育

职业教育,在纽曼看来,是一种单一的为了某一特定的职业或专业,或单纯为了科学研究而进行的机械性教育。这种教育仅仅让人掌握一定的职业或专业技巧,而这种人也只能在他的职业领域显示出重要性,不论他的专业技能如何出众,都只拥有一个活动的空间。纽曼进一步指出,毫无疑问,把传授局限于某一种技艺会使技艺越来越娴熟,尽管这种心智的集中推进了技艺,但是他的行动范围却变得狭小,他的心智与思维习惯同样会萎缩。沉醉于狭小的视野和利益,对一切漠不关心,不予重视,就像许多互不联系的单位那样,互相拆台、互相排斥,这是人性的普遍失败。

这种单一的职业教育下的人,由于缺乏理性的训练,在与人共处的生活中,是既乏味又不能给人以启发的。谈话是一种媒介,一种传播和形成全体民众的观点、品位和感情的极其活跃的力量,而话题总是五花八门。单一职业教育下的人,只能就他所擅长的问题滔滔不绝,但话题种类繁多的场合下不合时宜。

(3) 自由教育与职业教育的关系

纽曼承认他不欣赏单一的职业教育,但他再三强调他否认的只是一定要先把心智培养的真正的、唯一的目的确定为为了某些技艺或者生意、专业、行当和工作,然后才有权说心智培养是有用的这种观点。显然,这里是一个顺序问题,纽曼反对的是一开始就进行单一的职业教育。以人的身体健康为例,人必须先是健康的,然后躯体才能劳动,同样,先对人的心智进行一般培养,也就是自由教育,然后再进行职业或专业教育,这样他的心智才能健全。一个人一旦学习过如何思维、推理、比较、鉴别、分析,一个人一旦提高了品位,形成了独立的判断力,擦亮了心眼,那么,他诚然不会即刻变成一个律师或辩护人、雄辩家、政治家、医生、精明的地主、生意人、士兵、工程师、化学家、地质学家、文物收藏家等,但是,他的心智状态却允许他从事任何一种学科或专业,而且会是相当轻松而灵活的。

因此,不难发现,在纽曼看来,自由教育与职业教育并不冲突,两者是可以协调发展的,并且职业教育在结合自由教育之后,才显现出其效果。

2. 教师传授和学生学习

古希腊三贤是苏格拉底、柏拉图、亚里士多德,其中,苏格拉底是柏拉图的老师,而柏拉图是亚里士多德的老师,他们之间的师生关系被传为佳话。一天,柏拉图问苏格拉底:"什么是幸福?"

"我请你穿越这片田野,去摘一朵最美丽的花,但是有个规则:你不能走回头路,而且你只能摘一次。"苏格拉底说道。于是,柏拉图照着老师的方法去做了,许久之后,他捧着一朵相对美丽的花回来了。

"这就是最美丽的花了?"苏格拉底问道。

"当我穿越田野的时候,我看到了这朵美丽的花,我便摘下了它,并认定它是最美丽的,尽管我后来又看见了很多很多美丽的花,但是我依然坚持这朵是最美丽的花的信念,且不再动摇。所以,这就是我带回来的最美丽的花。"柏拉图十分认真地说。

"很好,这正是幸福。"苏格拉底意味深长地说。

"老师,那什么才是生活?"柏拉图接着又问了一个问题。苏格拉底还是让柏拉图到田野再走一次,这次可以来回走,在途中还是要摘一朵最美丽的花。柏拉图听到后,便充满信心地向田野走去,经过三天三夜后,苏格拉底依旧不见柏拉图回来,于是,只好去田野里找柏拉图,结果发现柏拉图已经在田野里住下来了。

"你找到最美丽的花了吗?"苏格拉底问。

"这就是我找到的最美丽的花。"柏拉图指着身边的一朵花说着。

"那为什么不把它带出去?"苏格拉底继续问道。

"如果我把它摘下来,这朵花马上就会枯萎,即使我不摘它,它也迟早是会凋谢的。所以,我就在它还盛开的时候,住在它旁边,等到它凋谢后,我再找下一朵。我刚刚指的那一朵已经是我看到的第二朵美丽的花了。"柏拉图回答着。

"看来你已经懂得什么是生活了。"苏格拉底一边说着,一边走出了田野。

苏格拉底是一位伟大的哲学家,"认识你自己"被他认为是一个值得人们毕生追求的目标,同时,他作为一名教育家,也从各个方面提出了精辟的理论。特别是他的"产婆术",通过问答的方式让学生在教师一步一步的提问下,发现自己的问题所在,从而进行更深入的思考,这种方法至今被认为是一种十分高效的教与学的方式。而教与学更是被纽曼视作大学教育里的一个至关重要的问题,从他对大学的本质和职能的理解就可以看出。

(1) 教师传授

中国大教育家陶行知,有一天发现学生王友正在用泥块砸自己的同学,他当即制止了,并要求王友放学后来到他的办公室。放学后,王友便忐忑不安地早早地等在了陶先生的办公室门前,陶先生一看,便立马掏出一块糖,递给王友,说:"奖励你按时来到这里。"王友稍有迟疑,但还是接过陶先生递给的糖果。陶先生又拿出一块糖果放在王友的手心,说:"之前当我不让你再用泥块砸同学时,你立刻就停下了,说明你十分尊重我,奖励你。"然后,陶先生又掏出一块糖果送给王友,说:"你很正直,我知道你砸他们是因为他们欺负女生。"这时,王友再也抑制不住心中的悔恨,哭着说:"是我错了,我不应该采取砸人的方式来体现我的见义勇为,而且还是砸我的同学。"陶先生笑着说:"再奖励你一块糖果,因为你正确地认识了错误。"这是陶行知先生教导自己学生的一种方式。同样,高度重视教与学的纽曼在教师教导方面也有其独到的见解。

在纽曼眼中,一位杰出的教师正如一名优秀的射手,射手会有唯一的目标——靶心,敏捷地将箭射向那个靶心,而教师也应当有一个明确的教学目标,一定要给他的学生带来精神上的满足和收获。他认为,教师认真勤奋是实现目标的最有效手段,教师将给学生带来享用终身的精神财富,而不是偶然的、暂时的收获。教师一定要在课前仔细而系统地思考教学内容,并且懂得如何让它们更好地服务于最初设定的教学目标。纽曼提出,课前的精心准备能让教师按照对确定的客体的理解表达自己的想法,还能扩展本学科和其他学科的联系,此外还能避免即兴传授所带来的冒险。当然,纽曼特别强调这个课前精心准备的材料绝不是用来给教师在上课时进行诵读的,真正知识的传授绝不等同于按照材料一个字一个字地读,而是需要将准备的材料消化于体内,根据学生的反应,更好地掌控课堂。

师生互动是纽曼认为一个出色的教师所应该把握,并且积极发挥的技能。纽曼坚持,倘若一个教师没有与学生的相互交流,也没有任何与学生共同分享的原则,只是在教或者在考一批互不认识的学生,那么,在这样冷冰冰的教室里,不可能给学生带去精神上的享受,更不可能给学生以心灵上的启迪,从而也就无法真正实现普遍知识的传授。这就是说,学生无法真正掌握融入体内的知识,也不会用这些知识进行理性思考。

纽曼常常这样设想:一大群青年,教师、学生都可以,敏锐、开放、富有同情心、善于观察,来到了一起,并且自由地相互交流,他们肯定会彼此学习,即使没有人来教他们;所有交谈对每个人而言都是一系列讲座,日复一日地从他们自己那里得到种种新的观点、新的思想材料、独特的判断原则和行动原则。① 他认为,这是一种相当好的活生生地传授和学习知识的方式,大家来自五湖四海,带着各自不同的观念,所以有一些东西值得概括,有一些东西有待适应,有一些东西需要消除,还有一些内部关系需要确定,以及一些习惯规则需要建立。但是,正是在这样一个过程中,人与人之间才能够更好地相互学习。同时,这里面也隐藏了一个很重要的观点,就是教师与学生之间的对话,单就扩充知识这一层面来说,是一种地位平等的对话,不必在意教师那高高在上的地位,仅仅是以知识论知识,谁都可以提出不同的观点。

(2) 学生的学习

古老的建筑,挺拔的大树,平整的草坪,知名学者的名言碑刻,多学科的自由的学术氛围,置身法国巴黎大学,真是令人心旷神怡。巴黎大学是欧洲最古老的大学之一,坐落在巴黎市中心的拉丁区。区内各式各样的大小书店琳琅满目,仅巴黎大学西门一侧一百多米长的街道上,书店就不下十家,同时,精致高雅的咖啡馆散落在道路两侧。在巴黎,青年学生往往不满足于课堂上的知识传授,更热衷于课堂外的自由讨论,因此,在道路边、阶梯上、咖啡馆里,总能看到三五成群的学生在津津乐道地探讨着,仿佛继续探讨就是另一种生活方式,他们绝不会以为只有教室才是学习知识的唯一场所。

纽曼坚信知识不是一种对零碎细节的被动吸取,学生掌握知识的过程是主动的过程,就像巴黎大学的那些青年学生,他们自己愿意并且会主动在课堂之后,针对某一个问题继续探讨。他强调,思维需要我们自己调动起来,我们不仅仅是来听讲座或读书的,我们是为了问答而来,而这种问答往往就在我们与教师的对话之中。只有这样,学生的学习才是真正的学习,学生的心智才得以真正扩展。

大学的学习在于主动,也意味着学生要敢于质疑权威,敢于向确定性的知识再次提出假设,并进行验证。亚里士多德曾指出,物体越重,下落的速度就越快,物体降落的速度和物体的重量成正比。而伽利略公开对亚里士多德的这个

---

① 参见〔英〕纽曼:《大学的理念》,高师宁等译,贵州教育出版社 2006 年版,第 139 页。

理论提出质疑,指出如果这个理论是正确的话,那么一百磅铁球的下降速度就应该是一磅铁球的一百倍。伽利略在一个阳光灿烂的早晨,登上了五十多米高的比萨斜塔,他右手拿着一个十磅重的铁球,左手拿着一个一磅重的铁球,然后同时把这两个重量不等的铁球推落下去。顿时,人们屏住呼吸,结果两个重量不等的铁球同时落地,推翻了亚里士多德的理论。正是伽利略的这种勇气,当然还有主动独立思考问题的精神,发现了真理。

同时,从最有限的意义上说,纽曼提出任何形式的自我教育都要远胜过死板的教学制度。自我教育能够让学生反思自己所学到的知识,并进行总结和归纳;自我教育能够使学生更有针对性地补己之短,发挥自己的优势;自我教育能够让学生更多地吸收其他方面的知识,以便更好地拓宽自己的视野。他常常希望学生能够随意地走遍每一个图书馆,取下自己所遇见的那些书籍;或者走进各处的田野,发现葱郁的树林和奔流的溪水中的大自然之书。纽曼举例说,哪怕是一个仅仅住在海边的穷学生,也能从海滩上,从码头边,从渔夫的小船上,从客栈的壁炉旁,从商人的店铺里,从牧人的小路上,从走私小贩们的小屋里,从长满野草的荒原里,从尖叫着掠过的海鸥身上,从永不止息的海浪中,为自己寻找一切可以学习的知识。

纽曼主张学生还可以从和他们一起学习和生活的人身上学到知识。此外,学生应该学会与有不同学习兴趣和不同知识的人相处,这样,他就能受到那些迥异的兴趣和知识的熏陶。此外,学生当然十分愿意和有相同兴趣爱好的人交往,那么,他就要学会如何和这些志同道合的人保持一种更为长久的友谊。

除此之外,当时英国学生一种典型的学习方式便是死记硬背,纽曼强烈反对这种学习方法。在他看来,记忆式的学习对于知识的扩充、心智的扩展不会带来明显的效果,更无助于学生创造性才能的发挥。纽曼指出,当时学生习惯于把十几门科目填满自己的脑子去应付考试,总是把前提和结论一股脑儿囫囵吞下,把各种证明全盘交给记忆,结果,在千辛万苦之后一无所获。这是需要摒弃的被动式学习。

参考文献

吴式颖、任钟印主编:《外国教育思想通史》(第七卷),湖南教育出版社2002年版。
〔英〕纽曼:《大学的理念》,高师宁等译,贵州教育出版社2006年版。
伍国文等编:《世界文学随笔精品大展》,上海文化出版社1992年版。

杜威

杜威　面向未来的教育

——培养学生"从做中学"

印第安纳波利斯市学校系统中的第45所公立学校正在进行一系列的实验,在这所学校中儿童们可以说是真正地从做中学。学校的工作安排虽然按照州的课程进行,但教师们不断地寻找新的方法,以防止作业成为单纯的课本训练或考试的准备。在五年级,班级活动围绕儿童在盖的一所平房进行。手工训练课上,班里的男孩子们去盖房。但是在动工之前,每个学生都要起草一份盖房计划,在算术课上,计算需要的木材数量和费用,不仅为他们盖的小房子计算,同时也为盖一整套楼房计算;他们在给房子测量的过程中做了许多习题,如计算地板和墙壁的面积,每个房间的空间,等等。不久,他们就提出假设,这所房子住一家人,并决定了这一家人以务农为生。于是,所有算术就以整个农场为基础。首先是计算耕种方面的题目,设计耕种规模,并根据他们自己搜集到的材料,对他们的"游戏农场"提出种种问题,如稻田的面积有多大,该用多少种子,将来希望有多少收成和可以得到多少利润。他们在设计这些含有他们正学习的内容,并且适合他们的农场题目时,表现出了极大的兴趣和创造性。他们筑起了篱笆、水泥走道、一堵砖墙,并为这家农户设计市场,出售黄油、牛奶和鸡蛋,还保了火险。在他们裱糊房屋的时候,就有了很多与买纸、裁纸以及糊纸方法有关的面积题,这些题目足以使他们在面积测量方面受到一切必要的训练。

英语课也同样以盖平房和居民生活为中心。拼读课以他们在建筑等活动中用到的词汇来进行。完成房子的计划,房屋及用具的说明,以及对住在这房子内的家庭的生活所作的描述,为作文习字课提供了无数的材料。他们将自己的作文朗读给全班同学听,让全班同学来评议,这又成了修辞课。甚至语法课也因为引用有关农场的内容而变得更有趣味了。

美术课也从儿童盖房和装饰房屋的实际活动中引出。学生们渴望有一座美丽的房子,因此房子里里外外的色彩装饰就提供了许多配制色彩的问题。后来,他们在制作墙纸、选择并布置窗帘以及室内装潢的过程中,又找到了很多构思的机会。每个学生先构思自己的方案,然后全班同学一起来决定用哪一种。他们也对洗澡间的地板和墙壁进行了设计,并制作了砖瓦,还筹建了一座花园。这个年级的表演课,主要是表演他们自己设计编排的反映农场生活的戏剧。

学校各个年级的学生几乎都是一有机会就自己背诵一些东西,由一名学生负责,让其他学生背诵;教师除必要时略加纠正或突出课文要点外,像是一名旁观者。学生被鼓励互相提问,大声提出反对意见并给予纠正,出现问题时自己独立思考。做这项工作时,不是通过教科书中的一篇固定论文引出一个新问题,而是先在班里提出问题,然后发文并讨论,若有可能就帮助学生实际试验,找出解决问题的办法,或者至少让学生在看论文前对问题有所理解。

这种方法适用于所有课堂教学。有个年级的学生研究巴拿马运河,在理解运河的目的和作用,尤其是运河水闸的目的和作用时,遇到了很大的困难。换句话说,他们对于老师讲述的内容提不起兴趣。于是,老师彻底改变了教学方法,重新讲起:如果日本和美国开战,你们作为华盛顿的政府,须调兵前往。学生立即来了兴趣,发现如果美国战舰要及时抵达太平洋,以保卫太平洋沿岸及夏威夷群岛,就一定要通过巴拿马运河。他们在家里做了船闸的模型带到学校,他们熟练而精确地用着地图,因为他们对于把国家从遭受侵略中拯救出来很感兴趣,但是直到一个学生问为什么美国不真正地开一条运河通过巴拿马地峡,他们才注意到,原来这一激动人心的游戏与他们先前试图从教科书中记住的那些令人困惑的事实有什么联系。

该校教师教学时所举的任何例子,都来自学生的实际生活,并且完全适合这个年级学生所从事的活动。三年级学生在他们的班级里建立了一个包裹邮政系统,有时他们的英语课和算术课就是以此为依据,同时还可以由此学习地图和度量衡的用法。一年级学生建起了一个小鞋店,这给他们带来许多工作和乐趣。学校办公室的大部分家具是年龄较大的学生在工厂中做的,有一些房间还装饰着学生在艺术课上制作的用模板印刷的图案。全校的数学课都从具体的方面教起。年龄较小的学生有用牙签盒和纸做的计算器,他们用这些工具做加减法;大一点的学生在学习新步骤时,可以撕些纸张或画些方块来帮助计算。学生都有事可做,要教的步骤就从这些事情中体现出来,然后由学生自己来分析所做的事情,最后才让他们用纯粹的数字做例题。

上文提到的注重培养学生"从做中学"的印第安纳波利斯市的第 45 所公立学校,便是当时众多依据进步教育思想进行实验改革的学校之一。这个学校的工作几乎都是以对学生有内在意义和价值的活动为中心。从这个意义上说,这所学校的学生彻底并真正地做到了"从做中学"。

美国进步主义教育运动是一场规模大、范围广、影响深刻的教育改革运动。这一轰轰烈烈的改革运动有很多理论及成果,但不得不说其中最具代表性的便是杜威的教育理论。

哲学与教育并举的一生

约翰·杜威(John Dewey,1859—1952)生于美国佛蒙特州柏林顿市的一个村庄。他的父亲是个零售商,他的哥哥戴维斯·R.杜威(Davis Rich Dewey)后来成为著名的经济学家。1875—1879 年,杜威于佛蒙特大学学习。他和哥哥是杜威家族的第一代大学生,低廉的学费及奖学金的帮助,才使他们有机会进入大学。大学毕业后,杜威获得了文学士学位,并任美国大学生联谊会成员。1879—1882 年,杜威分别在宾夕法尼亚州石油城中学和佛蒙特州一个乡村学校任教。在此期间,杜威还跟佛蒙特大学托里教授学习哲学史。1882 年,杜威在哈里斯教授主编的《思辨哲学杂志》上发表了他的最早论著《唯物主义的形而上学假说》和《斯宾诺莎的泛神论》。之后的 3 年,杜威在霍普金斯大学攻读博士学位,并于 1884 年获得博士学位。随后便开始了多年的大学执教生涯,并从事哲学与教育理论的研究。他的多部代表作都在这一时期完成并发表,包括《我的教育信条》和《学校与社会》等。杜威在此过程中获得了多所著名大学授予的博士学位。他的教育著作在世界范围内都产生了巨大影响。杜威游历世界各地进行讲学和实验指导,包括中国,北京大学就于 1920 年授予其法学博士学位。1928 年,他在苏联进行教育研究,并在这一年担任了美国进步教育协会名誉会长。杜威的一生都贡献给了教育,甚至在 1952 年去世之前还发表了他的最后一篇论文《〈教育资源的使用〉一书引言》。

西方学者一直将柏拉图的《理想国》、卢梭的《爱弥儿》和杜威的《民主主义与教育》这三部著作视为教育界的瑰宝,也有学者认为它们分别代表了西方古代教育、近代教育和现代教育。卢梭自称《爱弥儿》是构思 20 年和撰写 3 年而成,杜威从 1896 年创建芝加哥实验学校和 1897 年发表《我的教育信条》起,到 1916 年发表《民主主义与教育》,也恰恰是 20 年。可见非凡的作品都是需要长期的积累、思考和实践才能完成。总的来说,虽然仅仅一本《民主主义与教育》无法涵盖杜威的所有教育理论成果,但其中系统阐述的理论无论是在深度还是在广度上都可以视作杜威教育理论的代表。

民主社会与教育:民主教育是无比先进和优越的

杜威之所以用"民主主义与教育"作为书名,是因为民主社会就是他实施自己教育主张的社会根基和前提条件,在杜威的教育理论中所提倡的改革并不仅仅限于教育改革,还涉及社会改革,二者是相互联系的。那么,杜威口中的民主社会究竟是什么样的呢?他提出了衡量一个社会是否民主的两个尺度:一是在一个社会中,全体社会成员共享利益的多少;二是一个社会和其他社会能否交流互惠。首先,在一个专制国家,总是少数人占有特殊利益,大多数人能够共享的利益很少,由此产生的不平等必然导致以少数人为代表的特权阶级和由大多数人构成的受奴役阶级之间缺乏相同的思想感情,无法相互理解,从而必然会不断产生矛盾。而相反,民主社会却有很多人人共享的利益,这样人与人之间就可以相互理解和依赖,也能协力维护社会的繁荣和促进社会的进步。其次,民主社会应当是开放的,有利于该社会内部各成员之间,以及该社会与其他社会之间的交流和沟通,所有人类共同生存、共享利益及共同依赖的社会。专制国家通过闭关锁国的方式,维护统治阶级的利益;民主社会则善于利用人与人之间的交往,并且谋求的是整个人类事业与社会制度的改革和更新。

这种进步的社会必然急切要求人与人之间、社会与社会之间思想感情的交融,而这种交融必然离不开教育。杜威一再指出,在这种无隔阂的自由平等的社会中,不允许少数人有垄断教育的机会,要让每个人都平等享有接受教育的权利,并且能自由地发挥自己的才能。过去那种少数文化贵族阶级和愚昧无知的普通大众之间彼此对立的时代,是不能存留的。

柏拉图主张以教育为手段,对政治和文化进行限制。柏拉图认为每个人生来天赋不同,并依据这种天赋的优劣将人从出生就分为三等:金质、银质和铜质。这三种人分别要接受符合其等级的教育,最后分别充当立法治国者、御敌卫国者和致力工农者,进而组成理想国。相反,杜威认为,正是人与人之间的不同,造就了不同人的不同才能,而且才能是在不断变化的,在理想的民主主义国家,应当充分利用不同且不断变化的才能,共同促进社会的进步,而不是以此为借口划分阶级、制造隔阂。

普鲁士是以强调国家重于个人,甚至国家代替个人的国家主义教育思想兴起的。黑格尔宣扬孤零的个人是没有意义的,国家才是理性的实现者,个人只有服从国家才有价值,因而必须由国家兴办教育。此后,教育广泛的社会作用便只能限制在为国家服务、服从国家要求的狭小范围之内。而在杜威看来,人们当然要爱国,但同时必须破除国界,谋求人类共同的进步,二者并不矛盾。同人类的共同进步相比,国家权势是次要的。简言之,杜威认为国家主义教育难以与他崇高的民主主义理想相提并论。

此外,杜威还认为,社会矛盾和国际冲突与日俱增,并不断威胁人类的安全,若采取暴力或战争这些野蛮时代常用的方式来解决,必然会两败俱伤,这是不理性的做法,也一定不会产生合理的结果。但若能以理智的方式交换意见,剖析利害关系并进行理性的探讨,就可以化解误会,取得合作共进的结果。很显然,杜威认为教育的威力甚至胜过兵戎相见,在这一点上,他是以教育代替革命的理想主义者。

总而言之,在杜威的理论中,教育能够在民主社会的肥沃土壤中充分成长并发挥作用,民主社会中的教育一定是无比先进和优越的。

教育与学校:学校即社会

杜威在他的《民主主义与教育》中阐述了自己对于教育这一概念的理解。他认为人类属于社会性动物,社会并不仅仅是一个地理或者空间概念,社会的组成也并不是因为人们居住在同一个地方,而是因为人类彼此之间互通的信仰、目的、意识和感情。没有这些精神因素,即使同住一地,也无法形成真正的社会;但若有了这些精神因素,地域的距离和限制将不再是构成一个社会的阻碍。那么,这些共通的精神和心理因素如何形成呢?杜威认为,这就要依靠人类之间的不断交流与沟通,而教育恰恰是进行这种交流与沟通的有效方式。

古时候,人们依赖社会交往不断地沟通思想感情,丰富经验和知识,提高自己的能力,同时,在学校产生之前,这一过程也是古人接受良好教育的过程。但随着历史的发展,由于文化知识的不断积累和丰富,日常社会交往已经无法完成所有未成年人的教育,于是便产生了专门负责文化传递和交流的教育机构——学校。古时候的非正式教育,耗时长而效率低,文化知识的学习和传播是比较缓慢而少量的,然而,现今正规合理的学校教育则恰恰相反,是集中而高效的。因此,可以说学校的出现对文化传承和教育发展发挥了革命性的作用。然而,自学校诞生之时起,文化教育就越来越依赖文字,这使得人们渐渐对学校产生一个误解,认为学校的任务就是教学生读书识字。教育理论也因此开始畸形和片面发展。学校教育和实际生活相分离的状况非但没有好转,反而在不断恶化,因此,解决这一问题便成为学校教育发展的首要任务。

杜威为了改革上述传统教育遗留的弊病,提出了完全不同的教育理论。他一直强调应当将儿童从传统的书本背诵中解放出来,认为儿童通过日常活动,丰富自己的实践经验,进而增强用这些经验再去指导生活的能力,这才是真正科学的教育。教育并不是把学生限制在一个狭小的空间内,强制他们坐下来静静地听老师讲课,死记硬背书本上的内容。儿童的身体需要空间和场所来活动、伸展和锻炼,疲倦时则要休息。例如,人们都知道,婴儿不能穿紧身的衣服,因为这样会限制并阻碍身体的发育。而教室里狭小的空间，直背式的课桌，就相当于婴儿的紧身衣，还有头要向前看、双手要背后或者折放在课桌上的要求，对儿童来说，无异于身体上的束缚和精神上的折磨。一旦他们身上那些因没有正常发泄而不断积蓄的体力得到发泄机会时，就会和前面所受到的精神折磨一起，更加猛烈地迸发出来。这就必然使得他们课后过于激动兴奋，导致急躁或产生无目的的喧哗吵闹行为，很多学生下课或放学后肆意玩耍和喧闹，再也不想碰一下书本，不想或不愿写作业的行为，也是由上述原因所导致的。那么，何为教育？杜威提出，真正的教育是生活、生长及经验的改造。生活和经验是教育的灵魂，失去生活和经验，就没有生长，教育也就不复存在。

杜威在用生活、生长及经验改造解释教育的时候，首先强调的就是儿童。他认为儿童天生爱好活动，并能够根据造成的后果给他本人带来的快乐和痛苦，来调整和控制自己的活动，使其适应环境需要。例如，儿童下课时在讲台上玩闹，打翻了老师的粉笔盒，并且没有收拾，那么老师就会在上课时指出并批评这种行为，收拾粉笔的时间也耽误了上课的进度，儿童意识到他的行为会导致这种他不喜欢的后果，之后他就会在玩闹的时候十分注意，甚至不会再在讲台上玩闹了。儿童在适应环境需要的同时，也能适当地改变环境，使其适应自己的需要。例如，儿童要拿冰箱里的东西，够不着的话就会搬来椅子，踩在椅子上去拿。这几乎是所有生物的天赋本能，人类也不例外。儿童的这种天赋本能十分强烈，教育非但不能遏制，反而必须尊重和利用它。

教育应当让儿童适应和融入社会，这个适应社会的过程，杜威称之为教育历程。他强烈指责当时的学校将教育历程曲解为单向的、被动的，只是由老师告诉学生们他们应当知道的事物，而不去激发学生内在的求知欲，强制让学生去背诵书本知识，硬是以外部力量强迫学习。这种教育方式，忽视和压迫儿童的天性，就好比强迫盲人去看，强迫饱腹之人进食一样，是非常愚蠢和残忍的。若能在现实生活中教育儿童，就能使儿童感觉到学习的需要和兴趣，进而产生学习的自觉性和积极性；由于他们是自愿学习，并且能够在生活中真正理解所学事物的意义，因此这种教育是有利于儿童生长，并能够为儿童所接受的。例如，带孩子们到树林里、小河边、山丘上去认识大自然，远比只讲解枯燥的文字形象,要有效并且有趣得多。没有真正地见过,教师却希望儿童能够通过语言或者写作,描绘出生动的大自然,这无异于天方夜谭。甚至在这种前提和基础上,儿童已经发挥了自己的想象力,却并没有得到老师的尊重和鼓励,遭到的反而是嘲笑和批评,这只能让学生更加厌烦和不信任教育,怀疑自己,怀疑老师,怀疑学校,怀疑家长。

杜威对教育养成习惯这一问题也进行了论述。一般人总认为习惯是机械性的,忽视了习惯的养成其实包含了儿童内心的感受,儿童一旦内心排斥,就不可能真正养成习惯,只有他们接受甚至喜欢,才会有这种习惯。忽略了内心感受而培养的习惯,会阻碍他们的生长和生活,进而也不可能持久。一旦有机会,他们会毫不犹豫摆脱这种习惯。例如,学校只是机械地教给孩子们读书写字的固定姿势,并强迫他们保持这种姿势,让他们养成在学校学习的、这样或者那样的习惯,那么当孩子离开学校之后呢?没有了固定的课桌,没有了一起上课的同学,没有了在面前管教监督的老师,他们还会想起和学习有关的东西吗?他们还会保持所谓有益于学习的姿势吗?答案是否定的。他们在学校形成的只是他们自己都不理解的、机械的习惯,而不是学习的能力,离开了固定的环境,教育对于他们而言,已经不复存在。

杜威为了阐述他的新教育理论,曾逐一批判过从古至今的各教育家及其教育思想。例如,他批判了斯宾塞的教育是成人生活的准备说,认为这种学说强把成人的知识灌输到儿童的脑子里,关注的是成人,而非儿童的心理以及儿童的需要。就像教育者从他们自己的角度出发,为学生制定的各种纪律规定、学习目标等。这些要求充满了成人的愿望和浓厚的功利性,并未考虑儿童的身心发展需要。杜威还批判了洛克的教育是为了训练学生天生就有的记忆、思维、想象等各种心智的学说。杜威认为,人们并没有这些假定存在的能力,脱离现实生活而抽象地训练这些能力,是荒唐而不切实际的。赫尔巴特的传统教育理论也遭到了杜威的批判。赫尔巴特认为教育是教师给儿童提供教材,儿童经过心理上的统觉,将书本上的观念变成他们自己的观念的过程。杜威进行批判的理由是,这种学说忽视了学生内在的求知动力,没有引导他们主动自觉地探求知识,只把他们当作被动的接收器。

但是怎样把这一理论付诸实践呢？针对这一问题，杜威提出的方案是：学校即社会。他认为，传统的教师给学生灌输书本知识的方式，脱离了儿童的需要，使得学生缺乏学习的动机，这反过来又必然导致教师采取强制但会让学生逆反的手段，或糖衣炮弹那样失去学生信任的手段，使学生乖乖坐下学习，这是一个恶性循环。如果将现实生活中的活动引入教育，让儿童在活动中学习，不但可以激发学生的学习兴趣，还能帮助学生学以致用。学校应当被安排成一种尽量与儿童日常生活相贴近的环境，而不只是充满了冰冷书本和教具的地方，儿童生活、生长在其中，就能不断地产生和扩充经验，并提高所学经验的实用价值。例如，学校里创设植物园，帮助学生学习大自然，甚至是进行各种农业实践活动；也可以准备厨艺教室，开设厨艺课程，增强学生的生活技能；还需要一个操场来锻炼学生的体能，让他们发泄与生俱来的活泼好动的本能。在杜威看来，儿童理想和渴望的学校绝不是什么死气沉沉的书斋或学府，而是一个他们能够在其中自由自在地活动并且充满快乐的生活乐园。

但是必须明白的一点是，学校绝不是现实社会的照搬和移植。现实社会过于复杂，学校必须将其简化；现实社会系统庞杂，学校必须组织而使之条理化；现实社会良莠不齐，学校必须对其进行过滤和优选；现实社会有着很多的矛盾和偏见，学校必须在众多不同中寻求平衡。

教育无目的论：没有最终的目的

杜威的教育是一个循序渐进、积极发展的过程，教育的目的也存在于这个过程之中，即教育的目的就是获得更多更好的教育。教育不应当存在什么外界附加的目的。真正的目的应是儿童能够预见到的奋斗目标，他们为了这一目标，发自内心地、主动地、专心致志地学习钻研，竭尽全力寻求成功。这样，儿童便能够在稳步前进、不断获得进步的同时，随时随地感受到教育在他们身上发挥的作用，看到自己认真学习的成果。如此一来，儿童就不会再做不愿参与到教育过程中的冷漠的旁观者，也不会再迫于教师和家长等外在压力而敷衍自己的学习。由外界强迫而导致厌学，又由厌学而不断受到更多的外界压迫这样的恶性循环,也就可以破解了。那种能够让他们全力以赴的目标,必须是他们在实际生活中能够切实体会到的,能够看到和理解的。反之,那些强迫让学生服从的、遥远的、外界强加给他们的目标,他们既不理解,也不喜欢,自然就认为学习无异于对他们的身体折磨和精神虐待。

杜威进一步强调,教育的目的必须经过理性的选择,而不是专制武断的决定,它应当善于适应不断变化的外界环境,它本身也是在不断变化和更新着的,而不是死板得一成不变。教育的目的是清晰的,是在现在向未来发展的过程中不断实现的,不是那种渺茫的、抽象的、遥不可及的。当前目标的实现是未来目标实现的基础,因此,实现教育的目的绝不能以否定眼前兴趣和需要为代价。社会发展永无止境,那么,也就不可能存在最终的目的。在社会更新和重组过程中,学生通过不断地获得经验和生长,一定可以成长为合格的社会公民。这就是杜威的教育无目的论。

杜威反对教育当局根据社会传统指定教育目的。教师和父母往往秉承这种制度规定的目的,并且要求学生也一样。它一成不变、僵化死板,不考虑学生活泼好动的天性,不尊重学生独特不同的个性,又怎么可能激发学生的兴趣,而使他们认真地开展行动呢?那些寄希望于未来,认为总有一天学生会理解和感谢的想法,根本就是无稽之谈。现在的无法理解,很有可能变成终身的困惑,甚至演变成反感与怨恨。真正有用的目的,应当指导学生在实际活动中不断探索,从而获得结论和经验。在活动中出现的目的,是与活动紧密结合的,每当一个活动目的实现时,活动并不会终止,而会成为实现下一个活动目的的手段。这样,手段既成为目的,目的同时也是手段,对儿童来说,这一过程将不会再是枯燥乏味的了。例如,带学生参观植物园,以训练学生的观察能力为目的和以写出一篇作文为目的,就有很大的差别。如果以让学生写出一篇作文为目的,那么,他们的参观活动必然会有一定的功利性和压力,这时,他们的出发点已经不是自己的兴趣,而是如何能写出一篇让老师满意的作文,观察什么以及如何观察,都是为了用最简单省力的方式写作文了。活动本身变成了写作文的手段,不再有趣,他们对下次的参观活动也不会抱有期待,反而变成了沉重的作业负担。但若以训练孩子们的观察能力为目的,让他们自由选择、自由观察,最后在老师的引导下,以提出"为什么观察这个""观察到了什么"等问题的方式,进行口头或文字的简单汇报总结,这样自由、轻松的参观活动更能激发学生的主动性和兴趣,他们留下的印象也更深刻,既达到了训练他们观察能力的目的,对于下一次的活动,他们也会充满期待和热情,如此,教育过程就变得生动有趣,也更有实效了。

杜威晚年也曾指出,经验和教育并不是完全对等的。有的经验不符合教育需要,它可能适合于当前的发展,但却阻碍和扰乱了以后的生长。例如,有的经验或者生成经验的过程,使儿童反应僵化,接受新事物变得缓慢;追求狭隘的知识,目光变得越来越短浅,只见树木不见森林;养成懒惰粗心的习惯,无法集中而高效地学习。所以,教师在选择儿童的经验时,不仅要依据是否符合当前的要求,还要以是否有益于未来的生长为标准。

杜威认为,要使教育真正发挥作用,就不能把教育与社会活动割裂开来。他认为教师和学生都是社会的成员和组成部分,但是教师最成熟,因此教师对整个社会群体有一种特殊的职责,就是根据社会发展的方向来引导学生。教师既不能完全放弃引导,也不能专制独裁,正确的做法是让学生通过参与社会生活而获得生长经验,逐渐成长为优良的、能够促进社会发展的成员。最后他得出了一个结论:教师必须具备超前的意识和理解,将学生当前生活的要求与社会未来发展的需要相结合,使教育既能满足现在的发展,又面向未来。

教学论:从做中学

杜威的教学论是从哲学的认识论和他自己的教育实践中得出的理论。多数职业哲学家认为真理是永远不变的,是完美的和终极的。杜威则不同,他认为真理只是人们适应自然和社会需要的工具,并且必须经由实践来考验。杜威把人类视为自然界的一部分,人类的生存必须依靠不断地适应环境,个人的发展也要通过参与社会活动来实现。因此,人的身心与知行也必定是相互联系、相互依存的。杜威认为,人们是通过在社会生活中不断地遇到和解决问题,才进行思维的,并不是单纯为了思维而思维、为了真理而真理。无论是思维的过程,还是追求真理的过程,都离不开社会生活和实践。这就是杜威的实用主义认识论,运用在教学上,就可以概括为从做中学。

首先,在教学方法方面,传统上把教学一直看成一项传授知识的工作。杜威就这一观念进行了批判,他认为,从箱子里取出一件东西的过程,并不是制造东西的过程;从别人嘴里听到了知识,也不代表真正学会了知识。儿童被限制在一个狭小的空间里,坐在固定的座位上,安静地听老师讲解,背诵老师指定的课本内容,在这个过程中,儿童完全处于被动状态,消极地接受教师强加的、他们无法理解的、与生活毫不相关的教条知识;儿童不仅学不到知识,也无法培养他们对学习的爱好和兴趣,激发他们的自觉性,更无法让他们通过自由的探索来启发智慧,最终结果只能是压抑儿童的天性和扼杀他们的创造力。他坚决反对这种做法,认为教学不能直接将知识灌输给学生,而应当引导他们在活动中自己获得经验和知识。

下面我们来看几个案例,以帮助我们更好地理解如何从做中学:

在美国的印第安纳波利斯,园艺是小学七、八年级以及中学的一门常设课。该市购买了很大一块地,离城区不远,往来交通便利。任何家中没有园子的儿童通过请求都可以获得一块地,从而结合有关课程学习园艺的理论并付诸实践。获得的这块地面积不小,足以使儿童得到大量的体验。无论男孩还是女孩,都有他们的园子,他们在园子里的工作,也和其他工作一样计算得分。学校想方设法激起儿童对园艺的兴趣。从一年级起,学校就统计哪些儿童家里有园子,是菜园还是花圃,种些什么等。如果儿童希望换些东西种,学校还提供种子,儿童则要向他所在的年级说明他是怎样利用他的园子的。芝加哥公立学校的做法与印第安纳波利斯不同,但对通过园艺来学习自然的做法也给予了极大的重视。许多学校内有园子,所有学生都有机会从事真正的园艺工作;学校把这些园子作为学习自然的基础,使儿童在科学栽培方面受到教育。这样做也给城市带来了变化,换句话说,从事园艺工作对儿童和社会的价值是明显的:从儿童方面来看,这可以作为一种赚钱的手段,或者用这种方式为家庭供应蔬菜。从社会方面来看,园艺可以使街道清洁、美观。假如居民想把他们的后院及空地开辟成园子,他们就不会往那里扔垃圾,也不会允许别人那样做。特别是在学校周围的一些街道,这些工作做得尤为出色。开始总是先由儿童对园艺产生兴趣,作出努力,以后整个社会逐渐对园艺产生巨大的兴趣,所有可利用的空地都用上了。有些地区本来是贫穷的,园艺一兴起,除了家庭的面貌大大改观外,对当地人民也是一种实实在在的帮助。靠学校的帮助,这一地区的很多成年人在城外租赁了大块园子,并种上蔬菜。这一实验取得了极大的成功。本来毫无经验的市民,利用机会接受学校提供的教育,竟然能够规划并从事园艺工作,并且一开始就获得了成功。学校方面得到的好处也是很多的,因为许多外来的家长与学校密切接触之后,发现学校确实是地方上的一种力量,他们可以和学校共同协作。

美国哥伦比亚大学师范学院的附属幼儿园,为了寻找真正对儿童有价值的东西,进行了种种实验,并得出结果:当儿童的本能活动与社会利益及社会经验结合在一起时,取得的成效最大。对于年幼的儿童来说,社会利益和社会经验大多来自他们的家庭。这一结论得自该校"布娃娃课程"的实验。儿童对布娃娃有强烈的兴趣,以此为动机,儿童就有无数的事情想做,手工及建造工作也因此有了真正的目的。此外还有一个更大的好处,就是可以要求儿童自己去解决问题。娃娃需要衣服穿,全班同学就热情地为娃娃做衣服。但是儿童不知道如何裁剪缝纫,于是他们先用剪刀剪出纸样,再根据娃娃的身材进行修改和实验,教师只是给予建议和评论。成功做出纸样后,他们就选择和裁剪布料,然后学缝纫。即使衣服做得一点也不像样,全班同学也从做衣服的过程中得到了无穷的乐趣。他们除了学会操作剪刀、纸张和针线外,还得到了一种训练,即懂得了做工作先要有一定的目的。

上述案例中,儿童通过在园艺活动中种植花木学习栽培,通过给洋娃娃做衣服学习缝纫,杜威认为这就是将儿童在自由时间所喜欢做的活动纳入学校的课程之中,说到底,就是充分利用了儿童喜欢玩游戏的本能,让他们通过做感兴趣的活动获得知识和经验。更重要的一点是,这种教学并不仅仅将学生的学习环境由死记硬背转换为自由活动,而且还将他们的随机活动经过挑选移入学校的课程中。

总结杜威的从做中学,重点在于教学不仅要从儿童的现实生活出发,还应当随时随地融合在儿童的现实生活中。儿童在实际生活中遇到的问题和困难,总是能够自然地引起他们的高度注意，并且他们会尽全力去解决。儿童的知识虽然匮乏，但若他们全力以赴解决问题，也会愿意拼命思考和努力尝试的。教师平时给儿童的难题都是脱离了实际生活的，并且只是为了考试和升学，对于这些问题，学生也许做对且记住了答案，但并不代表他们真正理解和学会了。

实际上，锻炼学生的大脑，让他们学会科学的有用的思维和行为方式，要比塞给他们一些公式定理和无用的文字更有价值。授人以鱼不如授人以渔，教给学生科学的学习方法，让他们养成良好的学习习惯，远比灌输知识内容有用得多。高压下的填鸭式教学，只会让学生反感，进而敷衍应付。在强制学生学习的情况下，学生必然得在自己的意愿与外部包括教师和家长的压力之中作选择，怎样才能两全其美呢？只能做两面派了，表面应付教师和家长，内在却满腹怨言和厌烦，教师和家长要求的时候好好学习，一到自由时间就绝对碰也不碰有关学习的任何东西了。这样的学习又谈何取得效果？

直观教学法在当时的美国是比较进步的，但如果离开了儿童的活动，而只是对书本和教师教授的知识进行静态的、脱离实际的直观教学，它本应取得的效果就大大缩小了。杜威认为，教学应为儿童设想，除了不能脱离儿童的活动，还要依据和考虑儿童的心理。教师在这一过程中扮演的角色应当是儿童活动的伙伴或参与者，而不是简单的监督者和旁观者。理想的师生关系最好是互为师生，互相学习，不分彼此。

对于教学与思维的关系，杜威认为，教学与思维是一体的，有意义的活动必然有思维的运动蕴含其中。单纯由教师发出命令，学生麻木执行的活动，只是简单而肤浅的肌肉训练。在理想的教学过程中，教师应当鼓励和引导学生在活动中开动脑筋，科学地运用观察、推理、实验、思考、比较、分析和判断等方式，结合所有的身体器官，不断创造智慧和经验。但是，这并不是说传统的读书和听讲就完全不需要了，它们应当居于一个次要的地位，只作为学生解决实际活动中遇到的困难和问题的参考，而不再是教学和学习的全部方式及内容。杜威总是将教学的地位放在教材之前。

理论必须要指导实践才能最终实现其价值。杜威除了阐述自己的教学论，也为实践制定了一套自己的教学法——设计教学法。他在《民主主义与教育》

中认为,思维发展有五个阶段,其特征分别是:"1. 困惑、迷乱、怀疑,因为我们处在一个不完全的情境中,这些情境的全部性质尚未决定;2. 推测预料——对已知的要素进行试验性的解释,认为这些要素会产生某种结果;3. 审慎调查(考察、审查、探究、分析)一切可以考虑到的事情,解释和阐明手头的问题;4. 详细阐发试验性的假设,使假设更加精确,更加一致,与范围较广的事实相符;5. 把所规划的假设作为行动的计划,应用到当前的事态中去,进行一些外部的行动,造成预期的结果,从而检验假设。"①经过这五个阶段的发展,思维本身就转变成了经验。当然,这五个阶段并不是固定不变的,它们的次序和持续时间的长短,都是随着不同学生的天赋智力及当时不同的情境而变化的。设计教学法就是根据思维的五个阶段提出的,分别是:"1. 学生要有一个真实的经验的情境——要有一个对活动本身感到兴趣的连续的活动;2. 在这个情境内部产生一个真实的问题,作为思维的刺激物;3. 他要占有知识资料,从事必要的观察,对付这个问题;4. 他必须负责有条不紊地展开他所想出的解决问题的方法;5. 他要有机会和需要通过应用检验他的观念,使这些观念意义明确,并且让他自己发现它们是否有效。"②在传统学校里,学习和活动是完全脱节和不相关的,并且在人们的认识误区中,始终认为只有坐在教室里读书和听讲才是正确的、真正的教学,而活动只是浪费时间,还会让孩子变得贪玩。杜威的这些教学理论和方法,显然推翻了这一传统误区。

其次,在课程和教材方面,传统观念中由教师传授的教材知识,都是对前人积累的文化遗产进行逻辑加工,由教师预先制定好,之后再分类别向学生一一讲授的原则和理论。这些教材是多年科研的结果,与儿童活动关系并不大。既然这些教材里浓缩的理论精华脱离了儿童的日常生活,超越了儿童的理解能力,那么,儿童怎么可能理解并对它们产生兴趣呢?杜威认为,儿童的心理其实并不关注那些和自己生活无关的事物,也不关注那些超出自己理解范围的抽象的真理。在儿童的理智和心智都还不发达的时候,就使用这种抽象的教材,相当于儿童刚刚熟悉了自己家的院子,就立刻把他送去太空一样,只会将他尚且

---

① 〔美〕约翰·杜威:《民主主义与教育》,王承绪译,人民教育出版社2011年版,第165页。
② 同上书,第179页。

弱小的认知能力和狭小的知识范围挤压得使其透不过气来。此外,儿童的生活本来是一个整体,但到学校之后,划分得很细的各种学习科目就开始把他们的世界分割得四分五裂。为了纠正这一点,杜威提出,学校科目之间相互联系的纽带不是科学或者文学,而是儿童的社会活动。具体说来,就是学校要安排和儿童社会活动相关的事务,如园艺、纺织、木工、金工、烹饪等,以此作为学校的教材。后来美国学校普遍采用经验课程和设计课程,正是源于这一理论。

密苏里大学附属小学就是一所受杜威教学理论深深影响的典型学校。该校贯彻了教育应当遵循儿童的自然发展这一思想,将和儿童生活息息相关的自然活动引进学校并将其设置为学生的主要课程。该校将学生的一天分为四个阶段,分别进行以下基本活动:观察、游戏、讲故事和手工。对于较年幼的儿童,其活动几乎全部取材于他们平时的生活环境,其实,就是让他们从自己本来就已经熟悉的事物中去发现更多的东西。随着年龄的增长,他们的兴趣就会自然地转移到更为间接的事物上,开始去探索事物发生、生长的过程及其原因,于是,他们自然而然地开始学习历史、地理和科学。

一、二、三年级的时间划分是:上午9:00—10:30,观察;10:30—11:00,体操;11:00—12:00,游戏。下午1:30—3:00,讲故事;3:00—4:00,手工。在观察阶段,学生专门研究某一项课题,持续的时间并不固定,可以短到只需一个早晨,也可以长到要持续几星期。学校每年都有一个一般的年度工作计划,但如果学生提出了某些问题,而这些问题又恰恰对他们来说是重要的、正当的,那么学校原本制订的计划就可以放在一边,重点研究学生提出的问题。教师的主要任务是在学生研究他们自己的问题时提供帮助。

这三个年级在观察阶段专门研究的东西有花、树、果实、鸟类与各种动物,气候与季节变化,假日,旅游,杂货店,住宅,商店和出售的货品等。学生只在感到需要通过读、写、算来扩大他们的工作范围时,才去学习读、写、算。自然课尽可能在户外讲授,学生和教师一起边散步边讨论在沿途看到的各种植物和动物。学生自己为学校的鱼缸搜集小鱼,并一起养护,还可以自己种植一株植物或者挑选学校中的一棵树进行观察,留下全年的记录。对季节和气候的观察记录也是终年不断的。就这样,在他们观察并记录了整整一个周期之后,不知不觉就认识了气候季节的变化与他们周围的动植物生命之间的关系。而关于他们自己衣食住行的研究,则通常集中在一个连续阶段,根据不同的兴趣和可支配的时间,还适当增加了一些对当地生活方面的研究。他们研究珠宝店和马戏团,可以从中了解当地居民的娱乐活动和爱好;研究消防部门和邮局,则可以了解与他们父母相关的社区利益。

在研究方法的选择上,所有功课都是相同的。教师先帮助学生陈述他们目前所了解的、有关他们开始研究的课题的一切知识;然后,全班学生和教师一起到所研究课题的实地情境中去观察;最后,学生回到教室讨论所观察到的事物并记录下来。例如,当研究的课题是食物时,要先让学生阐述他们所了解的有关食物的知识;然后,教师可以带学生去参观食品店,参观时间并不固定,让每个学生都自己去观察,可以观察出售食物是以什么为单位的,观察力敏锐的学生也许还会发现商家会用一些办法让被出售食物的分量比实际重一些,教师甚至还可以引导学生注意和比较不同食物的价格,除此之外,他们也可以自己去访问店主或者店员;最后,让他们回到教室一起讨论自己观察到的事物,由擅长写的学生负责记录,可以记录实物清单,也可以记录访问过程。类似这样的参观,通常是在三年级进行。很显然,这样的研究方法可以不断地为学生提供读、写、算的机会以及正确使用口头英语的机会。

四年级学生由于兴趣不断提高,他们的作业安排有了明显的变化。他们的一天被分成了三个阶段:产业、讲故事和手工。"产业"阶段代替了低年级的"观察"阶段。学生已经了解了周围事物的意义,以及这些事物和自己的关系,他们准备好进一步扩大知识的范围,去了解自己所看不到的事物及其发展过程和原因。和低年级的学生研究他们周围的生活环境一样,四年级学生研究他们周围的各种产业:鞋厂、磨坊和田地里的农活。他们到各种工厂和农场旅行,课堂作业就是以他们自己在旅行中的所见所闻为依据。写字和作文围绕他们的旅行故事,阅读材料就是有关各种工业和农业的书籍,算术就是用来解决他们从农民和工头那里所看到的实际问题。所有的作业都是如此进行,以便于帮助学生理解所研究的产业。

到了五、六年级,学生继续学习产业,但范围有所扩大,包含世界上的各种主要产业。这时他们必须学习更多的书面材料来代替原来的旅行游览。除了之前的读、写、算训练,还有更多的地理知识需要学习。此时,图书馆的利用变得格外重要,因为学校并没有主动交给学生任何可供他们学习和背诵的教科书,他们必须主动去图书馆的藏书中查找资料。每个学生并不读同一本书,这样他们就可以对问题的讨论做出不同的贡献。

在七、八年级,关于产业的研究作为历史的学习得到继续,即研究与衣食住行相关的产业史。例如,他们可以从一座山洞开始,继而研究游牧民族的帐篷、古希腊、古罗马人的住所,最后到今天的摩天大楼,这是在研究居住史;或者他们可以研究农业史,以了解农作物的各种收割机器的历史演变。每个学生都要对自己的研究进行记录,并写成短文,愿意的话还可以自己进行说明和讲解。

学生通过学校安排的这些校外或室外活动所得到的发展,以及他们在这些活动中学到的东西,更易于变成他们的日常生活知识,因为这些学习过程和内容可以引起他们的兴趣,使他们能够理解其直接用途。这种学习有益于学生更好地生存和生长,把儿童送进学校,不就是为了这个目的吗?

有些反对这一理论的教育家认为,这种注重经验和活动的生活课程是有损学生智力发育的。杜威认为,其实二者并不对立,而应当是统一的。在活动课程中,人们的感觉器官受到外部刺激而产生新的经验,进而对新经验作出反应,在已有的旧经验的基础上作出新的假设,从而形成有关新事物的新知识。由此可见,活动、思维和知识是统一在这个过程中的。所以,依据儿童的日常生活经验制定课程和选择教材是正确的做法。他认为,传统学校中,教师把从他们自己视角出发选择的高深难懂的知识教给学生,学生既用不到,也不理解、不喜欢。那么,让学生学习这类知识就必然需要教师的严惩打罚,这样的课堂对学生来说无异于在监狱受刑。他甚至认为,在学校中求学的真正目的,并不在于知识本身,而是在于让学生学会用所获得的知识满足各种需要的方法,让知识真正有用。

杜威理论的另一个先进之处,就在于他一直以综合的、发展的观点来看待教育。所谓综合的观点,就是他一直把知识与行动的关系、经验与知识的关系看作一个相互联系的整体。所谓发展的观点,就是他一直把社会、人类及儿童看作持续发展变化的,而非一成不变的。具体说来,杜威将儿童和青少年的学习过程分为三个层次:第一个层次是4—8岁,这一阶段的学习是通过活动进行的,重点是学会怎样做,方法是从做中学,获得的知识来自实际应用,并以实际应用为目的,而不是为了储备知识;第二个层次是8—12岁,这是学生的自由注意学习阶段,此时儿童的学习和理解能力增强,可以通过直接知识来学习间接知识,如可以通过历史和地理的学习获得更广泛的有关时间和空间的知识,但要注意间接知识不能脱离直接知识,否则就会变得深奥抽象,难以理解,只能成为学生大脑的负累;第三个层次是12岁以后,这一阶段属于学生的反省注意学习时期,学生开始以对科学知识和事物发展规律的掌握为主要任务,进而学习科学的思维方法。杜威认为,科学家的出发点是研究知识、追求真理,而儿童的出发点是生活和生长,二者本就是不同的。可是在当时大学教学中采用的是适合科学家的方法,中学模仿大学,小学又模仿中学,从高等院校到初级小学,都采用注重逻辑思考而忽视心理需要的教学,这也是造成教育悲剧的原因。

从数千年前开始,教学一直是让儿童深感痛苦和折磨的活动。近代学者通常将尊重或者摧残儿童作为划分文明和野蛮时代的标志。实际上,这一转变经历了漫长的历史过程。著名教育家卢梭就曾在18世纪时倡导尊重儿童的天性,以及教育应当回归自然,但这一理论并未改变当时儿童教育的状况。甚至在杜威的时代,仍有很多人认为儿童是成年人的缩影,理应学习成年人所知道的知识。正是杜威的不懈努力,一直坚持提倡并宣扬他的理论,并且不断地尝试教育改革,才让儿童从压迫天性的教育中得到很大程度的解放,使得当时的学校教育大为改观。

德育论:有用的就是道德

杜威的教学论以实用主义真理论为基础,而他的德育论则以实用主义道德论为基础。实用主义真理论认为有用的就是真理,在道德论上,则反映为有用的就是善,有用的就是道德。传统道德强调追求至善,注重人伦和服从规范,如西方基督教中的十诫(孝敬父母、不偷盗等),中国古代要求妇女三从四德,以及避世隐居、无为而治的思想，在杜威看来，都毫无用处。杜威的道德关注的是行动、实际利益和效用，他认为不存在普遍的、固定的善，善是体现在具体情形和行为中的，不同的情境，判断善的标准应当不同。在道德的重要性方面，杜威认为一般社会需要政治、经济、哲学、科学、宗教、艺术等因素，而他主张的民主社会特别需要优良的公民道德素质，因为民主政治和公民的道德觉悟紧密相连，不可分割。只有道德因素能够给予民主社会最大的支持，道德是民主社会生存和发展最基本和最宝贵的因素。

关于德育的实施，与杜威在教学论中强调从做中学相一致，他坚持的原则是在活动中培养学生的道德和品质。在传统学校中，一般会设修身课或公民课，在课堂上只是简单让学生死记硬背各种道德格言和训诫，以及各种复杂难懂的道德术语。杜威认为这种脱离行为的、孤立的道德课程，就像不让学生进入泳池而想要教会他们学游泳一样可笑。他主张学校应当提供给学生真正的鲜活的社会环境，让学生生活于其中，进而在实践中理解人们彼此之间的相处之道，养成良好的道德习惯和正确的道德态度。例如，可以让学生在各种活动课程中，与同学、与老师一起互动和完成任务，在与同学的相处中学会合作、谦让等与人相处之道，以及在与老师的相处中学会如何与长辈平等而守礼地沟通。公民的好品格并不是仅仅依靠个人告诫、说服或者死记硬背就可以形成的。

苏格拉底认为，人们知善就可以行善，作恶一般都是出于无知。但反对这一观点的人认为，也有人知善不行善，知恶而不悔改。杜威认为后者恰恰是传统的道德教育重理论轻行动造成的结果，如果儿童的道德知识是从自己的生活经验中获得的，那么他一定会坚信不疑并付诸行动了。他还说，如果学校不能真正将社会生活引进德育的课堂，德育就必定会沦为病态的和形式的。病态的即指教师仅仅注意防范和纠正学生的错误行为，而不知道应当引导学生不断地、自觉地行善，让他们自己去抑制不良的习惯和行为。形式的即指一般学校只是有名无实地向学生灌输无关痛痒的道德知识，儿童并不理解，只在表面上装作行善，因为在感情和内心上没有任何触动，所以不能从内在树立和养成良好的道德品格。

杜威还提出，道德教育的目的是各科教学共同的和首要的目的。如果历史、地理、数学等学科的教材，和社会生活脱离，和社会现实绝缘，即使有学术价值，对德育也没有任何作用。相反，若是能将一门科目当作理解和认识社会生活的手段，它就被赋予了积极的德育价值。例如，一个教师在历史课上只陈述史实，而并不将其与现实生活相联系，那就是一种死知识的灌输，无益于学生品德的形成。他主张把史实与社会生活相联系，并使学生从中受到启发，理解人与人之间的关系，以及人对社会应尽的责任与义务，这样的教学就成为德育的一部分。

下面两种课堂教学模式有助于更好地理解杜威的德育教学理论：

（1）将小品引入德育课堂。教师首先要对与教材相关的社会现象或者社会热点问题进行筛选整理，和学生一起设计排练成小品，在课堂上进行深入浅出的诠释和演绎。把复杂变为简单，把抽象变为具体，让学生更易理解和接受。剧本的设计和排练，还有道具的准备都要在课前完成。表演完之后，教师要及时针对小品所表现出的教学内容，引导学生思考和讨论，并表达自己的看法。在学生发表意见时，教师并不作任何评价，而是继续由其他学生来判断，不断让学生自己思考不同的做法会产生怎样的结果，最终引导学生选择正确的做法，帮助学生建立正确的价值观。

（2）将辩论赛引入德育课堂。辩论赛与小品相比，有着较高的竞争性，也会使学生为了取得胜利，而深入详细地了解辩论的题目和相关知识。这需要教师花费更多的时间和精力作课前准备与辅导。教师可以提前给学生放一段辩论赛的视频，然后对辩论赛的规则、程序和方法作一定的讲解。之后把辩论的题目告诉学生，有必要的话，简单介绍辩题和教材中的哪些知识相关。最后对学生进行合理分组，布置任务和具体内容。组内分工就由学生自己决定，并由学生自己准备材料和论据，提出论点。

以上两种课堂教学模式中，学生参加活动的过程就是学生主动地学习、理解和记忆知识的过程，也很好地体现了杜威一直强调和要求的从做中学。杜威把学校的生活、教材和方法称为学校德育的三位一体。在德育方法上，最重要的是注意学生的情感反应，让学生内心产生情感共鸣，由此培养学生内在的爱善行善的精神力量,而不是为了获得表扬和赢得利益等外在动机去行善。他认为儿童天生就有行善的本能,教育者应当学会利用这一本能,并恰当引导和激发这一本能。显然,若要让儿童从思想到行为都真正乐善行善,就必须有浓厚的道德感情。还值得一提的是,杜威认为能够信仰上帝的人,自然地就有道德。因为人人都可以不经过任何训练,只要内心有共鸣,就可以自然而然表现出对某种宗教的崇拜感,所以人人都应该信仰宗教。由此可以看出,杜威严谨的基督教徒身份,使他的德育论带上了一定的宗教色彩。

参考文献

〔美〕约翰·杜威:《民主主义与教育》,王承绪译,人民教育出版社 2011 年版。

〔美〕约翰·杜威:《学校与社会·明日之学校》,赵祥麟、任钟印、吴志宏译,人民教育出版社 2005 年版。

尼尔

尼尔 心灵自由教育
——以爱和自由为宗旨

在英国萨福克郡里斯顿镇,有一所以爱和自由为宗旨,强调学校适应学生的进步学校。在这所自由的学校中,学生的入学年龄是不固定的。有的学生5岁入学,而有的学生15岁才来。学校一般将学生人数维持在男生25个,女生20个。分班依据的是学生的不同年龄段,总共有三个班:5—7岁为小班,8—10岁为中班,11—15岁为大班。班级划分有时也会考虑学生的不同兴趣。学生来自英国、德国、美国、荷兰等不同国家。该校采用的是寄宿制,根据分班情况安排住宿。每个班都有一个保姆。中班的宿舍是石头建成的房屋,而大班普遍住的是茅草屋。女生同男生一样,基本是2—4人同住一间,个别年纪较大的学生可以自己单独住一间。学校并不对学生的宿舍进行例行检查,也不安排专门人员负责整理和打扫。学生们也没有被要求穿统一的制服,他们可以在任何时间穿各种自己想穿的衣服。在这里,学生们拥有完全的自由。下面简要介绍一下在这所学校中学生们的一天是如何度过的:

8:15—9:00是早饭时间,在这段时间里,学生和老师分别将自己的早餐从书房端到餐厅并享用。之后直到9:30上课之前,是整理床铺的时间。

在学期开始之时,每位老师都要公布一张自己所教课程的上课时间表。课程一般都会安排在上午,小班和中班学生的午餐时间是12:00,大班则会一直上课到下午1:00,然后和老师一起在1:30吃午饭。

下午一律是自由活动。这通常是中班和小班学生的游戏时间,大班学生则可能喜欢和机器、无线电待在一起,或者忙于作图和绘画。天气晴朗时,大班学生就会到户外去,或者在手工房里制作和修理一些如自行车、船甚至手枪之类的东西。

下午4:00是师生的下午茶时间。5:00之后,学生们开始进行不同的活动。小班学生乐于听别人讲故事,中班学生一般都喜欢到美术室去画画、剪纸和做些小手工艺品,大班学生仍旧热衷于到手工房、木工室和金工室去做些手工活。

晚上安排的活动更加多样和有趣。星期一晚上,学生们用父母给他们的零花钱去看电影。星期二晚上,老师和大班学生一起听校长的心理学讲座,而为小班学生安排的是各种各样的读书小组。星期三晚上则是学生们的舞蹈之夜,他们可以尽情欢乐地唱歌跳舞。星期四晚上学校不安排任何活动,学生们自由决定想做的事情,零花钱多的学生还可以去看电影。星期五晚上主要用于排练和演出话剧等表演活动。星期六晚上是最重要的一个晚上,因为这是学校大会之夜。学校大会是这所学校进行民主自治管理的主要方式,老师和学生平等享有投票权,以个人为单位,在大会上对学校规章制度的制定、教学设备的配置及大小事件的处理方式进行投票决定。开完大会后,一般会安排跳舞。而在冬天,星期六晚上则是戏剧之夜,学生们之前排练好的戏剧都会在这一夜上演。

关于上课,首先,学生们可以自由决定是否上课,如果愿意,他们甚至可以选择完全不上课,课程表仅仅是为老师准备的。该校也没有什么固定的、新的教学法,学生们完全依据自己的需要和兴趣学习。每一堂课的内容和讲授方式都不固定,并且很有趣,但在这种轻松的氛围里,学生们却能学到很多东西。如果某个老师因故未能按时上课,学生们总会有一种失落感。

关于考试,该校虽然设有定期的考试,但却不同于真正意义上的考试。考试的试题也是为了有趣和好玩而出的,例如:"……马德里,星期四群岛,昨天,爱,民主,仇恨,我的老虎钳在什么地方?"[①]这些考题虽然看起来并不认真,但却让学生们入迷和喜欢。至于大学的升学考试,虽然该校的校长和教职员都非常痛恨,可是并未因此将升学考试科目拒之门外。学校也针对那些真正想要上大学的学生设置了为大学升学考试作准备的课程。

---

① 〔英〕A.S.尼尔:《夏山学校:养育子女的最佳方法》,周德译,京华出版社2002年版,第7页。

这所给予学生完全的自由与尊重,甚至看似有些放纵的学校,就是 20 世纪 20 年代由英国著名的教育家、心理学家尼尔创办的誉满全球的夏山学校。

 从问题儿童到正常儿童:根源在于教师和家长

尼尔(Alexander Sutherland Neill,1883—1973)出生于苏格兰的一个小村庄。尼尔的童年很不幸。他生性胆小内向,行动缓慢笨拙,而父母对他管教非常严格,从来不给他任何闲暇娱乐的时间,一旦他对学习稍有懈怠,父母就会严厉训斥,甚至还会遭到父亲的鞭杖。这种教育方式非但没有对尼尔的学习有所帮助,反而让尼尔在重压之下变得更加怯懦孤僻,内心充满了自卑和对外界的恐惧,成为周围人眼中的问题儿童。1903—1908 年,尼尔从师范学校毕业,并在三所公立学校担任助理教师。幸运的是,他在 1908 年考上了爱丁堡大学。尼尔在这所大学求学期间,过去受到的创伤渐渐愈合,形成的扭曲性格也渐渐恢复正常,并最终取得了硕士学位,毕业后开始从事编辑工作。1914 年,尼尔担任苏格兰格雷特纳格林乡村学校的代理校长。由于第一次世界大战爆发,当时很多学校都屈于官方的压力,鼓动师生为战争服务。但这所学校却不同,教师在课堂上不断对学生进行反战宣传和人格教育,鼓励学生独立思考,通过很多活动课程培养学生的人生感受。在这所学校任职和生活过程中,尼尔深有感触,并开始将自己对社会和教育的思考以及很多具体的教育问题联系起来。1916年,尼尔的第一本著作《一个教师的日记》出版。这本书就是由他在格雷特纳格林学校任职期间所写的工作日记和个人日记整理而成,表达了他积极的生活态度和对当时一些教育问题的看法。一年之后,他的第二本著作《一个被免职的教师》出版。凭借这两本书,尼尔赢得了幽默作家和教育批评家的美名。

1917 年是尼尔在格雷特纳格林的最后一年,也是他的教育哲学走向成熟的重要起点。在这一年,尼尔认识了一位对他一生的教育思想产生重要影响的人——霍默·莱恩。莱恩是一位著名的美国精神分析学家,创立了专门收留问题儿童的"小共和国"。①尼尔在这年冬天慕名访问了这个失足少年儿童之家，在这里的经历让他大开眼界，尤其是让他看到了人类的潜意识和自由联想在教育方面的应用前景。莱恩认为，问题儿童的反社会行为都是他们情绪骚乱的表现，产生这种表现的原因，就是他们潜意识中自我表现的欲望不断受到打击，进而对外界产生了一种非常大的敌意。消除这种敌意的唯一方式就是真正变成他们中的一员。也就是说，教师要从权威的位置上走下来，融入学生中，让他们自己教育自己，自己解决自己的问题。莱恩这一思想，不仅影响了尼尔的一般教育观念的形成，还为他提供了一种将心理分析的方法应用于教育实践的模式。也正是尼尔自己悲惨的童年遭遇和莱恩对他的影响，为他今后激进自由主义教育思想的形成和自由教育实验学校的创办奠定了基础。

1917年春，尼尔应征入伍，服役一年后回乡，然后应邀考察了伦敦阿尔弗雷德国王学校，尼尔对这所学校印象很好，于是申请加入。1919年初，他终于成为阿尔弗雷德国王学校的正式教师。他非常急于将从莱恩那里得到的有关儿童自治的思想在这所学校付诸实践。但实施后发现，在学校中设立的学生自治政府根本就是虚设，学生还是在很大程度上受到教师们隐形权威的压迫，与他原先的设想有很大距离，因此，尼尔不久便离开了这所学校。

1921年8月，尼尔受一位朋友之邀，来到德国德累斯顿郊区的达尔克罗斯学校主持该校国际部的工作，而他所负责的国际部便是夏山学校的前身。这所学校很快引起了外界的注意，因为在这里儿童受到真正的尊重，有充分的自由空间和自治权，学校的民主自治组织发挥着积极的作用，学生的创造性活动和自我表现是高于教学的重点所在。尼尔于1923年出版的另一本著作《一个旅居国外的教师》就记述了他离开阿尔弗雷德国王学校到达尔克罗斯学校这段难忘的经历。而在此期间他最大的收获，就是终于认识并清楚了什么才是儿童真正的需要。

1923年，由于时局动荡和战争影响，德累斯顿出现了政治骚乱并威胁到学校的安全。于是，尼尔率领一部分师生前往奥地利维也纳重新组校。在此期

---

① 参见〔英〕A. S. 尼尔：《夏山学校：养育子女的最佳方法》，周德译，京华出版社2002年版，第81页。

间,尼尔认识了早期弗洛伊德派的代表人物斯特凯尔,又一次更深入地了解了心理分析方法。1924年夏,学校因引起当地宗教组织的不满而再次迁移,回到英格兰多塞特郡莱姆里杰斯,并取名"夏山学校"。1927年,尼尔又将学校迁往萨福克郡里斯顿镇,并沿用"夏山学校"这一名称。

外界一般将夏山学校的创立当作尼尔开始从事问题儿童研究的标志。但事实上,尼尔并不喜欢,也不同意外界把夏山学校的学生视为或称为问题儿童。他认为,夏山学校的孩子们并不是什么问题儿童,而是被传统学校和教育抛弃的儿童。也许情况恰恰相反,夏山学校才是正常健康的学生学习的学校,而真正的问题儿童根本另有所属。20世纪30年代,尼尔不仅在自己的研究上成果颇丰,而且将夏山学校由一个实验学校变成了示范学校。这也在事实上证明了尼尔自由主义教育理论的正确性和可行性及其教育实践的成功。在夏山学校期间,尼尔出版了一套丛书,分别为:《问题儿童》(1926)、《问题家长》(1932)、《问题教师》(1939)、《问题家庭》(1949)。这套丛书从心理学角度,运用心理分析方法,深入探讨了形成儿童心理障碍和造成儿童行为异常的原因,在尼尔看来,这根本就是因为问题教师和问题家长对儿童潜意识中的愿望和需要不了解,对儿童心理动机缺乏认识,进而对他们实施了自以为正确的愚蠢教育,才造就了他们口中所谓的问题儿童,导致了儿童教育的失败。

由于第二次世界大战爆发,尼尔不得不将学校再次迁至北威尔士的一个小村庄,并在那里度过了极其艰难的5年。1944年4月,尼尔的妻子林丝病逝,她一直帮助并支持着尼尔的教育思想和教育实践。他的第二任妻子埃娜也是夏山学校的教师。在尼尔晚年和去世之后,埃娜接替了他在学校的日常工作。1985年,埃娜退休之后便由其女儿任校长至今。

1960年,依据尼尔早期4部著作重新选编的著作——《萨默希尔——一种激进的儿童教育方法》于美国出版。在这一著作中,尼尔对自己的教育哲学进行了理论化和系统化的阐述。它的出版引起了强烈反响,并成为至少600所美国大学的必修课。美国还于1961年成立了萨默希尔协会,鼓励并呼吁建立美国自己的夏山学校。

1966年,尼尔出版了另一本著作《自由,并非放任》,于第二年在英国发行并改名为《谈谈萨默希尔学校》。这些著作的相继出版,极大地提高了尼尔和夏山学校的声誉,也为学校带来了一定的经济价值,往来参观的人不断增加,尼尔陆续接到各地演讲的邀请。

1966—1971年,纽卡斯尔大学、埃克塞特大学、埃塞克斯大学分别授予尼尔荣誉博士称号。尼尔从未否认过他的著作中带有明显的倾向性,也掺杂了他个人的情感,因此他并不反对读者对他的书评头论足。但他还是希望读者能够至少以一种无害的态度来读,不受别人影响得出自己的判断。更何况,他在最开始就一直强调,夏山学校的教育方式,也许只对相信它的人来说才是有效的和正确的。他并不愿别人重复他的教育实验,因为他认为每个人都有进行自己独立的教育实验的权利,而且既然是实验,那就必然包含着创造,在创造的过程中必须有自己不同于别人的个性。

1973年9月22日,尼尔病逝。他的自传也在这一年出版。

夏山学校:游戏至上

夏山学校是一所私立寄宿制学校。学校主楼原本是一栋私人住宅,楼前后分别有一片花园和树林,因此,校园十分宽敞,有足够的空间供学生们自由活动。由于战争的毁损,学校曾经做过一些在维持原样基础上的整修。

尼尔为了始终贯彻和实践自由教育的主张,在办校的时候一直都不接受政府的资助。学校的经费都来自廉价的学费、私人或社会团体的捐助以及尼尔在世时著书立说的稿酬。虽然学校的经费经常很紧张,但在学校待过一段时间的学生们,并不抱怨经济上的拮据,反而认为夏山才是真正快乐和自由的学校。

从1921年夏山学校的前身——达尔克罗斯学校国际部建立以来,学校招收的就一直是国际范围内的学生。考虑到经济问题,学校开始只招收中产阶级以上家庭的子女。第二次世界大战之前,学生基本来自西欧和北欧,战后,美洲和亚洲的一些学生进入夏山学校,生源开始扩大。近年来,来自日本的学生人数不断增加。

夏山的招收对象原来都是被周围人视为问题儿童的孩子,之后随着学校的不断发展,影响不断扩大,也开始招收正常的儿童。尼尔认为,真正自由的学校,不应当尽量多地招收学生,因此,夏山的学生人数一直保持在四五十名到七八十名之间。

夏山教师的招聘范围是面向全社会的,除了学有专长以外,还必须具备儿童心理学方面的知识,并愿意接受和相信尼尔的教育思想及教学方法。全部教师都必须通过资格鉴定,其中不乏高学历的教育者。

民主自治的管理制度是夏山的特色之一。学校通过设立学生自治会,即学校大会,管理学校中的大小事务。夏山的这种自治是绝对没有官僚作风的自治,大会主席团通过投票选举产生,由学生轮流担任,每一次学校大会都由新的主席主持,每一任主席均由前任指定。在投票中,不论是教师还是学生,年龄大还是小,每个人都只有一票的权利。在以民主为主旨的夏山,教师和学生一样,想要实现自己的权利和要求,就必须反复争取。① 学校大会的举行时间是在每周六晚上,大会除了拟定各项校规和制度,还讨论共同生活中的问题,如睡觉时间的统一规定和值日生与纠察员的选定。除此之外,学校还设有星期五法庭来检查和督促这些规定的执行。在校师生均可自由决定是否出席大会,并且大会还规定,校长和教师都不得操纵大会,除了有危险的事情和决定,学校不作任何干预和限制。② 尼尔认为,夏山的实践证明,将自治权交给学生是完全行得通的。没有自治的学校是一所妥协的学校,妥协就必然不自由,只有孩子们可以真正自己来管理自己的团体生活时,他们才能拥有真正的自由。而一旦有了位于其上的管理者,他们的自由便不复存在。另外,采用怀柔手段的管理者比采用严厉手段的管理者更可怕,严格的管理者会遭到反抗,而温柔的狡猾管理者只会让孩子变得懦弱而不知所措。在教育意义上,尼尔也认为自治有极大的好处。夏山每周的学校大会,甚至比整周的课程都管用。这是个练习公众演讲的绝佳机会,很多孩子在大会上的发言流利而自然,就连有些还不会读写的孩子都能在会上讲出一段有条理的话来。这种民主制度远比政治上的民主更公平、

---

① 参见〔英〕A. S. 尼尔:《夏山学校:养育子女的最佳方法》,周德译,京华出版社2002年版,第40页。

② 参见赵祥麟主编:《外国教育家评传》(第三卷),上海教育出版社1992年版,第404页。

更真实,它的所有条规都是在大会上完全地公开决定,没有任何在背后对选举的操纵。

学校开设语文、数学、自然、地理、历史、手工艺等课程。学生根据每学期初老师提供的课程表去听课。每周上课 5 天,每天 5 节课,每节课时长 40 分钟。大班学生依据个人的兴趣爱好选择课程,中班、小班的学生可以跟班学习,也可以自己去手工室操作。在这里,学生可以完全凭自己的意愿和喜好,想学什么就学什么,即使整天什么也不学,什么也不做,顺其自然,也不会被老师干涉。对于那些长期旷课的学生,老师有权把他除名,而班上其他同学也有权把他请出教室,因为老师由于他的缺席而耽误了整个班级的学习进度,从而影响了其他学生的学习。这违背了尼尔口中自由的前提——不影响他人。学校没有固定的书本教材,尼尔强调学生应当在自然中探索,在生活中学习,而不是去读那些死板而浪费时间的教科书。除此之外,正如前面提到的,学校也为想考证书及升入大学的学生开设特别的辅导和教学。考试的形式也不同于普通学校,甚至都算不上考试,因为尼尔认为普通学校的考试只会使学生屈从于外在的利益和要求,失去自己的兴趣,失去内心的自由。当时学校普遍设置的宗教课程在夏山被完全取消,因为尼尔认为当时的宗教只会让人逃避现实,反对现实,畏惧和否定生命,并会最终导致学生仇恨自己、他人甚至整个社会。

游戏在夏山学生的生活中占有非常重要的位置,甚至可以说,夏山是一所游戏至上的学校。尼尔认为,与学习相比,游戏有其独立的价值。他所说的游戏,并不是一般的运动场上的游戏,也不是有组织、有纪律的团体游戏,而是以想象和幻想为主要内容的游戏。一般而言,作为学校生活的所谓有教育性的游戏,总是需要技巧、竞争和合作,但其实孩子们并不需要这些,他们天生就对舞刀弄枪和扮演强盗等各种充满幻想的游戏感兴趣,这种把现实和幻想结合起来的游戏,不仅能让孩子们自由发展,而且还能培养他们的想象力和创造力。

来看下面一些案例:

6 岁大的孩子们在夏山总是成天地玩耍。对这些幼小的孩子来说,真实和幻想总是如此接近。当一个 10 岁大的孩子扮成鬼怪去吓唬小班的学生时,虽然小班的学生知道那只是汤姆,因为他们看到汤姆把被单蒙在头上,但当汤姆这样去抓他们时,他们仍然害怕得大叫起来。

小男孩不仅生活在幻想的世界之中,同时也把幻想带到实际生活之中,8—14岁的男孩最喜欢扮演强盗的角色杀人或者放飞那些木制飞机。女孩则自成一统,玩一些更加人性化的游戏。

男孩一般不同女孩玩耍。男孩玩扮强盗,捉迷藏,在树上搭建房屋和在地上挖洞掘沟。女孩则极少组织任何游戏。夏山的儿童从来不玩教师和医生的游戏,因为他们用不着去模仿权威。小女孩喜欢玩洋娃娃,大一点的女孩则喜欢与人接触。曲棍球、牌类和其他游戏在夏山都是男女学生混合玩耍。

从这些例子里可以看出,在夏山,学校总是会给学生们留有充足的游戏时间,让他们任凭自己的意愿,玩自己想玩的游戏。在尼尔看来,儿童时代让孩子们尽情游戏根本是天经地义的事,成人之所以对游戏视而不见,是因为他们早就没有了游戏的能力,出于对孩子考试成绩的恐惧和担心,他们不断地阻挠和反对儿童的游戏。这样的教育使得孩子们过早被训练成了大人,剥夺儿童的游戏是一种现代文明的罪恶。尼尔还认为,成人对游戏的反对也有一些道德观念的因素,这种反对行为似乎在暗示着:做小孩是不好的,也在警告着青年人不要做孩子。虽然尼尔自己也很难估量限制和压抑游戏对孩子造成的伤害究竟有多大,但他觉得,游戏能力的失去会造成孩子将来的无聊和无能。相反,那些玩够了的孩子,往往能够找到人生的方向。

夏山曾经有过这样一条规定:年满17岁的学生和老师每周必须在校内做两个小时的工。每小时有一些象征性的工资,如果不做会被罚款。工作内容基本上是整理校园、清除花园和菜地的杂草,修建一些简单的公共基础设施等。但有些学生和老师宁愿被罚款也不去做。尼尔知道,这是因为工作并不是自愿的,而且非常无趣,没有人喜欢。这个规定最终在大会上因遭到多数人的反对而被废除。但后来,当学生们自己发现他们急需一个车棚时,便抓紧时间,也没要求任何人帮忙,就自己建造了车棚。尼尔通过观察发现,孩子们的社会责任感一般都是在18岁之后才产生,而产生之前,他们的兴趣点只是眼前,未来对他们而言根本遥不可及,他们也并不关心。此外,孩子们也不会去做自己不感兴趣的事,只有在他们长大之后才会慢慢产生利他主义。由此得出,大人们安排给孩子们的一些劳动和工作根本无法训练他们,而只是大人们对孩子们的利用。在真正文明的社会里,任何未满18岁的孩子都不应当去工作,也不应当被安排任何工作。在他们眼中,工作等同于游戏。在尼尔看来,夏山学校的毕业生总是能胜任自己工作的原因,就是因为他们早已在夏山过够了以自我为中心的幻想生活,所以长大成人之后,自然不会再向往儿童时期未被满足的游戏欲望,而能够直接面对现实生活。

夏山的教育与普通的家庭和学校教育相比,有很大的不同。尼尔认为,在一般家庭中,家长总是主动去教孩子如何玩玩具,却没有人意识到这种做法恰恰剥夺了他们人生中最重要的快乐——发现和征服困难时的快乐。在帮助他们的同时,父母暗示给孩子的信息是:你们不行,你们做不到,你们需要大人的帮助。在一般学校中,所有成年人,甚至包括家长都认为,书本是学校中最重要的东西。其实相反,书本应该是学校中最无关紧要的。学生应当拥有的只是基本的读物、各种各样的工具、泥土、运动、戏剧、绘画和自由。教科书很少有提到人性、爱、自由或者自由意志的内容,缺少情感的因素,而只有单调死板的知识,这样的教科书会导致学生知识与情感分离发展,并且有很多具有创造才能的人都牺牲在了这种读死书的教育制度下。尼尔还指出,他并不反对读书,只是觉得游戏应当排在读书之前,而且他极度反对利用游戏将学习变得诱人,从而将游戏变成了达到学习目的的一种手段的做法。除了使学生感到压抑,普通的学校教育还限制了教师。在那些与批量生产的工厂无异的学校里,教师的视野被狭窄地限制在了教学方法上,他们只关注如何训练学生的大脑,而忽视了更为重要的心灵和情感。

时至今日,夏山学校在发展中发生了一些变化,其中较明显的是:首先,按照伦敦大学的普通教育证书和中等教育证书的要求,引入正规考试制度;其次,为了适应不断变化的社会需要,促进学生更好地生存和发展,夏山的课程变得更加多样化。尽管有着这样那样的变化,但夏山仍旧保留着尼尔时代的一些传统,例如,它的自治、自由和国际性。

自由与儿童：尊重儿童的自由

在尼尔的所有教育理念中，最重要的一条便是尊重儿童的自由。尼尔是一个坚定的性善论者，他始终相信人性天生就是善的。相信人性本善，相信人的过去与现在都是无罪的，自然就可以给予儿童真正的自由，不去压制和约束儿童的发展，让他们自由实现自己的善。

在现在的生活中，随处可见这样一种人：小的时候坐在阴沉的教室里，长大后坐在阴沉的办公室里。他们驯良、温顺、服从，害怕批评，一生的目标不过是做一个正常而循规蹈矩的人。对于一切教给他们的知识都毫不怀疑、毫不拒绝地接受，然后再把这一切留给孩子。在尼尔看来，这种人的形成就是不自由的家庭教育与学校教育的悲剧。

下面来看一则案例：

约翰是一个普通的小男孩，他的父亲不常去教堂，但却强行要求约翰每个星期天去主日学校（又称星期日学校，是英、美等国为贫民子女开办的教会学校，属于初等教育机构，主要教圣经和一般的读写知识）。

父母对他的管制从他一出生便开始了。在他感到饿的时候，通常还要再等一个小时，这是定时喂奶带给他的巨大失望。他的全身上下被裹得又厚又紧，因而不能自由运动。对喂奶的失望导致他吮吸大拇指，于是母亲会将他的手绑起来，或在上边涂一些气味怪异的东西。在包着尿片时，他能够随心所欲地大小便，而在他能够爬行时，由于在地板上大小便，他便要上严厉的"脏死了""不乖"之类的清洁的第一课。

他的手可以接触身体的任何部分，但一旦碰到生殖器时就会被拿开，很快，他就将这种不允许碰的生殖器与讨厌的大便连在了一起。当他长大成人，成为一名推销员时，他最喜欢说的便是有关"男人与女人"以及"厕所"之类的笑话。

有许多管制都与亲朋和邻居有关，这是父母为了拜访亲朋和邻居时，夸耀自己的家庭教育的成功。如果阿姨给他一颗糖，他会说："谢谢！"吃饭时，他也中规中矩，尤其在大人讲话时，他不会插嘴。

约翰讨厌的那些新衣服其实是穿给邻居看的，因为他的父母想要受人尊敬，他们总会有一些虚伪或说谎的做法。他的生命中很早就充满了谎言，比如父母会告诉他，上帝讨厌说粗话的孩子；如果在火车的车厢里乱跑，乘警一定会打他的屁股。

父母总是用愚蠢的谎话来扼杀他对生命的好奇心。当他五岁时与邻家的小女孩和他四岁的妹妹一起玩，去玩弄她们的生殖器时，他会因此而挨打，让他感到"性"是肮脏的和有罪的，甚至想都不能想。可怜的约翰于是只能强行压制对"性"的兴趣。

约翰在智能上的发展十分正常，因此能够避开那些平庸的老师曾经带给别人的嘲笑和处罚。在离开学校时，约翰已经拥有了一大堆没多大用处的文化。这种文化的内容也许仅仅是一些低俗的画报、陈旧的电影、廉价的侦探故事和武侠小说而已。

在约翰的眼中，贝多芬、巴赫们不过是想听"猫王""披头士"时碍手碍脚的家伙。

约翰有一个有钱的表弟，因为有钱，他便进了一家贵族学校。但他也和约翰一样，被迫接受生命中那些毫无价值的东西，他一样受到"维持现状"的束缚，一样否定爱和快乐。

约翰和他表弟都认为现行的婚姻法没有道理，既不仁慈，又可恨。他们赞同对男人和女人各有一套标准。他们都要求自己所娶的女人是处女，而对自己，他们则会说男人应该不同。

他们都属于男性中心社会的产物，他们的感情都是非个人的，是一种群众的感情。

离开他们曾经憎恨的学校后，他们则会说："学校的体罚，给我带来了许多好处。"之后，他们会把自己的子女送到同样的学校，于是这样的权威便会一代代留传下去。

约翰的妹妹玛丽的情况大体相同，当然，她还有着更为特殊的困境，她从小就知道，在男性中心的社会里，她免不了要比男孩吃亏。在哥哥读书或游戏时，则由她做杂事。如果找到一份工作，她的薪水也要比男孩少许多。

玛丽对她在男性社会中所处的低下地位并不反抗。男人会给她一些补偿，虽然那些补偿是微不足道的。她会得到礼貌和小心的照料。假如她不坐下，男人们也会陪她站着。男人会问她可不可以"下嫁"他。玛丽彻底了解她的主要工作是看起来愈漂亮愈好，结果每年都花好多钱在衣服和化妆品上，而不用在书本和教育上。

在"性"方面，玛丽和她哥哥一样无知和被压制。在一个男性中心的社会里，男人们要求他们的女人单纯、贞洁和天真。假如玛丽相信女孩比男孩纯洁的话，这并不是她的错。像神话一样，男人们使她想到，也感觉到：她生命中唯一的工作就是生儿育女，"性"的享受是专属男人的。

玛丽的祖母，也许还有她的妈妈，都被要求在合适的男人把她们这些"睡美人"弄醒以前，不可以有性行为；玛丽已经脱开这种束缚，但她并没有像我们想象的那样自由。她的爱情生活极受怀孕的威胁，因为她知道有个私生子很可能会灭掉所有嫁人的机会。

约翰也许会因肾脏病而死，玛丽也许会因癌症而死，但没有人会去想他们一生的贫乏、不快乐和被压制的情感生活和他们的病有什么关系。

尼尔认为，不自由的教育完全忽略了儿童内心的感情，感情是生命活力的来源，只发展头脑而压抑感情，会使得本来充满活力的生命变得死气沉沉，使孩子们变得呆滞木讷，但相反，若感情得到了自由发展，那么大脑也会自然发展。尼尔还对家庭中不正确的育儿方法提出了批评。他认为人类的一大悲剧就是性格可以像狗一样被控制、被训练，进而长成一个顺从而自卑的人。现在，很多父母的教育方式无异于训练一只小狗：让婴儿保持清洁，不能吃太多，并且一定要服从大人的安排，在大人觉得合适和方便的时候才能吃奶。那些被迫要保持清洁和压制对性的兴趣的儿童正是潜在的问题儿童。因为在成人的观念中，孩子只要安静乖巧，他们便可以省去很多麻烦，日子也可以好过一些，这是非常正确的道理，所以孩子的服从、礼貌和温顺才变得那么重要。例如，很多妈妈在家里对孩子很好，但到了公共场合，就开始禁止孩子大声喧哗和胡闹，严厉管教孩子，因为她怕邻居说她是个不称职的妈妈。因此，这个可怜的孩子不得不去适应这种不正常的教育。这种不正常的根源就在于不自由。

小孩子自从出生就被顽固的思想所束缚,在他们年幼的生命里,总是面对着一系列的"不":不许吵闹、不许捣乱、不许撒谎等。还有尊敬长者、尊敬宗教、尊敬老师、尊敬古人的格言等,也在强迫孩子们低头,在他们面前,不许提问,只要服从。殊不知,让孩子们去尊敬那些不值得尊敬的人,尊敬和爱一个他们所惧怕的神,才是不道德的。一个束缚自己家庭的人,就像监狱的看守员一样,把家庭变成监狱,也让像监狱一样的家庭捆绑着自己。

通常,那些反对儿童自由发展的人总是认为,人生充满了各种各样的磨难,如果不严格训练孩子,他们将无法自立。持这种看法的人,没有意识到他们一开始就有一个错误的假设:孩子不经训练,便无法发展,小的时候不养成好的习惯,将来就无法成才。尼尔说,从他39年来夏山的教育经验看,有很多例子可以明显推翻这个假设。有一个叫梅温的学生,他从7岁到17岁一直在夏山学校待着,在这10年里,他一堂课也没有上过。甚至到17岁时,他都不怎么识字。但他离开学校时,决定学手艺,于是他自动把所需要的专门技巧在短时间内修完,以准备好去做学徒。现在这个年轻的小伙子已经能看能念,薪水也不错,同时他还是他的服务机构所在地的领导人物。那么,他是否可以管理自己的问题?可以从他的生活中寻找答案:他的房子大部分由他亲自盖成,有一个温暖的家庭以及3个儿子。在夏山,有很多个"梅温",从他们的例子可以看出,孩子们是需要自由的,只有在自由发展的环境中,他们才能自然地向他们的本性——善的方面发展。夏山使所有学生都得到了他们以前从未得到过的东西:自由。而得到自由的孩子,在外表上的主要变化是真诚和善良的增加,以及侵略性的减少。但无论学校给予学生多大的自由,没有家庭的配合,一样是在做无用功。

尼尔还指出,自由有一个最大的敌人,就是恐惧。最快乐的家庭,就是父母从不强迫孩子接受自己的观念,从不无谓地说教孩子,而对孩子绝对诚实的家庭。在这里没有恐惧,父母和孩子是朋友,是伙伴,他们之间只有爱。而另外的一些家庭中,恐惧总是多于爱,矫饰的尊严和强求的敬重使爱变得所剩无几,强迫的尊敬永远暗示着恐惧。① 在这种权威压迫下长大的孩子,得不到尊重和肯定,只会变得懦弱、虚伪和充满仇恨。人类生命的重荷正是来自各种各样的权威,大至宗教、国家,小至教师、家长。真正的自由,就是在不妨碍别人的情况下去做自己想做的事,所以,自由的人能够完全自制,他们不需要权威和强制力。夏山的教育正是这种自由的教育,夏山的孩子们都拥有一颗自由而无所畏惧的心,在这里,权威和强制力完全没有存在的土壤。

尼尔认为,使儿童获得幸福的方式,就是消除权威。让孩子们自由地成为他们想要成为的人,不要教导,不要教训,不要强迫他上进,不要硬逼他守规矩。帮助孩子做一个自由的人,一个对亲情、友情、爱情和工作感到快乐的人,还是让孩子成长为一个充满仇恨、压抑、痛苦的人,选择权掌握在家长和教师的手中。

真正自由的教育方式:并非放纵

尼尔视为教育重中之重的自由理念,也是他教育思想中最遭人怀疑和非议的地方。他认为,教育自由不能有任何公开的或暗中的控制和操纵,让儿童在心理和情感上不受任何外在权威(如教师、家长等)的约束和压制,按照他们的意愿去过他们想要或喜欢过的生活。很多人将其理解为放任和放纵,对于这一误解,尼尔解释说,他的自由并非放纵,而是有前提的,前提就是尊重他人,绝不能侵犯和妨碍他人。他提出和强调自由,只是为了提醒成年人,提醒教育者,不要总是从自己的角度出发去思考和决定儿童应该做什么,儿童的视角与成人的视角是完全不同的。

那么,父母和教师应该如何做呢?尼尔作出了自己的回答,儿童在家庭和学校中获得的爱与赞许决定了他们幸福的程度。尼尔认为的爱,既不是一种占有,也不是溺爱,而是一种和孩子们站在一边,让他们感觉到被爱,同时赞同他们行为的爱。这种爱与赞许必然伴随着对孩子的信任。

---

① 参见 A.S.尼尔:《夏山学校:养育子女的最佳方法》,周德译,京华出版社 2002 年版,第 89 页。

一个合格的家长,必须首先自己是一个独立的人,必须清楚地知道自己是谁,而且不轻易受别人或外界的影响去改变自己,这其实并不容易。每个人都不是孤立的存在,在和别人交往的过程中,会受很多不同价值观的影响。很多家长不仅受自己父母的价值观的影响,还将这一影响加诸自己的孩子,于是,男孩子们成为父亲的复制品,而女孩子们则成为母亲的复制品。父母将这种带有强迫性的观念硬塞给孩子,很容易导致他们不理解,这种不理解累积到一定程度,很容易演变为仇恨,开始是仇恨父母,最后发展为仇恨社会。对父母的仇恨造就了问题儿童,对社会的仇恨造就了罪犯,唯一能改变和拯救一切的只有爱。

尼尔在夏山通过观察和实验发现,治疗问题儿童的主要方法就是赞成、信任和了解他。为了帮助刚到夏山的孩子尽快适应新环境,他使用了一种新教育方法:在短时期内允许和鼓励儿童的放任行为,并不加任何制止。在他看来,儿童的破坏行为是对长期累积的仇恨的发泄。只有心怀仇恨,才会有破坏的欲望。他让孩子们通过这些放任行为进行宣泄,而一旦他们宣泄完了,仇恨也就自然消失了。既然已经被赞同和接受,孩子们就不会再觉得这种故意破坏引起大人愤怒的行为还有什么意思。等这种心理恢复期一过,他们就会出于自我意识,理智地对自己的行为负责。尼尔曾经和一个爱捣乱的男孩子一起往自己还没有漆好的门上丢烂泥,还有一次眼睁睁地在一旁看着一个女孩子乱踢他珍贵的瓷器默不作声,等到这些孩子发泄完,他们便恢复了正常,也不再找碴儿和故意搞破坏了。因为这些孩子在尼尔这里感觉到了他的信任、赞同与爱,获得了快乐和幸福,他们还有什么理由制造麻烦呢?

不论处于什么样的社会,人类都有获得赞许的本能愿望。罪犯都是被迫去犯罪,进而被社会遗弃的人,他们总是以自我为中心,而刑罚与监狱只会加重他们的自我中心主义,使他们变得更加孤僻,同时更加憎恨这个社会。在尼尔看来,对罪犯的感化与治疗必须依靠赞许,而不是惩罚与牢狱。他的这一观点来自"小共和国"创始人莱恩的影响。曾经有一个问题儿童在刚进入"小共和国"时,总是用他在贫民窟时使用的方法,即吹嘘自己的能力,说自己是如何巧妙地偷窃并躲过了警察,来求得周围人的赞许,但却失败了,当他意识到周围人对这一切根本不感兴趣时,便开始觉得狼狈尴尬,进而漫骂新的同伴。但他渴望获得赞许的愿望使得他不断地寻找新的方法,在几个月后他终于变成了合群的人。

尼尔意味深长地把莱恩的一生视为充满爱的一生,认为这是他取得成功的十分宝贵并可以借鉴的基本经验。他认为,对儿童的赞许一定要达到下意识的程度,教师应当时时刻刻保持一颗童心,因为要发自内心地关心儿童,自己首先就必须在心里是个孩子,只有这样,才能让孩子感受到你是真的爱他、赞许他,进而用教师的爱去唤起儿童的爱,让彼此从内心接受对方。爱可以产生爱,恨也只能产生恨。儿童如果得不到爱,就会去寻求仇恨,在仇恨和破坏中求得别人的关注,由此体现自己的价值。真正的教育就是在爱与恨之间抉择。

要做到爱与赞许,就必须承认教师和学生在人格上的平等。教师和学生平等了,那么教师对孩子发火,与一个孩子对另一个孩子发火,便没有什么差别了。有一次,一个孩子在踢他办公室的门,尼尔训斥了这个孩子,因为此时尼尔将自己视为和这个孩子一样大的孩子,既然如此,他当然有权训斥他了。

当然,这并不是说自由就是完全的放纵。在夏山,自由并不意味着儿童可以随心所欲,更不意味着取消和无视常识。尼尔曾说过,不论任何思想,若不与常识相联系,就都是危险的。夏山还是有些防止危险发生的措施和规定存在的,例如,实验室存放有毒物品的柜子必须上锁,室内所有取暖的火炉都装着栅栏,禁止11岁以下的孩子单独骑车上街,禁止孩子攀爬到屋顶和梯子上玩耍,禁止孩子玩气枪等有杀伤性的武器,并且这些规定都是由孩子自己制定的。

尼尔将自由分为两种:社会意义上的自由和个人的自由。社会意义上的自由范围似乎要广泛一些,意味着整个社会都是可以享受自由的空间。但他认为,没有人能拥有社会意义上的自由,因为每个人在行使自己自由权利的同时必须尊重别人的自由。但是,个人的自由作为一种平等的权利,是每个人都可以且应当享有的。从整个社会的角度来说,放任的自由是对别人自由权利的一种妨碍和干涉。强迫一个孩子不扔石块和强迫他学拉丁文是完全不同的。扔石块关联到别人,但是否学习拉丁文则只和他自己有关。外界社会有权阻止前者的发生,因为这一行为妨碍了别人的自由;但绝对没有权利强迫孩子学习拉丁文,因为这是孩子自己的事情。在夏山,孩子们有选择是否上课的自由,因为那只关系到他自己,是他的私事,但他们没有权利随意妨碍别人学习。每个人在保护自己自由权利的同时,必须尊重别人的自由。虽然从整个社会的范围来看,自由是有限的,但在个人活动的范围里,自由应当得到充分的体现。

其实,若要儿童按其本性自由活动,家长必须作出一些让步。心理健康的家长,往往可以与儿童达成一种平等的协议或约定,而那些心理不健康的家长则会产生两种极端行为,不是粗鲁暴力地对待孩子,就是一味地放纵溺爱孩子。家长和儿童之间由意识和兴趣的差异引起的分歧,可能有时无法解决,如孩子对家长挑选的家具并不满意,因此毫不爱护,甚至大搞破坏,而家长对孩子的玩具也很不喜欢,因此在未经他同意的情况下把玩具扔掉。其实,这种矛盾可以通过真诚和相互尊重的方式得到调节。家长想要孩子不乱动和破坏书桌,那么就必须尊重孩子的玩具。但事实上很多家长却意识不到这些,儿童不是在充满约束的家庭被压抑,就是在充满溺爱的家庭肆意妄为。一个健康的家庭,永远是家长和儿童享有平等地位和权利的家庭。

对儿童放任行为的制止,可以依靠行为的自我调节(self-regulation)和自律(self-discipline)。自我调节就是儿童按照自己的意愿决定自己的行为,它既是一种适应性的机体调节活动,也是一种自我保护的心理机制。[①] 儿童为了自我保护,不断调整自己的行为以适应周围环境,或通过行为改造环境,以选择或营造出自己想要的环境。自律是在考虑别人的权利和幸福时,对自己行为负责的约束力。例如,抵抗诱惑的能力,以及克制自己为了满足私欲而伤害别人的欲望等。它可以帮助自己理解他人,可以使自己和他人的不同意见相协调,从而让自己接受和最低限度容忍别人的不同意见,有利于培养为了共同社会利益而合作的精神。尼尔坚信,当儿童处在一个真正自由的环境中时,他们是可以管制自己行为的,因为他们已经可以意识到,对他人自由的尊重就是对自己自由的保障,你侵犯别人,别人就会侵犯你,你尊重别人,自然也能得到别人的尊重。

但尼尔也指出,不能完全依靠儿童的自我调节和自律,即使儿童可以做到这些,也不能完全消除他们超出范围的放任行为。而这些行为往往会导致个人

---

① 参见赵祥麟主编:《外国教育家评传》(第三卷),上海教育出版社1992年版,第414页。

与个人、个人与团体之间发生利害冲突。为了防止和解决冲突,学校必须实行自治(self-government),一所自由的学校必然是实行高度自治的,否则,就不能算得上是一所进步的学校。因为当儿童在自己管理自己的集体生活时,就会变得认真和负责起来。例如,曾经有4个年纪较大的孩子,被指控把家里的东西带到夏山倒卖,这是学校大会早就明令禁止的行为,因为这么做无论对家长还是对学校都是不公平的。于是,这4个孩子被学校大会判决不准出校门,并且必须在晚上8:00上床。星期一晚上,学生们都到镇上看电影了,尼尔却发现这4个人之中的迪克在床上看书。尼尔问他为什么不去看电影,一个人在这里看书。迪克却对尼尔说,别开玩笑了。由此可见,夏山的学生十分忠诚于他们的自治,而且没有掺杂丝毫恐惧,所以,他们也就自然不会怨恨这些判决。这种自治无论是在形式上还是在实质上都是民主的,它是集体意志的执行,是儿童自己教育和管理自己的有效方式。他们损坏了别人的东西需要赔偿,这种规定并不涉及道德上的善恶,而是要儿童承担自己放任行为导致的自然结果,对每个人来说,都是公正和可以接受的。

尼尔通过在夏山实行自由教育得出,学生个人的自由都是在团体中实现的。在这种氛围中,儿童利己和利他的行为相结合,既满足了自己的自由,也能和他人和睦相处,进而形成了一种良好的社会人格。他同时也指出,不能过分强调自治,因为不是所有事情都可以让学生民主自治,他们还不具备能力和知识自治一切事情。这似乎在暗示,自治还是有一定限制的,但尼尔并没有在这一点上作进一步的阐述。他说,在夏山,虽然成人的观点和少年的无知之间的争斗一直不断,但却从来不涉及针对个人的诽谤和仇恨,相反,正是这些争斗使得夏山的生活充满了生气,在一年的时间里,没有一天的生活是单调和重复的。

在尼尔的教育哲学中,社会的集体利益是通过个人利益的实现而实现的,而教育是个人与他所处社会之间相互联系的方式。它教会儿童兼顾自己和他人的利益,学会在二者中求得平衡,进而融入社会,正常生活。这就是儿童的道德和责任心的根源所在。夏山的学生一年中只有8个月在学校,对他们来说,校外的环境并不是一个理想的自由世界,但他们却能够适应,能够自由而又不失个性地表现自己本性中的善,教育的最大意义莫过于此。

自由与宗教和道德：反对原罪论与禁忌

尼尔从不在夏山开设有关宗教的课程，他不反对别人信仰上帝，但却反对当时普通学校中所进行的宗教教育。因为尼尔对儿童天性本善的观点深信不疑，而当时宗教中的原罪思想（坚信每个人生来有罪，活着就是为了赎罪）却恰恰违背了他的这一信念。他认为，将原罪思想强制灌输给学生，只会让他们在仇恨和恐惧中度过一生。

尼尔认为，宗教在根本上是对生命的畏惧，是违反自然生活的，是在逃避生命。宗教轻视人类现有的生命，认为人的一生的目的，都是为了来世获得一个更丰富的生命。当时的神秘主义和宗教不断鼓吹人的现世都是失败的，蔑视并反对个人行善，认为那毫无意义，而且独自行善的人是得不到上帝拯救的。但是，内心自由的儿童永远不会这么认为，因为没有人教他们否定自己的生命。信仰宗教的人，将他所有的重担和包袱都交给了上帝，他相信，不需要努力，不需要行善，而只要这样，他就可以安稳地通往充满荣耀和幸福的天堂了。人们将自己的个人价值、个人信念与信主者必得救的教义交换，好像只要宣誓一下，你的个人价值是否实现、个人信念是否正确的问题就解决了，你就可以毫无忧虑地上天堂了。人们甚至把自己的邪恶也推给上帝，假如一个天主教徒犯了罪，那么他只需要向神父或者上帝忏悔，而不需付出任何代价便可以得到宽恕。这种教育只会误导儿童，败坏儿童的精神。没有一个孩子应该受到宗教或者神秘主义的熏陶，因为宗教或者神秘主义给予孩子逃避现实的机会，给了他们一个可以尽情堕落和犯罪的幻想，这对他们来说是极端危险的。虽然正常人有时都会有逃避现实的需要，不然也就不会有看小说、看电影或喝酒的行为了，但这种逃避是短暂的，他们很快可以回到现实生活中来。神秘主义的信徒则始终都处于一种逃避生活的状态，他们把所有的希望都寄托于神学、精神学、天主教或犹太教等。

尼尔通过观察还发现，儿童不是天生就信仰宗教的，他们不喜欢祈祷，对他们而言，祈祷不过是一种虚伪的装模作样。

来看下面一个案例：

在夏山的一堂戏剧课上，尼尔搬来一把椅子，坐在椅子上说："我是圣彼得，坐镇天门，你们想进天堂的人，来吧！"说完之后，一个14岁的男孩，手插在口袋里，一面吹口哨一面从尼尔旁边若无其事地走过去。

"喂！"尼尔叫道："你不能随便进天堂。"

那个孩子转过身来看了尼尔一眼。"啊！"他对尼尔说："你果然是新来的，是不是？"

"你是什么意思？"尼尔问道。

"你不知道我是谁吧？"

"你是谁？"尼尔问。

"上帝。"他一面说着，一面吹着口哨进天堂去了。

尼尔曾经问过很多孩子，问他们在祈祷的时候心里在想些什么，几乎每个孩子的回答都一样，他们都是在想别的事。这是因为他们的祈祷基本上都是被成人强迫的，他们自己没有感受到任何意义。很多孩子都在吃饭前祈祷，但也许其中99%的孩子的行为都是对大人的模仿行为。硬把这些机械的礼貌和祈祷传给下一代，硬把宗教加在无助害怕的孩子身上，是成人不诚实的表现，同时也让孩子变得虚伪做作。而更危险的是会将儿童教育成一个心怀仇恨的人。如果告诉孩子有些事情是充满罪恶的，有些人是邪恶的，那么他对生命的爱就可能会转变成恨。内心自由的孩子从不把别人想成罪人。在夏山，偷窃的孩子经过学校大会的审判，最多被处以罚款，他们下意识地知道，偷窃是一种病态而不正常的心理。他们很现实，也很讲道理，并不会刻意把自己扮成愤怒的上帝或诱人的魔鬼。只有被奴役压迫，而又不愿或不敢反抗的人，才会照着自己的形象去创造上帝，以寻求安慰和逃避现实，能够坚强勇敢面对现实的自由儿童是不需要上帝的。

要使儿童的灵魂健康，就不能让他们有任何错误的价值观念。有很多自己都不是十分确信宗教理论的父母，却让孩子信教。强迫孩子相信和接受连自己都怀疑的理论，会使孩子的灵魂变得扭曲，起初他们的希望可以实现，后来觉得现实并不是只要信仰上帝就可以如愿以偿，便开始怀疑，一旦又发现父母似乎也不那么坚信，越来越多的怀疑就会接踵而至，甚至会怀疑父母在别的事情上也骗了自己。这最终会导致他们一生都在不断怀疑别人和怀疑自己。尼尔指出，宗教理论总是不断地暗示和告诉人们，本能欲望和不理智的下意识行为都是低级的、可耻的，并将它们变成魔鬼，引导和警告人们一定要避开它们的诱惑。但当人类正确看待和面对它们时，宗教毫无疑问就没有存在的必要了。

宗教不断鼓吹上帝无处不在、无所不见的理论，带给孩子的，无疑永远是一种恐惧。仿佛在告诉孩子们，无论他们在哪，在干什么，上帝都可以看得到，这使他们长期处于一种被监视着的心理状态，他们如何不害怕，又怎能健康成长呢？把这种恐惧带进孩子的一生，实在罪大恶极。如此成长起来的儿童，他们将会否定自己，也不敢自己单独行动，变得自卑和懦弱。因为儿童幼时所受的情感和精神刺激，往往会影响其一生，没有一个孩子在小时候受到上帝和地狱的威胁之后，还能对生命有一种安全感，即使他们长大以后明白了宗教理论不过是人们因恐惧和愿望造出的幻想。

尼尔在反对当时以原罪论为基础的宗教的同时，提出了一种符合他自己观念的，并且坚信将来一定会产生的新宗教理论。将来新的一代一定可以摒弃原罪论的宗教，新宗教会使人快乐地赞美上帝。在新宗教理论里，上帝在地上，而不是在遥远的天堂，此时，人们的肉体和灵魂合为一体，人们将不再是一面服侍上帝、一面服侍金钱的两面派；上帝也不再是既赞美爱，又歌颂战争和屠杀的伪圣了。和强调人生而有罪，让儿童生下来就恨自己、恨别人的原罪论不同，新宗教以让人们认识自己和接受自己为出发点，强调爱别人首先要爱自己。

问题儿童的父母从来意识不到，在孩子们准备好之前就硬将禁忌、训诫，甚至整个道德制度塞给他们，会对孩子们的精神和心理造成多大的压抑。这些父母总是紧张过度，他们从来不停下来怀疑一下自己那套道德观念是否真的正确，他们也从不怀疑自己的老师、父母给予他们的那些教训，他们坚信社会上奉行的那套规矩和法典，因为去怀疑和分析这些太费脑筋，太花时间，一旦质疑，他们自己也会变得惊慌失措。所以，他们总是认为孩子们是错的，孩子们总是故意犯错和做坏事。在这一点上，尼尔坚定地认为，孩子从来都没有错。那么，孩子是如何变成一个罪犯的呢？尼尔解释道，婴儿自从出生起，就有着要活下来的意志和本能，这些力量催促着他去吃东西，去探索自己的身体，去满足自己的欲望。这本是自然规律，但在成人看来，却是引向堕落的魔鬼。于是，他们从孩子出生那一刻起，就开始用一大堆禁忌教他怎样生活，这样不好，那样不对，这是肮脏，那是自私。如此，孩子内在的自然本能开始被外在的控制压抑，进而产生冲突，因为人类的本能不会消失，所以当冲突累积到一定程度时，若不依靠外界强大的力量，孩子就会变得无法完全控制自己内在的冲动，而只能成长为一个病态的孩子。

没有耐心的家长总是过早地在孩子还没有准备好的情况下就对他们进行各种训练，这对孩子是有害的。例如，在孩子的四肢不够强壮时就让他们学走路，导致他们的腿为O型腿；在孩子的肌肉骨骼未发育完全时，就让他们过度进行体育训练，导致他们骨骼变形、肌肉拉伤。同理，道德训练也是如此。让儿童遵行很多他们还不能理解的道德标准，非但不能让他们接受，还可能让他们变成一个被长期压抑的精神病。尼尔在夏山执教多年发现，根本无需刻意逼迫或教育孩子守规矩，他们能够自己学会分辨好坏。家长应当耐心地相信自己的孩子生来就是善的，让他们自由发展，他们会自然成长为一个好人。学习，是从环境中吸收价值观念的过程，只要父母以身作则做到了诚实与道德，孩子们也就一定可以走上同样的路。

尼尔认为，从心理学的角度看，道德教育对儿童来说是错误的。例如，父母总是教育孩子不要自私，但在孩子的观念中，世界都是属于他的，而父母却总是让他和兄弟姐妹分享他认为属于他的玩具和食物，结果只会导致他对别人的憎恨。对儿童利己行为的压抑，非但不会消除儿童的自私，反而会将自私永远留在儿童的潜意识里。性教育也是如此，儿童对性本来毫无恶意的兴趣，却被父母看作肮脏而又不可饶恕的罪恶，进而禁止和压抑这些兴趣。但这种欲望并不会消失，而是被暂时性地封住，压抑不住的时候就会照原样发泄出来，甚至以别的更严重的方式发泄。例如，偷内衣的窃贼和性犯罪者，他们的行为都只是在满足被压抑的幼时的兴趣而已。人类有两个自我：自然的自我（本性）和被道德训练出的超自我(伪装)，当二者发生冲突时，人类真正的自我就退回幼年时期，想要去实现幼时未得到满足的愿望。

自由与教育者的责任：师生平等参与

在尼尔的教育哲学里，自由除了要求让孩子摆脱控制和压抑外，还要求提供很多可供选择的机会，让他们自由实现自己。作为教育者，这两点要求都应当做到，即减少对学生显性或隐性的控制，为他们提供可以选择的机会。那么，一个真正自由的教育环境就必须包括这两个因素，这决定了教育的成功或失败。

教师有责任为学生营造这样一个教育环境。在这么做的同时，教师应当注意，不要为了避免控制学生而刻意疏远他们，不与他们平等对话和沟通。从心理学的角度来说，儿童既有被了解的愿望，也有了解外界的愿望。儿童通过与外界的沟通和交往获得帮助，以把握机会和适应环境，这是他们成长和生活的方式。尤其对于那些心智很不成熟的儿童来说，只要他们愿意，教师的意见往往可以在一定程度上影响他们的决定。

尼尔教育学生最常见的方式，除了行为治疗，即让学生自由进行各种手工活动、表演和舞蹈以及游戏之外，还有心理治疗，即单独谈话。这种谈话不涉及任何理智和智力的活动，而是在一种完全自由的环境中，与学生进行纯粹有关感情和情绪的谈话。尼尔一直相信，在自由而没有压抑的环境中，儿童才能释放被压抑的愿望，只要它们得到发泄，儿童的病态心理就可以得到治疗。这种方式一是为了帮助新来的儿童尽快适应夏山的环境，二是为了消除他们的心理问题。

通过下面这个案例可以更好地了解尼尔对学生进行心理治疗的方式：

单独谈话通常是以炉边闲谈的方式进行的。尼尔一般会抽着烟斗，只要孩子喜欢，他们也可以和尼尔一起抽烟，因为尼尔觉得，抽烟是让他们打开话匣子的绝佳方式之一。有一次，尼尔和一个刚从私立学校转来的14岁男孩谈话。他看到这个男孩手指上被烟染上的黄斑，就递给这个孩子一支烟。一开始，这个胆怯的孩子撒谎说不会抽,但尼尔很轻松地微笑说:"抽吧,你这个骗子。"这个孩子就拿了一支。在尼尔看来,这起到了一箭双雕的效果。一方面,用轻松地称他为骗子的方式,表示了自己和这个孩子的平等地位,治疗了他的自卑情绪;另一方面,打击了他对权威的看法,告诉他作为校长一样可以和他好脾气地平等对话。

当然,并不是所有孩子都需要这种治疗,那些可以在自由的环境下,让自己遇到的问题自然消失的孩子,就不需要单独谈话了。其实,大部分孩子不需要进行单独谈话,通常这种方式产生效果需要较长时间,基本上在一年内不会有太大成效,但尼尔却并不悲观。在他看来,这事实上是一种改造教育,它的目的在于消除儿童因为道德压抑和恐惧而产生的心理上和行为上的怪癖。

与这种单独的心理治疗相对应,每周还有一次以教师和12岁以上孩子为对象的公开的心理谈话,主要是尼尔来讲,孩子们在听的时候也可以参与谈话。讲的内容主要是"自卑"心理学、"偷窃"心理学、"强盗"心理学、"幽默"心理学、"群众"心理学和"人为何会成为道德家"。① 这样,当孩子们进入社会时,已经较为深入地认识了自己和他人。

尼尔也不断提醒教师注意,在不疏远学生的同时,也不能走向另一个极端,就是将自己的意见有意无意变成了对学生的控制。因此,教师在提出自己意见和讲述自己观点的时候一定要谨慎。面对学生对各种机会的选择,教师可以随意与他们争论,提出自己的建议,并劝解他们,只要教师与学生是平等的关系,这种争论就正当而安全。但是教师绝不能代替学生作决定和选择,即使学生提出了这种要求,教师也应当拒绝。因为尼尔认为,这么做会形成学生对教师的依赖,在某种意义上是变相的控制,不利于孩子们自我意识的培养,并最终导致他们仍然无法自己单独作决定,无法自己控制自己。教学过程应当始终是师生平等参与的过程。

---

① 参见〔英〕A.S.尼尔:《夏山学校:养育子女的最佳方法》,周德译,京华出版社2002年版,第12页。

结语：教育改革的有益尝试

尼尔激进的自由主义教育思想，在当时迎合了一部分青年人提出的改变传统价值观念、寻求失落的自我、倡导非理性主义的要求，因此受到知识界一部分人的欢迎。但他的教育理论还是存在问题的。尼尔自己也承认，外界对他的教育理论充满了敌意和质疑。这种无奈和失落，从他的作品中就可以看出。他有时乐观地认为，能够将学生培养成为独立自由的人，对将来自由学校的发展充满了希望；有时又悲观地觉得，这种建立自由学校的实际行动是不可能与社会相抗衡的。

但尼尔教育方法论的社会意义不容忽视。当时深刻的社会危机使得教育需要一种新思维注入，儿童的人格发展和心理健康问题受到越来越多的关注，客观上要求更新传统教育的思维模式，教育理论本身也应当不断吸收和借鉴其他学科领域的成就，因此，心理分析学开始受到重视。尼尔在夏山学校的实践工作，在当时已被承认和证明是教育改革的有益尝试。尼尔一直强调，教育者除了具有专业知识外，还必须对儿童心理有一定的研究。尼尔观察到，不仅仅是那些问题儿童需要心理治疗和行为治疗，几乎所有儿童都有心理方面的需要。其实，他一直以双重身份践行着自己的教育理论：为了与儿童建立平等的关系，让他们发自内心相信自己，他必须把自己当成儿童；而同时为了尽一个教育者的责任，他必须是一个心理分析学家，时时刻刻积极教育儿童。

参考文献

〔英〕A. S. 尼尔：《夏山学校：养育子女的最佳方法》，周德译，京华出版社2002年版。

赵祥麟主编：《外国教育家评传》（第三卷），上海教育出版社1992年版。

福泽谕吉

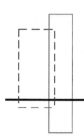

福泽谕吉 "经世致用"的实学教育

——造就个人之自由、独立精神

1871年的一天,在校长福泽谕吉的带领下,一群师生聚集在庆应义塾门口,肩上挂着大大小小的包裹,整装待发的样子似乎是要出远门。随后,一行人裹挟着行李浩浩荡荡地上路了。原来,这一天是庆应义塾迁校的日子,经历一番跋涉,师生一行人终于顺利抵达新校址。新学校位于芝区三田的岛原藩,那里有两栋宽敞的住宅和几栋平房,地基总面积达到一万多坪,其中建筑物就有六百多坪。相比之前芝区新钱座的旧校舍,这里的学校面积扩大了三十倍,仅仅是住宅的走廊就有九尺(约2.7米)宽,房屋之大超出了他们的想象。

迁校后,福泽谕吉每天都要巡视一下整个学塾,他还把星期日规定为扫除日,在那天挨个检查学生的宿舍,甚至连厕所都会亲自细察一番。每到扫除日,他都要来回多次经过走廊,也会遇到很多学生。当时的学校普遍盛行鞠躬礼,师生互行鞠躬礼导致宝贵的时间被无形耽搁。一开始,福泽谕吉以为学校变得宽敞后自然就能避免这一问题,可事实是每到扫除日,他遇到的学生尤其是新生,还是会无一例外地、很恭敬地向他行鞠躬礼,无奈他每次也要停下脚步向学生还礼。久而久之,他对这种无用的虚礼愈加厌烦。一天,他询问学塾的其他老师:"在走廊里遇见学生行鞠躬礼不觉麻烦吗?双方都得费事!"[①]各位老师听后也有同感。于是他在学塾里发布了一则布告:

---

① 〔日〕福泽谕吉:《福泽谕吉自传》,马斌译,商务印书馆1980年版,第184页。

全塾同学不仅对长辈应当表示敬意,同学相互之间也不得粗暴无礼。但在教室的走廊以及塾内其他往来频繁的地方,纵令遇到教师或前辈也无须特别恭敬地行鞠躬礼,相遇时互行注目礼就可以了。为了无益的虚饰而浪费时间则非学生之本色,特此周知。①

布告一出,确实制止了学生行鞠躬礼的行为,但并没有因此发生忤逆师长、不敬前辈的乱象,反而在学塾形成了一股活泼振发的风气。行鞠躬礼本是日本千百年来在封建制度下养成的风气,已成为全体官民的普遍习惯并一直保留下来。在那个日本封建礼俗压制人的时代,只有福泽谕吉敢于质疑并果断将这种繁文缛节的虚礼废除,他还自诩行了一件功德之事。

论及是非功过,历史总是比人记得更清楚。翻开日本史册,将时间定格于19世纪,便是福泽谕吉所生活的时代。当时的日本,一方面正面临着以将军、大名(诸侯)及武士为代表的封建统治阶级和广大受压迫的农民群众之间矛盾的激化;另一方面,新兴资本主义生产关系的出现也加剧了整个封建社会的矛盾和阶级对抗。恰逢此时,西方资本主义国家的侵入打开了日本闭关锁国的大门。面临内忧和外患,日本主动学习西方,开启了自上而下的明治维新资本主义革命。然而,千百年来的封建旧制和愚昧思想根深蒂固,严重阻碍了资本主义的发展。

正是在这种新旧势力斗争尖锐复杂的社会背景下,福泽谕吉敢为人先,发出了"向西方学习"的号召。他身体力行,从青年时期开始学习西学,后又凭借出色的学识和过人的胆量,先后三次游访欧美各国,成为日本近代开眼看世界的先锋。他心系国家命运,以谋求国家独立和文明富强为己任,从事各项思想启蒙活动,宣传"文明开化"和"教育救国论"的思想,为日本近代资本主义的发展奠定了重要的思想基础。他倾其一生,将毕生精力致力于教书育人和著书立说事业,满怀热忱地开办新式高等教育,并率先以西学实用知识育人。他的一生著述颇丰,累计发表了60多种著作,其中以《西洋事情》《劝学篇》《文明论概

---

① 〔日〕福泽谕吉:《福泽谕吉自传》,马斌译,商务印书馆1980年版,第184页。

略》最负盛名,这些富有启蒙意义的著作,无一例外都旨在传播资本主义的新思想,成为开启日本民众心智的必读经典,因此他本人也被誉为"日本伏尔泰"。

事实上,他的影响力远不止如此。在日本,只要提起福泽谕吉,无人不知,无人不晓,他的形象已经深深刻进了日本人的心里。1984年,日本人为纪念福泽谕吉做出的伟大贡献,将他的肖像印制在日元面值最大的一万元纸币上。时至今日,他精神矍铄的模样已在日本的万元大钞上高悬了近四十个年头,备受世人瞩目,而他那双炯炯有神的眼睛里,依然闪烁着对社会进步的渴望。

从下层贫穷武士到万元大钞上的伟大功臣

1835年1月10日,福泽谕吉(1835—1901)生于大阪一个下级武士家庭,父亲福泽百助是中津藩的下级藩士,酷爱汉学,受藩主之命长期执勤于大阪货栈,负责中津藩的大米出售和债务料理;母亲阿顺是同藩一名士族家庭的长女,性格温良恭俭。福泽谕吉在家排行老五,上面还有一兄三姐。据说,他出生那天,他父亲恰好买到一部盼望多年的汉文书籍《上谕条例》,便给他取名"谕吉"。在福泽谕吉不满三岁时,他的父亲因长期不满门阀制度和怀才不遇,抑郁而终,一家人只好搬离大阪回到故里中津生活。幼时的福泽谕吉不爱读书,直至十四五岁才立志读书,跟随白石先生学习《诗经》《左传》《战国策》《老子》《庄子》等汉文书,并自学了中国历史,对《左传》尤其感兴趣,不仅反复通读十一遍,还记诵了精彩的句段。他的启蒙教育虽然来得迟,但由于天赋异禀和刻苦努力,他在学业上表现超群,仅用了四五年就成为附近闻名的小汉学家。学习之余,他也经常兼职做些副业帮母亲维持生计。从幼年起,福泽谕吉就目睹了封建等级社会中的人性丑恶,得知亡父曾想让他出家为僧以逃避门阀制度,便在幼小的心灵中埋下了反封建的种子。

1853年6月,美国海军将领佩里率舰队迫使日本打开了国门。一年后,19岁的福泽谕吉在兄长的劝诫下到长崎学习荷兰文和西洋炮术,但因才华出众遭到同学奥平壹歧的嫉妒和构陷,倔强的福泽谕吉一气之下便离开了长崎。后来,经哥哥的推荐,他拜在绪方洪庵门下,真正开始学习兰学。然而世事难料,哥哥不久后就因病早逝,按规定他应接替户主身份为中津藩效劳,但一心求学的他对户主身份完全不感兴趣,最后不顾亲戚反对,得到母亲应允后毅然又去了绪方学塾。在学习这件事上,他向来认真执着且勤奋好学,同时,他有着超人的毅力,一旦下决心要学的东西,不学会就不会善罢甘休。到了绪方学塾,即便是严冬酷暑,他也坚持坐着读书到天亮,对于偶然得到的原文书,便求知若渴似地研读,甚至不惜数天的休息时间将其手抄下来以供自学和深入研究,于是他很快就掌握了荷兰语文法,熟读并研究了许多医学、物理学、化学乃至电学等方面的原著。皇天不负有心人,经过日复一日的努力,他在短短两年内便成为大阪小有名气的兰学大师。1858年10月,福泽谕吉受邀前往江户教授兰学,在铁炮洲奥平家官邸院内开办了学塾,这就是后来的庆应义塾。随后,在一次出游横滨的旅途中,他参观了租界内法国人和德国人开的商店,因为不通英语,导致无法与店主正常交流,他当即感到荷兰语不管用,便决心自修英语,恰好为他此后三次游历欧美打下了外语基础。

1859年末,幕府派遣使团赴美交换《日美修好通商条约》批准书,福泽谕吉认为这是一览西方先进文明的绝佳时机,于是多方求告以随员身份游历美国。此行令他大开眼界,他亲身体验了资本主义美国的强盛,愈发坚定了学习和输入先进文明的决心。回国后,他果断放弃兰学,开始边教边学英学,并翻译出版了第一本著作《华英通语》。此时,他也受聘在幕府外务省担任翻译工作,在工作中,他借助荷兰语自学英语和法语,时常也借些英文原著阅读,因而其英语水平日渐提高。一年后的冬天,福泽谕吉受命担任访欧使团的译员,先后周游了法国、英国、荷兰、德国、西班牙、葡萄牙等国,在详细考察欧洲各国的政风人情和社会情况后,他得出结论:"要谋求东洋革新,必须首先输入西洋文化教育"[①],由此逐渐萌发了"教育救国"的思想。然而,访欧归来就遇上了国内严峻的政治斗争,尊王攘夷运动大为盛行并发展成一场轰轰烈烈的"倒幕运动",许多主张学习西方文明的学者遭到杀害,迫于形势,福泽谕吉只好专心教学和著书翻译,

---

① 〔日〕福泽谕吉:《福泽谕吉全集》(第16卷),岩波书店1961年版,第209页。

但不再对幕府抱有希望。

值得一提的是,这一时期他翻译出版了一部重要的著作《西洋事情》。当时从欧洲访问回国的他,思想上受到极大的震动,他惊喜于自己从西洋文明中获得的新知识,并力图将这些新知识和对先进文明的向往之情传达给仍处于落后愚昧思想中的普罗大众。在书中,他先对西方社会制度、社会状况和观念作了一般性的介绍,随后分别叙述了美国、荷兰、英国、俄国、法国的历史和现状。例如,在介绍西欧政治制度时,他阐释了三种政治形态:君主政治、贵族政治和共和政治,列出了六个方面的问题,即独立自由、信教自由、奖励技术、普及教育、法治统治和社会设施;此外,他还叙述了征税法、国债、纸币、商业公司、外交、军事制度、文学、技术、学校、报纸、图书馆、医院、收容所、哑人院、盲人院、精神病院、痴儿院、博物馆、博览会、蒸汽机、蒸汽船、蒸汽车、电话机和瓦斯灯等方面的知识;在书中的附录部分,他还讨论了阳历、时刻、温度、度量衡和货币等内容。

《西洋事情》首次出版于1866年,福泽谕吉说:"该书的初编,经我手发行的部数就不下十五万部。加上当时在京都大阪一带流行的伪版发行量,约有二十万至二十五万部之多",可见这本书极受日本民众喜爱。整体来看,《西洋事情》对日本民众的思想启蒙主要体现在两个方面:第一,在政治制度和民权观念上,日本民众第一次了解到除了天皇君主制还有别的统治方式;不仅如此,人并非生来就是不平等的,可以享有平等和自由的权利,也可以拥有私有财产,共同管理国政。第二,在物质文明和世界观上,日本人第一次见识到什么叫蒸汽机器,第一次听说教育机构和残疾人救济机构等社会设施,才知道原来世界都在一个地球上,太阳东升西落不会"损耗很多金子",而是会引起昼夜的变化。总之,作为福泽谕吉文明思想的开山之作,《西洋事情》不仅广泛传播了西方先进文明,同时也引领着日本民众的世界观和文明观发生进步性的转变。不得不承认,福泽谕吉就是日本文明的教师。

1867年1月,日本公派使者访美,福泽谕吉再三恳求后以随员身份再次游历美国。旅行途中,他对幕府人员的腐败行为颇为厌恶,在一次喝酒时对一位同行者说:"不论怎么样,这个幕府必须打倒。"①后来,在美逗留期间,他奉政府之命采购了一批原文书带回日本,但因同行者举报其在旅途中行为处事不当,一回国就受到幕府禁足三个月的处分。经历了这次事件,福泽谕吉彻底相信德川幕府已经腐败不堪,于是加入主张打倒幕府的声浪中。但此时他还未倒向维新派的革命势力,而是在推倒幕府的运动中观望风色。

1868年,日本明治维新运动爆发,新政府积极推行"文明开化"和"殖产兴业"政策,设立文部省大力提倡发展教育,这恰好契合了福泽谕吉谋求社会改革进步的志向。从幕府退职后,一方面,他将精力集中在兴办教育和著书翻译上,将学塾从铁炮洲迁至新钱座,正式命名为"庆应义塾",后又将学塾迁至适宜居住的岛原藩三田,并在新校区逐步开设了医学所和幼稚舍,同时在大阪、京都等地设立了分校。这一时期,他通过发表《劝学篇》系列社论,呼吁民众重视和接受教育,并出版了《西洋事情》《西洋导游》《西洋衣食住》等大量旨在介绍西方文明的著作。另一方面,福泽谕吉积极投身于启蒙宣传活动,1873年至1875年,他与森有礼等人发起成立"明六社"和创办《明六杂志》,随后又创办《民间杂志》和《家庭丛谈》两种刊物,并出版了《文明论概略》《文字教育》《会议辩》《分权论》等宣传启蒙思想的著作。

1882年,时年47岁的福泽谕吉创办《时事新报》,为日本社会的改良和进步提供言论,其刊物内容广泛,涉及政治、经济、军事、国际关系、社会文化等各方面。然而,令人惋惜的是,随着日本资本主义的确立和发展,晚年的福泽谕吉利用《时事新报》和出版的各类著作,大肆宣扬"富国强兵论"和"脱亚入欧论",鼓吹日本摒弃落后的亚洲文明,加入欧美先进文明的行列中,尤其贬低和排斥中国汉学和儒家文化,甚至还鼓动日本人对中国等东方邻国实施侵略以扩张国权。正因为如此,后来许多学者把他看作日本第一位"军国主义"理论家,认为他的侵略主张和实施方略为日本侵华战争提供了理论依据。

到了晚年,一向拒绝参与政治的福泽谕吉也极少参与社会公务,但退休后仍不忘积极关注和支持庆应义塾的发展。1890年,他在庆应义塾设立大学部,

---

① 〔日〕福泽谕吉:《福泽谕吉自传》,马斌译,商务印书馆1980年版,第180页。

开设文学、法律和经济三科,成为日本第一所具有综合大学体制的私立大学。随后,他又着手为学塾募集发展基金,并进行了学制和学务的改革,为了培养大学部的教员,他向欧美派遣了留学生。1890年,因其著书翻译和教育有功,皇室赐给他奖金五万日元,而他马上将此款捐给了庆应义塾当作发展基金。

1901年2月3日,福泽谕吉因脑溢血复发而逝世,享年66岁。

回顾福泽谕吉的一生,从下层贫穷武士一路跃升至"明治时期教育的伟大功臣",或许有人认为这是"时势造英雄"。殊不知,在他成长的道路上也出现过种种坎坷:儿时经历父亲离世和因家庭贫困上不起学,成年后遭遇同学陷害和兄长早逝,为了求学不惜变卖家产;即便在事业兴旺之时,也是三番五次身陷被暗杀的风险……纵使身处这般逆境,福泽谕吉从未放弃心中的志向,反而更加勤学和独立。与其说他的成功是靠着"天资过人"或"机遇偏爱",不如说是得益于他日复一日的努力和坚持,正所谓"天道酬勤"。

提倡文明化,谋求国家独立

近代日本,福泽谕吉是第一个敢于冲破旧世界、勇于缔造新文明的人。作为明治维新时期思想启蒙运动的先驱,国家独立和文明开国是他热烈追求的信念和理想。为把这种理想信念普及到日本大众,他奋笔疾书,以著书立言为实现国家文明化和独立出谋划策。

1. 效仿西方,推进文明化

在《文明论概略》中,福泽谕吉指出文明要经历野蛮、半开化和文明三个阶段,在日本、中国等亚洲国家还处于半开化阶段时,欧美各国的文明已位居当前人类智慧所能达到的最高程度。在亲历西洋先进的文明后,他深刻批判了日本以及东方落后的封建文明,指出日本自大化时期以来的文明中蕴含了太多封建伦理因素和脱离实际的虚夸风气,从根本上不利于国家的近代化,已经把日本置于不文明、半野蛮的落后国家的境地。因此,日本欲从半开化状态走向文明状态,必须摒弃东洋文明,以西洋文明为目标。但同时他也表示,文明是一个无止境的发展过程,西方文明并非尽善尽美,只是相较而言更为先进,故而在学习时要加以甄别而不能一味照搬。

文明究竟是什么?针对这一概念,福泽谕吉重新作了界定。首先,文明包括外在的事物和内在的精神。外在的事物,小到服饰、饮食、器械、房屋建筑、交通工具等生活物质,大到政令、法律等政法条例;而内在的精神指的是一国人民的"人情风俗",包含国民所具备的知识素养、思想观念和品德性格以及为人处世的态度和方法。其次,文明分为文明的个人和文明的国家。所谓文明的个人,是指在智和德两方面达到共进的人,既要掌握"经世致用"的本领,也要具备高尚的品德和独立精神。同样的道理,文明的国家也应当具备智和德两大特征,一方面要发展实用科学和工业文明以推进智慧文明,另一方面要注重培养自由平等、民主科学以及独立的精神。最后,文明与不文明相对立。徒有文明的形式和外表而看不到国民的内在精神和道德的文明,不能说是文明,因为内在的精神和道德才是一个国家长远发展的立身之本。另外,一国之内,个人只关注自身的自由和独立,对社会和国家事务则冷眼旁观,这种每个人都独善其身的文明,难以形成蓬勃发展和持久旺盛的生命力,也不能说是文明。

鉴于以上对文明的内容和特征的讨论,福泽谕吉进一步明确了文明的定义:"所谓文明是指人的身体安乐,道德高尚;或者指衣食富足,品质高贵而说的。但是,人的安乐和精神进步是依靠人的智德而取得的。因此,归根结底,文明可以说是人类智德的进步。"[1]

怎样才能实现文明化?福泽谕吉认为文明化进程的第一步是要找准学习的对象,即以西方先进国家为前进的目标。其次要明确学习的内容,不仅要学习外在的物质文明,也要学习内在的精神文明。但二者相比,外在的物质可以人为制造、购买,在短时期内较容易实现,但内在的精神既不能出售,也无从购买,更无法在短时间内借助外力或人为制造出来。不仅如此,内在的精神是一种无形的力量,它普遍渗透于一国人民的思想观念之中,决定着人们的一言一行,甚至决定着文明的特性和民族的品格。因而,福泽谕吉指出要谋求一国的

---

[1] 〔日〕福泽谕吉:《文明论概略》,北京编译社译,九州出版社2008年版,第55页。

文明,应当以精神文明为先、为重,一旦人心得到改变,政令法律等物质文明的改革也将水到渠成,文明的基础就能稳固地建立起来。

2. 人人独立,国家才能独立

基于对东西方文明的考察,福泽谕吉认为妨碍亚洲国家进步的根本原因在于人民缺乏独立心,他还批判近代日本徒具文明之外表而缺乏内在的实质,主张要培养国民内在的自由和独立精神。

"所谓独立,就是没有依赖他人的心理,能够自己支配自己"①,包括独立自主地处理事情、维持生活以及履行对国家和社会的义务。具体而言,独立体现在物质和精神两个方面,"依靠自己的力量解决衣食住等有形问题者谓之物质上的独立。而言己之所思,行己之欲行,我行我素,丝毫不屈节者谓之精神上的独立"②。对于个人而言,这两者缺一不可,福泽谕吉认为应先求物质上的独立,而后求精神和人格上的独立。

所谓国家独立,就是不丧失国家政权。一方面,国家应该有独立的实力而非偶然独立的外表,与此同时,国家独立不是闭关自守,而是在开放的世界中独立行使主权;另一方面,国家独立不仅是国家这个组织的独立,更取决于全体国民的爱国心和独立精神,即使在广泛与外国人接触后,他们还能保持独立自主并自觉维护国家的权力和尊严。由此,福泽谕吉强调真正的国家独立在于国民独立,倘若国人没有独立的精神,哪怕身处在平等的外交关系中,国家独立的权利也无法伸张,因为没有独立精神的人不会深切地关心国事,一旦发生战事也不会主动保卫国家,同时在接触外国人时容易卑躬屈膝和出卖国家利益。不仅如此,没有独立之心的人还会仗势欺人和做坏事。总而言之,人人独立,国家才能独立。

如何才能获得"独立"? 福泽谕吉指出了通往独立的两条途径:一是鼓励人人立志向学,但必须是学习"经世致用"的实学,唯有实际的学问才能使人掌握

---

① 〔日〕福泽谕吉:《劝学篇》,群力译,商务印书馆1984年版,第14页。
② 〔日〕福泽谕吉:《福翁百话——福泽谕吉随笔集》,唐沄等译,上海三联书店1993年版,第249页。

处身立世的本领。二是推进文明化,树立文明的精神。福泽谕吉认为,一国之内,倘若人民之中没有形成自由和独立的风气,即便工商业经济、政治法律、教育文化等都得到快速的发展,也终将只是无用的长物,因为文明的实质,归根到底在于人民的"独立精神"。

 主张经世致用,以实学育人

在《学问的旨趣》一文中,福泽谕吉将实学定义为实际的学问。所谓学问,并不限于能识难字、能读难懂的古文、能咏和会作诗等不切实际的学问,[①]更为重要的是接近世间一般日用的实学,如日常生活中广泛使用的日文字母、写信记账、打算盘、使用天秤,乃至地理学、物理学、历史学、经济学、修身学等实用科学。随后,他将学问分为有形的和无形的。无形的学问如心学、神学、理学等,有形的学问如天文学、地理学、物理学、化学等,它们都能使人增长知识、明辨事理和懂得为人的本分。但他反对将实学简单归结为书本中的学科知识,认为只有掌握时势的学问,以上学问才能真正发挥用处。可见,在他看来,学问有两个特征:一是与个人处身立世相联系,二是学问应该是实学。正如他所言:"过日子也是学问,理财也是学问,能够洞察时务也是学问。"[②]

为何要学习实学?他进一步阐明:第一,学习实际学问是个人安身立命,获得富贵、独立的基础,也是国家避免暴政、实现独立的必备条件。他认为,人人生而平等,富贵贫贱是由于后天学与不学造成的。不学习的人,在物质上不能自立自活,在精神上无法独立和养成良好的才德,由此导致了社会的不平等乃至政府的暴政,以至于国家也无法实现文明和独立。第二,只有具备一定的实学知识,才能明辨道德中的是非善恶,更好地发扬和增强道德的光辉。正如他在《穷理图解》一书中写道:"人若无知识则自己不能判断仁义道德。无知之极乃至不知廉耻,这是可怕之事。"[③]这里的"知识"指的便是能够应用于实际中的

---

① 参见〔日〕福泽谕吉:《劝学篇》,群力译,商务印书馆1984年版,第3页。
② 同上书,第8页。
③ 〔日〕鹿野政直:《福泽谕吉》,卞崇道译,三联书店1987年版,第59页。

自然科学知识。第三，掌握实学是经世致用、保家立业以及实现富国强兵的重要手段。正所谓实干兴邦，空谈误国。实学教人经世致用，对个人生活、从事职业以及发展事业都有助益。相反，不切实际的学问则会阻碍个人和国家的进步。倘若农工商都学习实用科学，各司其职、各尽其能，那人人就能过上衣食富足、精神充实的生活，经济振兴、政治民主、教育普及和民生进步等愿望也能一一实现。

由此观之，福泽谕吉大力提倡实学的真实意图仍然在于"文明""独立"这四个字。在他的理念中，实学是文明的基础，是个人和国家独立的重要手段。西洋文明之所以先进，一个重要的原因在于它的数理学和独立性，而这恰恰是日本乃至整个东洋文明都匮乏的。因而只有提倡"经世致用"，以实学育人，才能使日本实现"文明开化"，摆脱封建落后的境地。如此一来，作为福泽谕吉启蒙思想核心的"文明论"和"独立论"，不仅从宏观上揭示了近代日本效仿西方进行资本主义变革的思想脉络，也从微观上为个人身体力行学习和传播实学提供了指南和纲领。

一方面，在求学修业上，福泽谕吉从汉学转变为兰学，再跨越到英学。福泽谕吉14岁入村塾学习，在汉学上颇具才华，但即便如此，他仍然无心崇拜汉学，也不重视汉学，他深知经义伦理之学并非稳妥的谋生手段，于是在课余时间向同窗学习了按摩术。19岁那年，他第一次接触西学，在长崎山本物次郎家学习兰学和西洋炮术，但只是单纯为了看懂外文书和多学习一门学问。借用他在自传中的话说就是："如果是人能学的，不论是洋文还是别的我都想学。"[①]一年后他拜绪方洪庵门下，真正开始学习兰学。伴随着对洋学的兴趣日渐浓厚，他开始自觉从各种途径获取新知识，时常琢磨医学、物理学和化学等工艺实验。也正是这时起，他逐渐意识到了西学的实用性。后来，他受邀到江户开办学塾以教授兰学，但发现兰学落后于形势且难以发挥实用价值时，便决心自学英语并果断将教学内容改为英学。随后，他争取到出国游访的机会，前后三次游历欧美各国，亲身体验到资本主义国家发达的科技与工商业文明后，愈发地坚定了

---

① 〔日〕鹿野政直：《福泽谕吉》，卞崇道译，三联书店1987年版，第10页。

要引进和传播西学的信念。

另一方面,在办学育人上,实学教育观和实用人才观是福泽谕吉教育实践一以贯之的指导思想,其中最具代表性的例子便是庆应义塾的创办。作为日本近代第一所传播西洋自然科学的高等教育机构,福泽谕吉在1858年创办庆应义塾之初就对它寄予厚望,企图使庆应义塾成为西洋文明的向导,引领日本变成一个西洋式的文明富强的国家。为实现这一宏伟蓝图,他主动摒弃了古老的不求实用的汉学,制定了以数理和独立为本的教育方针,并多次对学塾的学务、课程、学风等方面进行改革。基于对世界教育趋势和日本文化走向的敏锐洞察,他从最初教授兰学转向教授英学,并率先在学塾中设置了数学、地理、历史、商法、经济等实用科目,向学生传授与社会实际紧密联系的学问,由此开启了日本实学教育的大门。与此同时,他提倡使用欧美国家出版的教科书进行教学,不惜花重金和大力气从美国引进一大批图书,包括大、中、小型的辞典和一些有关地理、历史乃至法律、经济、数学等方面的图书,以供学生学习与研究。此外,他还大力发扬勤奋务实、经世致用的学风,明确实学的宗旨是"要求人从小勤奋学习,成年之后,将所学知识用到实际之中,以求生活独立,安身立命,从而达到人生目的"[①]。可见,从学习汉学到提倡实用科学,再到开办新式教育传播实学,他的知识观和实学观在一步步走向成熟。

值得注意的是,福泽谕吉的实学思想和实践对近代日本所产生的影响之广泛、深远,是当时任何一位启蒙思想家都无法与之媲美的。他的著作尤其是《劝学篇》在日本极为盛行,据他自述,这本小册子一共17编,共计发行340万册,遍及全国,为社会民众所广泛阅读。不仅如此,当时的官方政府在改革教育时也受到了《劝学篇》的影响,在1872年政府颁布的《学制令》中,首次规定了义务教育制度,并明确声明"学问是立身之根本",所谓学问"不能追求记诵词章之末,陷入虚谈空理之途",这种普及教育和强调实用学问的理念精髓与福泽谕吉《劝学篇》中的劝诫世人学习实学的思想如出一辙。不得不承认,无论是发表著作启发民智,还是亲力亲为办学培育实用人才,福泽谕吉的实学思想都直接浸

[①] 〔日〕福泽谕吉:《福翁百话——福泽谕吉随笔集》,唐沄等译,上海三联书店1993年版,第69页。

入国民的心中,化作警示良言启迪着历代世人。

教育的作用和目的:学问立人,教育强国

作为日本近代极力倡导发展教育的启蒙思想家和教育家,福泽谕吉十分重视教育,他曾豪言称:"世界上绝没有比教育更重要之事"①,认为教育对个人的独立自主和处身立世具有非凡的意义。

一则教育通过传授知识培养人的智慧和道德。古人云:"人不学无智,无智者愚人",一语道破了学习的重要性。福泽谕吉也认为,"智慧之道在于学习",尤其在人类文明迅速发展的时代,"学习是获取知识、提高智慧的唯一方式"②,每个人只有接受理论知识、道德知识和文化知识等多方面的学习,才能获得今后从事工作、修养品性和明理处世的必备才能。在此基础上,学习还能进一步促进人与人之间的平等。福泽谕吉认为,"天不生人上之人,也不生人下之人"③,人并非生来就有贵贱之别,今日的世界之所以存在富人和穷人、智者和愚人的差别,其根本原因在于人是否接受教育以及学与不学。加之,世间的工作有困难和容易之分,一个人拥有多少学问在很大程度上决定着其从事何种职业,进而也就决定着他的财富状况和社会地位。从这一角度来看,教育对于改变人生境遇和促进社会平等具有重要的意义。

二则教育可以发展人的天赋,使其潜能得到充分的发展。福泽谕吉认为,任何人的能力都不可能超越天赋遗传的界限,遗传决定了人的智愚程度和成长特性。除了遗传因素,人的发展还要受制于环境和教育。倘若不对人进行教育,任由其天性自然发展,纵使天赋异禀的人也容易受到周围恶劣环境的侵害,从而丧失良好的天赋和品格。故而,人必须通过教育来维护和发展其原有的天赋,就像庭院里的花草树木需要修剪和培育才能避免虫害而变得生机勃勃一样。但福泽谕吉也提醒人们教育不是万能的,它不能超越人的天赋创造出人本

---

① 〔日〕福泽谕吉:《福翁百话——福泽谕吉随笔集》,唐沄等译,上海三联书店1993年版,第149页。
② 〔日〕福泽谕吉:《你为什么要学习》,常春藤国际教育译,文化发展出版社2017年版,第2页。
③ 〔日〕福泽谕吉:《劝学篇》,群力译,商务印书馆1984年版,第2页。

不具有的素质,只能是使人不空有其天赋,磨练其素质,绽放其光彩"。如此看来,在遗传、环境和教育三者的关系上,福泽谕吉既不认同遗传决定论或环境决定论,也不鼓吹教育万能论,而是强调教育要在尊重天赋的基础上改变环境的不良影响,从而使人的潜在能力得到合理而充分的发展。

三则教育在一定程度上可以改良人的遗传素质。福泽谕吉认为,人的遗传素质不是一成不变的,会随着教育和环境的影响而发生演变。正如农作物一样,如果选择良种加以精心培育,长此以往就能生成更加优良的品种。反之,如果只播种而不注重耕耘和培育,其质量就会不断下降且难以恢复。同样的道理,一个人如果不接受教育,即使他从父母那里继承的素质再好,总有一天也会受环境影响而变得粗俗鄙陋。不仅如此,遗传素质演变的结果还会代代相传,一旦家族的遗传素质从第二代开始就一直下降,不超过第四、第五代,他们的子孙后代就会完全丧失先辈所具有的良好品质。例如,封建时代,不注重教育的士族和富豪世家,其后代要么因沉迷世俗诱惑而自毁前途,要么因家道中落而陷于种种不幸,最终沦落为庸庸无名之辈。可见,教育的作用不仅限于对受教育者本身施加影响,还可以通过改善遗传素质造福子孙后代。

除此之外,"整个国家的进步与退步,亦在于国家所行的教育如何"①。通过对欧美社会人事的考察,福泽谕吉认识到:要谋求日本文明革新和独立富强,必须首先输入西洋文化教育。他从不懈怠教学工作,还曾在社会暴乱时期勉励学生说:"庆应义塾没有停过一天课。只要这个学塾存在,日本就是世界上的一个文明国家。你们心里不必牵挂着社会!"②就这样,庆应义塾在他的用心领导下,培养了一批又一批掌握近代科学知识的学生。这些学生毕业后去往各地当教师,他们又将所学的知识传授给他们的学生。如此一来,西洋新式文明便在日本全国各地广为传布。

由上可知,无论是推进国家文明进步还是发展个人天赋和潜能,教育的目的,归根到底在于实现国家的独立和富强。正如福泽谕吉在《文明论概略》中写

---

① 〔日〕福泽谕吉:《福翁百话——福泽谕吉随笔集》,唐沄等译,上海三联书店1993年版,第152页。

② 〔日〕福泽谕吉:《福泽谕吉自传》,马斌译,商务印书馆1980年版,第177页。

道:"今天号召日本人向文明进军,就是为了保卫我国的独立。所以说,国家的独立就是目的,国民的文明就是达到这个目的的手段。"① 为了实现这一目的,福泽谕吉大力提倡在全国上下普及和发展教育,主张以德、智、体等多方面的教育培养独立自主的新国民,为日本成为文明独立的资本主义世界强国创造必要条件。

德智体和谐发展的教育

"为了社会的文明进步,智德两者都是不可缺少的,犹如人身需要营养,粮食菜蔬和肉鱼都是必不可少的。"② 为了培养身心健康、德才兼备的国民,他明确提出学校应实施"德智体和谐发展"的教育。

1. 体育:造就身心强健之人

福泽谕吉认为体育在孩子的教育中应是第一位的。他曾多次谈道:对于幼小的孩子,不应从小强令其读书,而是要注意其衣食、言语行为和身体运动,使其健康成长。儿童到了8岁以后,才能让其走进教育之门,真正接触智慧和道德的学问,但是每天规定一定的学习时间,同时也绝不忽视身体的锻炼。这种教养孩子的方法,按福泽谕吉自己的话来说就是"先成兽身,后养人心"。不仅如此,他还主张儿童在接受学校教育之前,应首先接受身体素质的检查,对于体弱的孩子,不应让其静坐读书,而应该让他们慢慢参加体力劳动以养成健全的体格,而后再进行心智的训练。

体育不仅可以强健学生的体魄,还可以培养学生活泼的性格。福泽谕吉与英国教育家洛克持有同样的见解,主张"活泼的性格寓于健康的身体",生来体弱多病的人难以拥有超人的智慧和判断力,也难以有足够的激情和精力从事更多劳心的工作。另外,良好的体质对于个人独立谋生也十分重要,他曾说:"自我奋斗立身兴家者必是身心强健之人。他们辛苦经营、排除万难,最终使己之

---

① 〔日〕福泽谕吉:《文明论概略》,北京编译社译,九州出版社2008年版,第277页。
② 同上书,第120页。

夙愿得以实现,即使在富贵之时亦不忘往昔之苦,善营生计,而且注意养生之道,常忆少壮之时而不敢怠慢,因此,老后亦多保持强健的体魄。"①

对于学校教育中的体育,福泽谕吉主张把体育课确定为必修课,以培养学生强健的体魄。至于体育课的教学内容和教学方法,他认为不同的国家应该根据本国传统和风俗,灵活选择。例如,日本可以将柔道、游泳、打猎、赛马、划船、摔跤、赛跑等作为体育项目,在学校和家庭中广泛开展。他本人就经常在家中鼓励孩子们做柔道体操。

除了注重体育训练,福泽谕吉还重视饮食习惯以及生活环境对人身心健康的影响。他认为,父母要从小引导儿童养成良好的作息习惯和健康的饮食习惯,如果长期放任儿童不运动和饮食不规律,就会导致其体弱多病和精神不振。同时,他极其反对学校违背学生的生理规律而一味强调读书的教育方法,认为那样只会使得本该面色红润、体格健壮的孩子身体虚弱、精神颓丧,而且也不利于他们交际与合群能力的发展。因而,当他亲眼见证东京大学一味教学生用功读书而不重视体育时,他毫不客气地加以斥责:"要是这样继续下去,东京大学可以命名为少年健康屠宰场。"②

2. 智育:增长智慧,以实学为本

在儿童身体得到一定的培育和锻炼后,福泽谕吉认为应逐步引导他们进行智的训练。"智"就是智慧,指人们思考事物、分析事物、理解事物的能力,这种能力不能仅靠掌握理论性的知识,而且需要和外界事物相接触,结合不同情况灵活运用。具体而言,智慧又分为私智和公智,探索事物的道理并将其运用于实际中形成一种才能,叫做私智;而区分事物的轻重缓急、观察事物的时间性和空间性,从而作出合理安排与对策的才能,叫做公智。换言之,私智也可以叫做机灵的小智,公智也可以叫做聪明的大智。对人的道德发展和社会文明而言,大智更为重要。如果没有聪明睿智的才能,就不可能把一人之德和一人之智发

---

① 〔日〕福泽谕吉:《福翁百话——福泽谕吉随笔集》,唐沄等译,上海三联书店1993年版,第159页。

② 〔日〕福泽谕吉:《福泽谕吉自传》,马斌译,商务印书馆1980年版,第251页。

展为社会的公德和公智。

除此之外,福泽谕吉认为"贫贱富贵不是上天注定,而是取决于一个人在学习中所积累的智慧"[①],也就是说,智慧对决定一个人的生活境遇和社会地位具有关键作用。不仅如此,一旦智慧涉及物理的重大发明,单凭个人的力量也能改变整个世界的面貌。例如,詹姆斯·瓦特发明了蒸汽机,使得整个世界的工业生产发生巨变,从此人类进入"蒸汽时代"。如何获取智慧?他主张智慧之道在于学习,智慧从根本上来源于学习理论知识、道德知识、文化知识。因而,学校的智育工作也应该依据这三类学习展开。他还特别强调,智育的内容不应是空洞的学问,而要与实际民生日用结合,事实上就是崇尚实学,正如他说:"我的教育主张是着重于自然原则,而以数、理两方面为其根本,人间万事凡是具体的经营都拟从这数、理二字推断之。"[②]为了培养理想中的实用人才,福泽谕吉一改前人的做法,不重汉学,专教西洋实学,以原文书作为学生使用的教材,并设置了一套以实学为基础与主干的课程,涵盖修身、经济、历史、地理、物理、算术和文典等多种科目。值得一提的是,他十分注重物理教学,认为物理作为自然科学的核心在诸多实学门类中最为重要,一是由于物理学的宗旨在于"穷理",考察世人怀疑的事物,探索其道理并把它应用于实际;二则因为通过物理学,世人才知一切现象皆非偶然。

关于智育的方法,福泽谕吉主张"有形的智育",即通过有形的事物进行教导,让学生看见智慧生成的迹象以及亲身体验其应用的过程。例如,数学课上,学生学习了加减乘除的方法后,就可以让他们在实践中运算如何加减乘除;物理课上,先让学生明白水沸腾变为蒸汽的道理,再让其学习利用蒸汽制造机器的方法,这样他们便可以自己动手去学习制造蒸汽机。不仅如此,这种智育的方法也利于进行测验和评估学生学习的效果。例如,教师在教学生用二除十二得六的算术时,可以让学生把十二个球分成两份,当学生出现错误时就重新讲解和测验,最终便能明确学生是否掌握了这一算法;再如,航海技术、商业法术、医学等,也可采取逐一观察其实际情况再试验的方法,福泽谕吉称之为"有形智

---

① 〔日〕福泽谕吉:《你为什么要学习》,常春藤国际教育译,文化发展出版社2017年版,第4页。
② 〔日〕福泽谕吉:《福泽谕吉自传》,马斌译,商务印书馆1980年版,第179页。

术试验法","其传习之快,试验的明确,都是可以耳闻目见的"①。

3. 德育:培养人之"智德"

"道德不仅是人类的天职,而且具有促进文明的巨大功能"②,福泽谕吉认为,人若没有道德,就与禽兽无异,不能称之为人。同样,国家没有道德也就不具备文明,日本不及西洋各国的关键在于人民的智德不足。因而,为了实现文明进步和国家独立,教育必须重视国民道德的培养。

所谓道德,指的是人内心的准则,是一种不管外界事物如何变化、不顾世人的褒贬而坚贞不拔地存在于内心的东西。具体而言,道德有私德和公德之分,凡属于内心活动的,如笃实、纯洁、谦逊、严肃等叫做私德;与外界接触而表现于社交行为的,如廉耻、公平、正直、勇敢等叫做公德。他明确指出,日本民众在思想上普遍认定的道德,其含义非常狭隘,实际上只涉及个人的私德。例如,古代的儒家教人以诚为贵,道家和佛家劝人真心虔诚,这种追求虔诚的私德之教对无知的人民而言着实紧要,但不能以此支配人们的一切行为。因而,他反对以往人们过分强调私德的做法,提倡把私德当作生活小节,在发扬私德的同时更加注重以智慧的作用将私德扩大到公德,也就是文明社会所需的"智德"。

在此基础上,福泽谕吉进一步探讨了道德学习和教导的宗旨,主张德育要顺乎人情。一方面,道德作为一种伦理问题,没有既定的衡量标准,需要依从社会整体的风俗与标准来校对,事实上,道德规范就是社会人情的体现。此外,普遍的约束力要基于社会整体,所以道德规范必须顺乎人情才能发挥对国民的约束作用,从而更好地维护社会的安定。另一方面,道德的最高目的在于对人的感化。由于每个人的兴趣和好恶不同,其对道德规范的评判标准也会有所不同。兴趣、好恶由从小到大养成的生活习惯导致,因而道德的培养要从儿童幼小时期的生活开始。如果人们从小就开始接受某种文化和道德的熏陶,并对自己所信仰的文化坚信不疑,那么外在的道德规范对他而言就会像生活里的习惯

---

① 〔日〕福泽谕吉:《文明论概略》,北京编译社译,九州出版社2008年版,第130页。
② 同上书,第153页。

那样易于接受。另外,道德规范只要是根据人情的正确道理来确定的,它就会像人情那样使人自然而然地受到感化。可以说,"无论东方文化、西方文化还是儒家文化,就实质而言,它们的目的都是为了培养有德有义的人"①。

谈到德育的方法,福泽谕吉认为道德不能用有形的方法教诲人,一个人能否有德主要在于内心自修。譬如,儒家孟子所倡导的"浩然之气",宋代理学家所谓的"一旦豁然贯通"以及佛家禅宗所主张的"悟道",无一不在强调道德培养需要从内心自省。不仅如此,道德还会随着人内心的努力程度而有进有退,一个人如果抵挡不住浮华和诱惑而放荡堕落,纵使他原本有德有才,也终会变成无德之士。相反,他若是每日坚持严格修身,品行始终如一,便能保其本性并在道德修养上有所进步。除此之外,道德还可以通过许多手段进行感化,例如,通过阅读著作得到启发,通过聆听古人的言行进行自修,甚至还可以借助家风的教化和影响。

需要明确的是,福泽谕吉所强调的道德是文明社会的"智德",也可称之为"大德"。他说:"德和智,两者是相辅而成的,无智的道德等于无德"②。一个人的道德没有智慧的驱使,他就不能明白事物之理和辨其轻重,就会失掉修德的平衡。因而,他主张德育的关键在于智慧与道德之间互促共进。

家庭教育和社会教育

福泽谕吉认为,人从出生到成人的一路成长和发展,既要靠父母言行的熏染、学校教师的引导,也不可避免要接受社会环境的影响和世俗风气的感染,家庭、学校和社会在这一过程中虽然作用和力量不同,但都不可或缺。所以,他主张对人的教育应坚持学校教育、家庭教育和社会教育"三位一体",只有三者相互配合、协调发展,才能培养文明的个人和形成文明的社会。

---

① 〔日〕福泽谕吉:《你为什么要学习》,常春藤国际教育译,文化发展出版社 2017 年版,第 18 页。
② 〔日〕福泽谕吉:《文明论概略》,北京编译社译,九州出版社 2008 年版,第 140 页。

1. 家庭教育：注重身心健康，树立文明家风

福泽谕吉认为一个人的气质和性格是从小养成的，贤还是不肖完全取决于父母和家庭教育。生而为人父母，应该尽心抚养教育子女，使其心灵纯洁善良、品行高尚、身体健康，这是父母对社会应尽的义务。针对日本一些父母忽视家庭教育或教育不得法的问题，他强调家庭教育应慎重从事，讲求合理、文明的方法。

首先，对子女身心的养育应"先健肉体、后育心灵"。儿童在幼年之时，身体发育最为重要，此时父母应持有一种"小孩也是一种动物"的观念，注重他们身体发育的条件，尤其注意他们的衣服饭食、空气光线等，同时要使其运动以培养感官能力。待儿童肉体基础打好之后，便可对他们展开精神方面的教育，但不必具体规定学习什么知识，而是要注重儿童周围环境的美化，也就是营造良好的家风，同时让他们注意自己的言行习惯，逐渐培养活泼向上、努力劳动的精神。到了七八岁之后，儿童便可正式进入读书学习的阶段，不管是在家由家庭教师进行教育还是入学受教育，父母始终要牢记子女的身体是最为宝贵的，绝不能让子女因学习而精神上过于痛苦，以至于妨碍身体的健康发育。总而言之，父母要根据儿童的生理规律进行教育，在儿童时期重点培养他的饮食、运动等健康习惯，同时要注意使其学会与朋友交际，养成合群的精神。

其次，对子女品性和行为习惯的培养要依靠家风的教化作用。福泽谕吉认为："温暖如春风，纯洁如秋水的家风对于好奇心极强的小孩是最好的教师。只要没有特别妨碍，孩子会自然而然地养成美好活泼的精神状态。"①父母在教育子女上要讲究严慈急缓，不应将家庭成员当作他人对待，父母和子女应共同参与家中事务和活动，一起畅谈欢笑、劳动嬉戏。只有父母和子女同甘共苦、同心同德，才能共同营造文明良好的家风。

最后，家庭教育切不可忘记对子女独立精神的培养。福泽谕吉指出，儿童生下来就应该由父母照料和教育，但一旦成年，他们必须谢绝父母的保护而独

---

① 〔日〕福泽谕吉：《福翁百话——福泽谕吉随笔集》，唐泛等译，上海三联书店1993年版，第65页。

立谋求生活,也就是说他们成人后就要离开父母膝下,不能再给父母添任何麻烦,同时作为尊严无上的父母,此时也不应该随便妨碍子女的言行和举动。由此,为了使子女能够实际获得独立,父母就要从小引导其养成独立的精神和能力。

2. 社会教育:于日常中细心观察,在实践中活学活用

福泽谕吉不仅重视学校和家庭教育,同时也十分关注社会教育。他认为在人的一生中,学校教育的时间是极其短暂的,只占据了一小部分。除了在学校接受教师的教导,人们还需要在社会中进行学习。社会相较于学校,可以称为增长知识和道德的大学校,因为这里的学问名目更多、范围更广,不仅有居家之道、交际之法、教子之方和谋生之途,还有关于商业、工业和政界之事的知识。因而,社会教育对人的教化作用甚至更大。

除此之外,与学校教育不同的是,社会教育的方式更为灵活多样。人一旦进入社会,他的学习就不再只是靠教师来教,更重要的是靠自己在实际的立身处世中主动观察和实践来获得经验,即便只是日常简单的观其行和察其言,也能使人从中有所收获。例如,听农夫之言语,可察一年之丰歉,闻车夫之叹息,可知商界之盛衰。可以说,社会给人的教育就像是空气一样,无时不在、无处不在,潜移默化地影响人的思想道德和言行。更重要的是,社会教育具有学校教育不具有的优势,即前者主要依赖于直接经验,后者则更多凭借间接经验。不得不承认,社会给人带来的经验和教训往往是直接且深刻的,从亲身经历中获得的体会也总是更为持久和难忘。

基于以上社会教育的特点,福泽谕吉主张人的学习也应着手于日常周围的事物。他明确说:"要宣扬文明的主义,引导贫富贵贱等一切凡俗之人,小至发展个人品质,大至提高国家地位,不能仅赖学校教育,而应着手于日常周围的事物,从谈笑游戏、肤浅问答开始,逐渐深入,以至揭示深远的道理。"[①]不仅如此,他还要求学校教育充分考虑社会的需要,不应脱离社会实际而只鼓励学生读

---

① 〔日〕福泽谕吉:《福翁百话——福泽谕吉随笔集》,唐沄等译,上海三联书店1993年版,第148页。

书,还应教他们进行更多的思考,将自己所接触的知识付诸行动和实践,以活学活用。也就是说,学校教育要关注学生实践能力的培养,这种实践能力主要包括两个方面:一是细心观察事物的能力;二是研讨事物之间的道理,形成自己的意见和见解。如此一来,学校教育才能与社会教育顺利接轨。

妇女教育:破除封建陋习,提倡男女平等

福泽谕吉是日本近代率先提倡妇女教育和女权的思想家之一,他认为教育对男女同等重要。一方面,女性所承担的许多事务,没有知识的帮助是很难做到的。例如,针线女红、做菜、看护病人和教育小孩等家事,如果让无知的文盲来做,肯定难以胜任。从这一角度来看,女性需要接受教育。另一方面,人生而平等,没有贵贱之别,每个人都有受教育的权利,而且只有人人都接受教育,才能使每个人都拥有改变人生和实现独立的条件。西方国家的文明之所以先进,与社会上女权盛行和女子教育发达有着密切的关系。由此看来,为了建设自由、平等的文明社会,女性也必须接受教育。

在女子教育的实施上,他主张大力发展普通教育,高等教育可以放在第二位。原因在于当时日本女性一般会在结婚以后选择在家庭里担任全职主妇,同时又要尽心抚养子女,导致她们与外界打交道很少。如此一来,实际上女性最终能接受高等教育和成为大学者的机会极少,所以当时开办女子高等教育并非十分必要。此外,基于日本社会上男尊女卑习俗一直根深蒂固的状况,他主张女子教育的重点应该放在破除习俗上,打破男女关系中女权低落的陋习。例如,日本公然实行多妻制,不仅直接导致男女地位的不平等,而且使得这种不平等的制度成为一般民众的共识,以致社会风气极其不正。因此,女子教育首先就应打破这种陈腐的观念,使人们认识到一夫多妻制的可恶并一举将其废除,如此一来,妇女的权利自然就会大增。

除了主张废除一夫多妻制,福泽谕吉关于妇女再婚的问题也有一些独到的见解。他认为,古人以"贞女不事二夫"之教来剥夺女子的婚姻自由,这对女性而言极为不公平,"如果贞女事二夫是伤风败俗之举,贞男便也不能迎娶二妻。

严于彼而宽于此,过于偏颇"①。另外,他还提倡建立平等的夫妻关系,夫妻相处应以文明和谐为原则。

不得不承认,关于妇女教育,福泽谕吉的许多主张都极具开创性和进步性,但也必须注意,他有一些看法在当今看来是十分落后且狭隘的。例如,他曾说过:"当然女子不应该插手户外之事,而且女子还有聪明愚笨之分,所以我并不主张夫妻共同处理事务,而是主张为丈夫者应该将事情的来龙去脉告诉妻子,随时让她了解现在的情况。"②也就是说,他认为日本夫妻一直以来在家庭中的分工是合理且应当的,即女主内、男主外。但实际上,这种人为固定的家庭分工从本质上已经违背了男女自由且平等的原则,若是放在当前的社会背景下,注定是要受到质疑和批判的。

当之无愧的教育之父:一人的独立心改变一国的文明化

作为日本近代"文明开化的巨匠"和"启蒙运动的旗手",福泽谕吉的启蒙思想和实践对日本近代资本主义文明的发展起到了奠基性的作用。他率先认识到西方文明的先进性,主动请求到欧美国家进行实地考察,大胆发出了"以西洋文明为目标"的口号。在此基础上,他效仿西方教育模式创办西式学校,传播洋学,同时又勤于著书立说,启发民众心智,为日本民众了解世界开启了重要的窗口,不仅丰富了人们对世界的认识,同时也提升了民众的文化素质。更重要的是,他以循循善诱的劝诫和教导使得自由平等、独立自尊的观念在社会广泛流传开来,深刻地改造了人们的精神世界,为资本主义文明的发展创造了重要的思想条件。不得不说,福泽谕吉对于日本能成功走向文明和富强,可谓功德无量。

纵观福泽谕吉的一生,他着实不愧为一位典型的学者,始终以国家和民族的发展为己任,孜孜不倦地为个人之独立、国家之进步而求学和著述。同时,他也不愧为一位出色的教育家,一生致力于办学育人的实践以及教育理论的探

---

① 〔日〕福泽谕吉:《福翁百话——福泽谕吉随笔集》,唐沄等译,上海三联书店1993年版,第90页。
② 同上书,第52页。

索，总能察人之未察，言人之未言，其思想和言论虽苦口逆耳，却有警世的余韵萦回。因而，他被日本人尊为"日本伏尔泰"和"日本近代教育之父"，实属情理之中，也是理所应当。

但是，也要看到且承认福泽谕吉的思想仍存在许多局限性，尤其是在晚年，他的思想开始由激进变得保守甚至是反动。关于政治的原则，他不再提倡"民主自由"，而是转变为"官民调和论"；在教育的宗旨上，他抛弃了原来的"文明开化"和"崇实致用"，走向了"国家主义"和"军国主义"；甚至在对外关系上，他由一开始的"国与国之间平等"演变为主张对外进行侵略扩张以增强国势。他思想中最关键的迷失在于极力主张"脱亚入欧"，一味批判和否定汉学及亚洲文明，无疑是缺乏理性的。事实上，这些主张不仅有违他的"文明进步"和"独立自尊"的初衷，而且对现当代日本政治军事变革进程造成了不良影响。

参考文献

〔日〕福泽谕吉：《福泽谕吉自传》，马斌译，商务印书馆1980年版。
〔日〕福泽谕吉：《劝学篇》，群力译，商务印书馆1984年版。
〔日〕福泽谕吉：《福翁百话——福泽谕吉随笔集》，唐沄等译，上海三联书店1993年版。
〔日〕福泽谕吉：《文明论概略》，北京编译社译，九州出版社2008年版。
〔日〕鹿野政直：《福泽谕吉》，卞崇道译，三联书店1987年版。
吴式颖、任钟印主编：《外国教育思想通史》（第八卷），北京师范大学出版社2017年版。